O PERCURSO DA SAÚDE: PORTUGAL NA EUROPA

ANTÓNIO CORREIA DE CAMPOS
JORGE SIMÕES

O PERCURSO DA SAÚDE: PORTUGAL NA EUROPA

ALMEDINA

O PERCURSO DA SAÚDE: PORTUGAL NA EUROPA

AUTORES
ANTÓNIO CORREIA DE CAMPOS, JORGE SIMÕES

EDITOR
EDIÇÕES ALMEDINA, SA
Rua Fernandes Tomás, nºs 76, 78, 80
3000-167 Coimbra
Tel.: 239 851 904 • Fax: 239 851 901
www.almedina.net • editora@almedina.net

DESIGN DE CAPA
FBA.

PRÉ-IMPRESSÃO | IMPRESSÃO | ACABAMENTO
G.C. – GRÁFICA DE COIMBRA, LDA.
Palheira – Assafarge
3001-453 Coimbra
producao@graficadecoimbra.pt

Dezembro, 2011

DEPÓSITO LEGAL
337574/11

Os dados e as opiniões inseridos na presente publicação
são da exclusiva responsabilidade do(s) seu(s) autor(es).

Toda a reprodução desta obra, por fotocópia ou outro qualquer
processo, sem prévia autorização escrita do Editor, é ilícita
e passível de procedimento judicial contra o infractor.

Biblioteca Nacional de Portugal – Catalogação na Publicação

CAMPOS, António Correia de, 1942- , e outro

O percurso da saúde : Portugal na Europa / António Correia de
Campos, Jorge Simões. – (Olhares sobre a saúde)
ISBN 978-972-40-4709-6

I – SIMÕES, Jorge

CDU   614
           341

ÍNDICE

Apresentação 15

INTRODUÇÃO – A saúde como política pública 19

CAPÍTULO 1 – Os sistemas de saúde em países da OCDE 37

1. Introdução 37
2. Conceito, criação e evolução dos sistemas de saúde 37
3. Os modelos de financiamento 42

    3.1. O financiamento da saúde em alguns países da União Europeia. 45
    3.2. Os estudos e as propostas de organizações internacionais 49

4. Os modelos de prestação de cuidados de saúde 55
5. Determinantes da saúde 57
6. Níveis de desempenho dos sistemas de saúde 60
7. Objetivos das políticas de saúde 61
8. Os gastos com a saúde 63
9. As medidas de contenção de gastos 66
10. As reformas dos sistemas de saúde 69
11. Conclusão 75

CAPÍTULO 2 – A saúde na União Europeia 77

1. Introdução 77
2. Conceitos: saúde e Saúde Pública 78
3. Os Tratados e a Saúde Pública: síntese histórica 79

    3.1. O Tratado de Maastricht 79
    3.2. O Tratado de Amesterdão 80
    3.3. O Tratado de Nice e a Declaração sobre os "Valores e Princípios Comuns aos Sistemas de Saúde da União Europeia".... 80

4. O Tratado de Lisboa e a Saúde Pública 81

6   *O Percurso da Saúde: Portugal na Europa*

5. A coordenação dos sistemas de segurança social e a mobilidade de doentes no seio da UE – O Regulamento 883/2004 84
6. A Diretiva comunitária relativa aos cuidados de saúde transfronteiriços 88
7. Conclusão 93

CAPÍTULO 3 – A investigação científica sobre saúde, na União Europeia e em Portugal 95

1. A saúde no contexto europeu 95
2. A investigação e desenvolvimento (I&D) a nível europeu 96
3. A Estratégia UE 2020 98
4. Os Programas – Quadro (*Framework Programs*) 100
5. Infraestruturas de I&D 103
6. Investigação em saúde em Portugal 107
7. Conclusão 109

CAPÍTULO 4 – O sistema de saúde português 111

1. Introdução 111
2. A história das políticas de saúde 111
3. Os ciclos políticos na saúde 118
4. As políticas de saúde, de 1974 a 1979 120
5. As políticas de saúde dos governos da Aliança Democrática, no início da década de 1980 127
6. As políticas de saúde dos governos do Partido Social Democrata, de 1985 a 1995 131
7. As políticas de saúde dos governos do Partido Socialista, de 1995 a 2001 136
8. As políticas de saúde dos governos da coligação PSD/PP, de 2002 a 2005 144
9. As políticas de saúde do governo PS, de 2005 a 2011 150
10. Conclusão 159

CAPÍTULO 5 – Temas das políticas de saúde 161

1. Os limites constitucionais 161
2. O público e o privado em saúde 167
3. Os recursos humanos da saúde 183
4. Os cuidados de saúde primários 186
5. Os hospitais públicos 191
6. Os cuidados continuados integrados 196

7. As parcerias público-privadas 208
8. A regulação 215

CAPÍTULO 6 – Conclusões 221

RELAÇÃO DE QUADROS

Quadro 1 – Despesa corrente na saúde por fonte de financiamento, em Portugal, em 2008, a preços correntes

Quadro 2 – Execução económico-financeira do SNS de 2010

Quadro 3 – Número de estabelecimentos hospitalares em Portugal

LISTA DE ABREVIATURAS

ACES	Agrupamentos de Centros de Saúde
AD	Aliança Democrática
AdC	Autoridade da Concorrência
ADSE	Assistência na Doença aos Servidores do Estado
ARS	Administração Regional de Saúde
ARSC	Administração Regional de Saúde do Centro
ARSLVT	Administração Regional de Saúde de Lisboa e Vale do Tejo
ARSN	Administração Regional de Saúde do Norte
CA	Conselho de Administração
CCI	Cuidados Continuados Integrados
CDS	Centro Democrático Social
CE	Comunidade Europeia
CECA	Comunidade Europeia do Carvão e do Aço
CEE	Comunidade Económica Europeia
CESD	Cartão Europeu de Seguro de Doença
CGTP	Confederação Geral dos Trabalhadores Portugueses
CH	Centro Hospitalar
GHCL	Grupo Hospitalar do Centro de Lisboa
CMU	*Couverture Maladie Universelle*
CR	Centro de Responsabilidade
CRP	Constituição da República Portuguesa
CRES	Conselho de Reflexão sobre a Saúde
CRI	Centro de Responsabilidade Integrado
CMRS	Centro de Medicina Física e de Reabilitação do Sul
CS	Centro de Saúde
CSP	Cuidados de Saúde Primários
C&T	Ciência e Tecnologia
DCI	Denominação Comum Internacional
DGS	Direção-Geral da Saúde
DALE	*Disability-adjusted Life Expectancy*
DL	Decreto-lei
EH	Estatuto Hospitalar

EM	Estado-membro
ENSP	Escola Nacional de Saúde Pública
EPE	Entidade Pública Empresarial
ERA	Espaço Europeu de Investigação
ERS	Entidade Reguladora da Saúde
FCT	Fundação para a Ciência e Tecnologia
FNAM	Federação Nacional dos Médicos
GDH	Grupos de Diagnóstico Homogéneos
HFF	Hospital Fernando Fonseca
HSS	Hospital de São Sebastião
HUC	Hospitais da Universidade de Coimbra
I&D	Investigação e Desenvolvimento
IMI	*Innovative Medicines Initiative*
INA	Instituto Nacional de Administração
INE	Instituto Nacional de Estatística
INFARMED	Instituto Nacional da Farmácia e do Medicamento
INS	Inquérito Nacional de Saúde
IPO	Instituto Português de Oncologia
IPSS	Instituição Particular de Solidariedade Social
MCDT	Meios Complementares de Diagnóstico e Terapêutica
ME	Memorando de Entendimento
MS	Ministério da Saúde
MSA	*Mutuelle Sociale Agricole*
NHS	National Health Service
NUT	Núcleo de Unidade Territorial
OCDE	Organização para a Cooperação e Desenvolvimento Económico
OMS	Organização Mundial de Saúde
OPSS	Observatório Português dos Sistemas de Saúde
PEC	Programa de Estabilidade e Crescimento
PCP	Partido Comunista Português
PIB	Produto Interno Bruto
PME	Pequenas e Médias Empresas
PNS	Plano Nacional de Saúde
PPM	Partido Popular Monárquico
PPP	Parceria Público-Privado
PQ	Programas-Quadro
PS	Partido Socialista
PSD	Partido Social Democrata
PVP	Preços de Venda ao Público
QALY	*Quality Adjusted Life Years*
RGH	Regulamento Geral dos Hospitais
RNCCI	Rede Nacional de Cuidados Continuados de Saúde a Idosos

RSI	*Régime Social des Independents*
SA	Sociedade Anónima
SARS	*Severe Acute Respiratory Syndrome*
SCM	Santa Casa da Misericórdia
SIGIC	Sistema Integrado de Gestão de Inscritos para Cirurgia
SLS	Sistema Local de Saúde
SMS	Serviços Médico-Sociais
SNS	Serviço Nacional de Saúde
SPA	Setor Público Administrativo
TIC	Tecnologias de Informação e Comunicação
TC	Tribunal Constitucional
UAG	Unidade Autónoma de Gestão
UE	União Europeia
ULS	Unidade Local de Saúde
ULSM	Unidade Local de Saúde de Matosinhos
UNL	Universidade Nova de Lisboa
USF	Unidade de Saúde Familiar
WHO	*World Health Organization*

APRESENTAÇÃO

Este é um livro que percorre os sistemas de saúde nos países da OCDE e, em particular, na União Europeia, mas que reserva uma especial atenção à situação portuguesa.

No primeiro capítulo – **Os sistemas de saúde em países da OCDE** – descrevem-se as circunstâncias históricas que levaram à criação dos dois grandes modelos de sistemas de saúde – o modelo bismarckiano e o modelo beveridgeano – assentes ambos na necessidade da criação de uma rede de apoio social que atenue tensões políticas e sociais e que assegure a contínua melhoria dos níveis de saúde das populações. Os dois modelos de sistemas de saúde têm, ainda hoje, na sua base, distintas formas de captação de recursos financeiros e diferenças na organização da prestação de cuidados. No fundo, duas filosofias sociais diferentes, uma de base ocupacional, outra de base universal.

Porém, a responsabilidade dos sistemas nos resultados ou ganhos em saúde é menor do que se possa pensar: o rendimento dos cidadãos, o desenvolvimento económico e social, a escolaridade, as características culturais, constituem fatores cuja importância é da maior relevância.

Face aos constrangimentos financeiros e ao crescimento paulatino dos custos com a saúde, os governos são confrontados com a necessidade de desenvolver políticas de contenção de gastos e afastam-se progressivamente do planeamento direto e da gestão, mas mantêm ou reforçam o papel de reguladores de sistemas progressivamente diversificados.

No segundo capítulo – **A saúde na União Europeia** – começa por se afirmar o princípio da subsidiariedade na organização dos sistemas nacionais de saúde, em paralelo com o crescente protagonismo dos temas de saúde na legislação europeia.

Para que o objetivo da melhoria do bem-estar comum possa ocorrer através dos sistemas de saúde, é necessário que em todo o processo exista entendimento, cooperação e sentido de responsabilidade por parte dos Estados-membros, devendo a União Europeia (UE) ser reconhecida como um todo, também na saúde. Ao longo da história da UE, o tema da proteção da saúde nos Tratados Europeus passou da omissão quase completa a um importante valor acrescentado, tal como hoje se observa no Tratado de Lisboa. Pode afirmar-se que a Saúde Pública tem, cada vez mais, um papel de reconhecido e merecido destaque.

Daí o surgimento continuado de nova legislação comunitária sob a forma de regulamentos e diretivas que visam melhorar o bem-estar dos cidadãos, com destaque para a diretiva de 2011 relativa aos direitos dos doentes a cuidados de saúde transfronteiriços.

O terceiro capítulo trata da **investigação científica sobre saúde, na União Europeia e em Portugal**. Sublinha-se que o enorme salto qualitativo na saúde dos povos da Europa, operado no decurso do século passado, foi em grande medida conseguido à custa de um acentuado investimento científico, apoiado na evolução tecnológica e do conhecimento no campo da medicina, bem como noutras áreas paralelas. Não se esquece que o avanço do conhecimento epidemiológico e a melhor compreensão dos principais determinantes da saúde constituem um elemento central, impulsionador de novas políticas e prioridades de saúde pública que visam atuar a montante, na prevenção da doença e na alteração de hábitos de vida dos indivíduos e das condições de trabalho a que estão sujeitos, a par da promoção ambiental, cujo impacto na saúde humana é hoje amplamente reconhecido.

A investigação em saúde, em Portugal, tem respondido positivamente em áreas que constituem as principais ameaças à saúde, mas também nas tecnologias da saúde e na investigação sobre o próprio funcionamento dos serviços de saúde, essencial para a melhoria do conhecimento do acesso, qualidade e sustentabilidade dos serviços de saúde.

O quarto capítulo, o mais desenvolvido neste livro, percorre **o sistema de saúde português,** desde o início da década de setenta do século passado até à atualidade, com enfoque nos diversos ciclos das políticas de saúde.

Referem-se as mais importantes reformas do sistema de saúde, com destaque para a realizada em 1971 e que marcará as opções políticas ao longo das décadas seguintes, numa linha de evidente continuidade. O modelo beveridgeano, que caracteriza basicamente o nosso sistema de saúde, reconhece-se como fortemente influenciado pelos pressupostos ideológicos traçados desde o início da década de setenta.

Portugal aproximou-se das médias comunitárias em importantes indicadores de saúde, resultado do processo de desenvolvimento económico e social do País, e dos importantes recursos mobilizados para a saúde: a densidade total do pessoal de saúde aumentou, embora com desequilíbrios; os gastos totais em saúde cresceram consideravelmente. Mas, as famílias gastaram mais do que seria esperado atendendo ao rendimento *per capita* dos Portugueses, o Serviço Nacional de Saúde (SNS), ao longo do tempo, viu crescer os seus custos para além do que em cada ano económico estava inicialmente previsto, dando lugar ao avolumar das suas dívidas, viu agravadas, ou mais bem conhecidas, as suas ineficiências e a falta de qualidade, traduzidas em longas listas de espera para cirurgias e consultas de algumas especialidades.

Porém, o SNS registou um assinalável progresso nos resultados e nos ganhos em saúde e nunca esteve em sério risco de desaparecer, embora tenha sido a Constituição da República a impor, no início da década de oitenta, limites aos projetos de mudança substantiva do SNS através da lei ordinária. Progressivamente, os consensos foram-se construindo no sentido do reforço do SNS como mecanismo de proteção social na saúde, carecido, porém, de reformas que o tornassem mais eficiente, mais equitativo e mais controlado nos gastos.

O sistema de saúde português caracterizou-se, pois, por caminhar, ao longo das últimas quatro décadas, num percurso sem significativas descontinuidades ideológicas, apesar da existência de naturais oscilações políticas e de governos de diferentes partidos.

Depois de analisadas as políticas de saúde ao longo das suas diversas fases, os principais **temas das políticas de saúde** são estudados separadamente pela importância de que se revestem, desde os limites constitucionais à regulação.

Ou seja, o leitor tem à sua disposição a história das últimas quatro décadas do sistema de saúde português, com enfoque no percurso e nos temas políticos que constituíram e constituem a agenda política da saúde.

Finalmente, os autores querem agradecer a vários investigadores, cujo trabalho foi indispensável para a escrita deste livro. São eles, Ana Sofia Silva, César Carneiro, Joana Benzinho Santos, José Pedro Liberal, Marta Temido, Nuno Marques, Paulo Couto Ferreira e Ricardo Ferraz.

Aqui fica o reconhecimento pelo trabalho realizado.

INTRODUÇÃO

A saúde como política pública

1. Saúde

A saúde como tema de políticas públicas é coisa recente. Terá quando muito sessenta a oitenta anos. Não confundir com a higiene, que vem de tempos imemoriais com raízes na mitologia grega. A higiene foi praticada como política pública desde o iluminismo e, com mais convicção, desde meados do século XIX e até adotada no título das melhores escolas e institutos de saúde pública[1]. Ministérios da Saúde são criação recente, da segunda metade do século XX. O nosso Ministério da Saúde nasce apenas em outubro de 1958, dez anos depois da criação do serviço nacional de saúde britânico, escassos meses após a campanha eleitoral presidencial que mais tarde custou a vida a Humberto Delgado, depois de quase todos os países próximos de nós disporem de um ministério com esse nome. A saúde dos indivíduos tinha, até então, escassa prioridade na política pública das nações, sendo quase sempre associada à beneficência e à assistência, diluídas nos ministérios do interior. A saúde dos indivíduos não era considerada um bem coletivo, quando muito era vista como somatório de bens individuais. Muitas vezes a saúde individual era até confundida com as profissões que lhe andam associadas, como a medicina, a qual, desde Hipócrates[2], foi sempre vista como forma de

---

[1] Duas das mais antigas e prestigiadas escolas de saúde pública mantêm ainda hoje a palavra Higiene no seu título, a *London School of Hygien and Tropical Medecine* e a *Johns Hopkins School of Hygien and Public Health*, em Baltimore, EUA.

[2] Hipócrates (460-377 a.c.) viveu no século de Péricles, foi o iniciador da observação clínica, procurando tornar a medicina uma arte de curar com base na experiência. No aspeto ético, o famoso Juramento de Hipócrates constitui uma síntese dos deveres dos

20 — O Percurso da Saúde: Portugal na Europa

tratamento do indivíduo, quando doente, numa relação de "colóquio singular" com o seu médico.

2. Saúde Pública

O percurso da Saúde Pública foi todo outro. Pode ter nascido, entre nós, das grandes empreitadas coloniais e marítimas, quando se tornou necessário manter vivos e saudáveis os marinheiros e soldados que em tão escasso número conseguiram assegurar, durante trinta anos, um império marítimo que ia dos Emiratos até à Malásia e China, com capital em Goa. A medicina tropical portuguesa precedeu a dos outros impérios coloniais seguintes como a Espanha, a Holanda e depois a Inglaterra. O "Colóquio dos Simples, Drogas e Cousas Medicinais da Índia"[3] que o judeu Garcia de Orta escreveu e divulgou foi apenas uma primeira manifestação do saber médico, botânico e farmacêutico coloniais, a qual perdurou até à criação de uma escola que permanece até hoje com o nome de Instituto de Higiene e Medicina Tropical, tal como outras congéneres nessa Europa fora.

3. O iluminismo pombalino

Pombal, homem viajado e esclarecido, sabia bem quanto ganhava o País em dispor de uma população em bom estado de saúde. Conhecendo a importância da renovação do conhecimento através da universidade, impôs a Coimbra uma completa reforma que se alargou também ao ensino médico e foi brilhantemente contemplada com o desenvolvimento laboratorial da química e da física, da biologia e da botânica[4]. Nasce então, em Portugal, a primeira interdisciplinaridade das ciências expe-

---

médicos, (sigilo profissional, tratamento gratuito a colegas, atuar sem prejudicar o utente, entre outros), considerando a cirurgia como uma arte separada da medicina (Ferreira, 1990).

[3] 1ª edição, Goa, 1563.

[4] A Reforma Pombalina dos estudos médicos na Universidade de Coimbra partiu de um relatório sobre as causas da decadência dos estudos, solicitado por Pombal à Junta da Providência Literária, criada pelo Marquês, esboço do que seria mais tarde a Academia Real das Ciências e das Artes (1774-1779) (Ferreira, 1990).

rimentais, da qual a medicina sempre foi grande beneficiária. O contributo do médico de Catarina da Rússia, Ribeiro Sanches (1699-1783), um dos mais ilustres estrangeirados, foi aí decisivo[5].

4. A saúde do público

Mas é nos meados do século XIX que a Saúde Pública floresce em Inglaterra, após as descobertas de John Snow sobre a associação entre a fonte inquinada da Rua Principal, em Londres, com água retirada do Tamisa, mas já conspurcada pelos esgotos das populações residindo a montante da cidade e o aparecimento de cólera entre a população londrina que dela se servia. Não se conhecia ainda o bacilo, e a plausibilidade biológica da infeção por via hídrica só mais tarde seria postulada, mas as medidas de higiene então adotadas, que roçavam o conceito de polícia sanitária, foram altamente eficazes[6]. A Saúde Pública floresceu em todos os países europeus, ao ponto de, no virar do século XIX para o século XX, muitos países terem criado laboratórios e institutos de ensino, por vezes com a palavra higiene acoplada, mas claramente virados para a saúde coletiva, a Saúde Pública. Entre nós, data de 1901 o Instituto Superior de Higiene, em 1971 rebatizado como Instituto Nacional de Saúde Dr. Ricardo Jorge.

5. O experimentalismo

Esta foi uma primeira e vitoriosa revolução da Saúde Pública, baseada no experimentalismo, na relação mensurável de causa a efeito,

---

[5] Ribeiro Sanches publicou em Paris um notável Tratado da Conservação da Saúde dos Povos, em 1756, em que se ocupa da higiene da atmosfera e das habitações, da salubridade em conventos, hospitais, casernas, navios, dissertando ainda sobre alimentos, exercício físico e asseio individual (Silva Correia, 1951).

[6] Entre nós, após a criação, por D. João VI, em 1813, da Junta de Saúde, transformada em Comissão de Saúde em 1820, a primeira grande reforma dos serviços de saúde deve-se a Passos Manuel (1837), com a criação, no Ministério do Reino, do Conselho de Saúde Pública, com 12 vogais médicos, 2 farmacêuticos e 5 de vários ramos da administração, dotado de funções deliberativas autónomas e de poderes executivos próprios. Foi, mais tarde, transformada em Junta Consultiva de Saúde Pública (1884), até à Reforma dos Serviços de Saúde e Beneficência, de 1901, onde são criados os primeiros cursos de ensino sanitário.

22 O Percurso da Saúde: Portugal na Europa

entre práticas de vida sem higiene e o desenvolvimento de doenças infeciosas e parasitárias, muitas delas facilmente transmissíveis pela concentração populacional em meio urbano. A cólera, disseminada por via hídrica, a peste bubónica transmitida por excrementos de ratos, a tuberculose causada pelo bacilo de Koch (1882), disseminado pela proximidade e inalação de gotículas da atmosfera, infetadas por doentes em fase de produção de bacilos, a lepra, disseminada pelo contágio epidérmico, a partir de doentes que desenvolvem o bacilo de Hansen em regiões de escassez de água e precária higiene, todas são doenças infeciosas, pesadamente incapacitantes, quase sempre de alta letalidade. Foram verdadeiros flagelos durante séculos, mas uma paciente e rigorosa metodologia epidemiológica permitiu conhecer toda a sua etiologia. Bastaram menos de cinquenta anos, primeiro com rígidas medidas de higiene pública e privada e depois com a descoberta das sulfamidas e antibióticos, antes e no imediato pós II Guerra Mundial, para que estes flagelos fossem controlados e a doença em grande parte vencida. O papel das vacinas foi importantíssimo. No final do século XVIII já se administravam vacinas específicas para a varíola. Para a febre amarela só no final do século XIX e depois, já no século XX, para a tuberculose (1909), o tétano, a tosse convulsa, a varicela, a difteria, o sarampo, a poliomielite, a parotidite, a hepatite B, mais recentemente, a meningite C e, desde há escassos anos, a vacina contra o vírus do papiloma humano (HPV), considerado responsável por algumas formas de cancro no colo do útero.

6. Doenças crónico-degenerativas

A esta primeira vaga da Saúde Pública[7], ainda que limitando a visão coletiva da saúde a algumas doenças de controlo possível por medidas tomadas pelos poderes públicos, segue-se, depois de meados do século passado, a Saúde Pública das doenças de natureza crónica e degenerativa como as cardiovasculares, o cancro, as doenças provocadas por deficiências ou excessos nutricionais, como a diabetes e a obesidade. Devem ser também consideradas como medidas de saúde pública, não apenas pelo número elevado de atingidos e pela mortalidade proporcional por que são

---

[7] Realidade que Gonçalves Ferreira designa como "primeira era da Saúde Pública" (Ferreira, 1990).

responsáveis, mas também por serem passíveis de estratégias coletivas ou comunitárias, onde os serviços públicos de saúde podem organizar medidas de ataque que se elevam do caso individual até à situação epidemiológica da comunidade. Trata-se de uma segunda vaga da saúde pública, ou de "moderna" Saúde Pública, adjetivo que Sartwell e Maxcy-Rosenau adotaram numa obra de grande fôlego cuja primeira edição portuguesa foi publicada em 1971, com tradução de Aloísio Coelho[8].

7. Misericórdias e hospitais

E os hospitais, como se transformaram, afinal, de hospícios para simples recolhimento, em pesadas concentrações tecnológicas onde o doente é temporariamente internado, imobilizado, para ser avaliado o funcionamento sistémico dos seus órgãos e poder ser administrado tratamento orientado para a fase aguda da doença, muitas vezes na fronteira entre a vida e a morte? Claro que sempre houve hospitais, pelo menos desde o esforço organizado pela Rainha Dona Leonor para criação de Misericórdias em todas as cidades e vilas de maior importância. Hospitais quase sempre para pobres, tratando-se os ricos nas suas casas, pelos seus físicos e serviçais. Hospitais por vezes especializados por doença, como as leprosarias, ou os hospitais termais (de que temos um exemplo no estabelecimento termal das Caldas da Rainha). Esforço de beneficência particular, só mais tardiamente acompanhado pela criação dos hospitais públicos. São exemplos paradigmáticos desse tardio esforço público, o Hospital Real de Coimbra, reformado no início do século XVIII, e depois convertido nos Hospitais da Universidade de Coimbra (HUC) e os Hospitais Civis de Lisboa (HCL), estes últimos criados no final do século XIX para sucederem ao Hospital de Todos os Santos, no Rossio, destruído pelo terramoto de 1755 e deslocado, em 1760, para o convento dos Jesuítas (São José) e outros conventos de ordens banidas por Pombal, como o Convento dos Capuchos, o do Desterro, o de Arroios e o de Santa Marta. Além dos poucos hospitais, centrais e gerais (assim chamados por servirem mais que uma província ou região e serem votados a todas as especialidades), e ainda oficiais (isto é, de propriedade do Estado) foram criados ao longo do século XX muitos estabelecimentos especializados, quase todos de natureza estatal, como adiante veremos.

---

[8] Sartwell e Maxcy-Rosenau, 1971.

8. As doenças transmissíveis

A política pública de saúde reconheceu, na passagem do século XIX para o século XX, a importância da luta contra doenças consideradas flagelos sociais. Logo no início do século XX surgem os primeiros sanatórios para a tuberculose, por iniciativa da Rainha Dona Amélia, mulher de D. Carlos; são construídos ou ampliados os sanatórios do Lumiar (1912), de Sant'Ana, na Parede (1904), do Outão, em Setúbal (1901), da Guarda (1907), de Portalegre (1909), de São Brás de Alportel (1918), de Abravezes (Viseu), de Torres Vedras, bem como a impressionante Estância Sanatorial do Caramulo, esta em parceria pública-privada, agora em reconversão para estância turística, depois o Sanatário D. Manuel II, em Vila Nova de Gaia (1947). É construída uma colónia agrícola para doentes de Hansen, o Hospital-Colónia Rovisco Pais, na Tocha (1948). Os primeiros asilos para alienados haviam surgido ainda no século XIX, como Rilhafoles (1848), hoje Hospital de Miguel Bombarda. Novos hospitais psiquiátricos são erigidos de raiz, em Coimbra (Hospital de Sobral Cid) (1946), em Lisboa (Hospital de Júlio de Matos) e no Porto (Hospital de Magalhães de Lemos). Uma Misericórdia mais poderosa que as outras, a do Porto, acompanhou este movimento, com a construção, na segunda metade do século XIX, de um grande hospital geral (Hospital de Santo António), de um hospital para doentes mentais (Hospital do Conde de Ferreira) e de um pequeno hospital para doenças infectocontagiosas (Hospital de Joaquim Urbano). Instituições privadas de solidariedade social, como a Ordem Hospitaleira de São João de Deus, construíram estabelecimentos para confinamento de doentes mentais, unidades que ainda hoje representam a parte mais volumosa da oferta privada de hospitalização do País.

9. A segregação da doença

Albergarias, hospitais, gafarias, mercearias e asilos[9] são, ao longo da história, não apenas generosas manifestações coletivas de carinho para com o próximo, mas também formas tranquilizadoras da boa consciência, retirando do convívio direto das pessoas saudáveis as doenças e os doentes

---

[9] Gonçalves Ferreira (1990) definiu com precisão estes conceitos.

A saúde como política pública 25

que as podem contagiar, ou simplesmente incomodar, com o espectáculo da decadência física e do sofrimento. A inclusão do doente nas nossas preocupações, não sendo imposta pela exigência dos laços de sangue e de família, é quase sempre um ato que requer um esforço de inteligência emocional. Por alguma razão, na lista das Obras de Misericórdia, a Igreja incluiu a tarefa de visitar os enfermos. Uma ordem divina, ou pelo menos eclesial, é uma forma disciplinada de se obter o seu cumprimento. O egoísmo é da natureza humana e a sua superação requer esforço mental e por vezes físico. O hospital, por mais humanizado que seja, é sempre um lugar de segregação. Visitar os enfermos pode recompensar moralmente, mas dói sempre.

10. Responsabilidade individual

Estamos perante uma função de responsabilidade individual ou familiar, o cuidar da doença na fase aguda, que pouco a pouco começa a ser apoiada pelo Estado, mas que durante muito tempo se não confunde com Saúde Pública. A palavra saúde, na linguagem política da segunda metade do séc. XX, começa a ser usada para designar as políticas públicas associadas ao "completo bem-estar físico, psíquico, mental, emocional, moral e social"[10], não apenas resultante de ausência de doença ou enfermidade e só então passa a englobar não só a saúde coletiva, mas também a dos indivíduos, das nações e agora a saúde global. Entre nós, este moderno conceito de saúde só foi completamente incorporado na linguagem política após a passagem pelo Ministério da Saúde do Secretário de Estado Francisco Gonçalves Ferreira, acompanhado pelos diretores-gerais Arnaldo Sampaio (Saúde) Cayolla da Motta (Estudos e Planeamento) e Aloísio Coelho (Instituto Nacional de Saúde Ricardo Jorge). Esta plêiade de sanitaristas veio complementar o esforço enorme de modernização da rede hospitalar, do seu planeamento, construção, gestão e financiamento que vinha a ser realizado por Coriolano Ferreira, o primeiro Diretor-Geral dos Hospitais e colaboradores[11], desde a criação da Direção-Geral dos Hospitais, em 1961[12].

---

[10] Definição adotada pela Organização Mundial da Saúde em 1948.

[11] A peça mais importante deste período que antecedeu a reforma de 1971 foi o Estatuto Hospitalar (Decreto-Lei nº 48.357, de 27 de abril de 1968) e o Regulamento Geral dos Hospitais que o aplicou. Pela primeira vez se referem carreiras profissionais

11. A reforma de 1971

A legislação de 1971 (Gonçalves Ferreira/Arnaldo Sampaio) visou a modernização do Ministério da Saúde e a sua utilização como órgão central de execução de uma moderna política de saúde global, que inseria a saúde individual na saúde coletiva, nas suas fases de intervenção, desde a prevenção primária, à reabilitação, passando pela prevenção secundária e pelo tratamento na fase aguda. A legislação de 1971 não marca uma mudança da noite para o dia, marca apenas o início de uma fase de integração de diversas atividades de saúde, com serviços contratualmente planeados, organizados e avaliados, com níveis e escalões de execução ordenados, cabendo ao Estado o papel principal de coordenador e gestor do sistema como um todo. Concebeu-se um serviço nacional de saúde (SNS) sem esse nome, visando integrar hospitais de Misericórdias (particulares), hospitais do Estado (públicos), postos da então Previdência, centros de saúde da primeira geração (criados após 1971 para a prevenção da doença, a promoção da saúde e a proteção de grupos em especial risco). A execução deste modelo levou mais de dez anos (a integração central da Direção-Geral da Saúde com os Serviços Médico-Sociais da Previdência só foi conseguida em 1984), apesar de ter beneficiado de condições políticas excecionais, a Revolução de 25 de abril, a qual logo em 1974 lançou a ideia da criação de um Serviço Nacional de Saúde

---

(medicina, enfermagem e administração) que o Relatório das Carreiras Médicas, elaborado em 1961 por um grupo de médicos ligados à Ordem dos Médicos, havia proposto como condição indispensável à execução de uma política pública de saúde. O princípio da organização dos profissionais mais diferenciados em carreiras foi reforçado na legislação de 1971 e mais tarde generalizado a todas as profissões técnicas da administração pública. O enquadramento profissional em carreiras era visto como uma garantia de estabilidade e de progressão profissional garantida, então limitada a algumas profissões; daí que a Lei de Bases do SNS (Lei nº 56/79, de 15 de setembro), surgida oito anos depois da reforma de 1971, apenas assegurasse o regime de carreira ao pessoal do SNS que tivesse a qualidade de funcionário.

[12] A criação de uma direção-geral para os hospitais (DGH), três anos após a criação do Ministério da Saúde, demonstra bem o tardio reconhecimento do papel do Estado na saúde dos indivíduos, em situação de doença aguda, considerada como responsabilidade primária dele próprio e da sua família, ao contrário do que havia sucedido com a Saúde Pública. Na verdade, na altura da criação da DGH, a maior parte da rede hospitalar pertencia às Misericórdias, não ao Estado. Ao Estado pertenciam os hospitais gerais centrais, os especializados e os novos hospitais distritais que se iam construindo.

A saúde como política pública   27

universal, geral e basicamente gratuito no ponto de encontro entre o cidadão e o sistema. O SNS veio a ser criado por lei, apenas cinco anos depois da Revolução, em setembro de 1979.

12. Responsabilidade do Estado

A legislação de 1971 teve uma importância decisiva na forma como se concebia o financiamento do sistema de saúde. Até então os cuidados individuais de saúde prestados nos hospitais deveriam ser pagos pelo "assistido, seus ascendentes e descendentes e demais parentes com obrigação legal de alimentos"[13], como primeiro responsável. A população trabalhadora que fosse beneficiária da Previdência Social tinha os seus encargos por ela cobertos, Os remediados (porcionistas) eram comparticipados pelos municípios os quais também pagavam os encargos com os indigentes (gratuitos)[14]. Os restantes assistidos, eram considerados pensionistas, pagando a totalidade da fatura. Em caso de sinistro ou acidente, quer o indivíduo, quer a Previdência transferiam a responsabilidade pelos encargos financeiros para companhias de seguros, normalmente pagadoras tardias e litigiosas, o que prejudicava fortemente os hospitais. O Estado só garantia gratuitidade nas doenças consideradas flagelo social: tuberculose, lepra, saúde mental, na proteção materno-infantil e nas demais doenças transmissíveis. Segmentos especiais da população (banca e seguros, função pública, tribunais, militares, membros das forças de segurança e trabalhadores civis desses corpos), adquiriram progressiva cobertura de encargos pela respetiva entidade patronal, a qual celebrava acordos com a Direção-Geral dos Hospitais para a fixação de tabelas de faturação,

---

[13] Lei 1998, de 1944, mais tarde regulamentada e muito alterada pelo Decreto-lei nº 35.108, de 1945. Existe uma descrição detalhada desta política legislativa em Campos, A.C., 1983).

[14] Os pagamentos hospitalares a cargo dos municípios apenas incluíam uma parte da despesa total, com base em tabelas de internamento. Os pagamentos a cargo da Previdência aproximavam-se mais dos custos reais, sem contudo os cobrirem integralmente, como é o caso dos encargos para amortização do imobilizado, normalmente de rápida depreciação, mas já separavam os encargos com a assistência dos honorários ao pessoal, evoluindo mais tarde para um preço global por dia de internamento e depois para um preço por doença.

quase sempre diferentes umas das outras, em função da data em que eram negociadas e sem preverem acréscimos de encargos devidos a uma inflação que já registava dois dígitos.

13. Universalidade no acesso

A Revolução de abril de 1974 veio conferir legitimidade política plena às importantes mudanças em curso. O Manifesto do Movimento das Forças Armadas propugnava, na política de saúde, a criação de um Serviço Nacional de Saúde. Antes mesmo de ser criado o SNS, em 1979, o II Governo Constitucional (de coligação PS-CDS, presidido por Mário Soares) deliberou abrir os postos da Previdência e os hospitais a toda a população. Nesse mesmo ano, a descapitalização da Previdência Social após o 25 de abril havia reduzido significativamente o financiamento que dela se encaminhava para cobrir encargos dos seus beneficiários, quando utilizavam os hospitais. A contribuição municipal cessara ainda antes do 25 de abril. A partir de 1979, todos os serviços públicos de saúde passaram a ser financiados exclusivamente pelo Orçamento do Estado, ou seja por impostos.

14. Oficialização dos hospitais de Misericórdias.

Até 1974-75, as Santas Casas das Misericórdias (SCM) detinham hospitais concelhios, distritais, um central e alguns especializados. Os concelhios, por força da precursora reforma de 1971, haviam sido convertidos em centros de saúde, no consulado de Marcelo Caetano, sendo ministro Baltazar Rebelo de Sousa. Os distritais e o único central (Hospital Geral de Santo António, no Porto) foram oficializados (não nacionalizados, como erradamente se afirmou) em 1975, mantendo-se nas instalações onde se encontravam, mediante renda paga pelo Estado. Ao longo dos trinta anos seguintes, o Estado construiu ou remodelou 25 novos hospitais distritais públicos. Fez ainda avultadas obras em edifícios pertencentes a Misericórdias, destacando-se as do Hospital de Santo António, do Porto e do Hospital de São Marcos, de Braga, neste caso até à recente transição para novo edifício público. Nunca, ao longo deste período de tempo, as SCM reclamaram o direito a gerir os seus antigos

A saúde como política pública 29

estabelecimentos, consolidando uma situação que, à data do início dos anos setenta, se caracterizava por dependerem em mais de 95% de financiamento público.

A oficialização de 1975 foi, pois, feita sem protestos, concentrando--se a partir de então as SCM na área da ação social, o que fizeram com êxito e generosidade do novo estado democrático. Permaneceu ainda alguma ambiguidade nas relações financeiras. A fixação das rendas a pagar pelo uso que o Estado fazia das velhas instalações só foi consolidada em 1980, ainda que de forma generosa, por valores semelhantes aos do comércio urbano, com pagamento de rendas atrasadas. A crise de 1983-85 determinou novo atraso nas rendas, sendo a regularidade dos pagamentos retomada em 1985, com as atualizações da lei e não mais interrompida. Sabiamente, as SCM aproveitaram a disponibilidade de investimento estatal e de recursos da segurança social pública, para reconverterem em atividades sociais a maior parte dos edifícios que iam ficando devolutos. Não parece viável, nem nunca as SCM se manifestaram interessadas num acordo alargado aos cuidados agudos de saúde, pelas razões seguintes: muito rápido crescimento tecnológico da saúde acompanhado de forte crescimento dos riscos e das exigências de qualidade (basta pensar nas novas doenças transmissíveis e na infeção hospitalar); exigência de formação própria de médicos e enfermeiros e demais técnicos, e gestão das correspondentes carreiras, para prevenir a parasitação do setor público; montante do investimento por assistido dez a quinze vezes superior nos cuidados agudos em relação aos cuidados continuados e vinte a trinta vezes em relação ao simples apoio social; correspondente desproporção em matéria de custos de funcionamento; obrigação de universalidade, nunca eficazmente garantida no setor privado, mesmo o não-lucrativo, o qual tenderia sempre para a desnatação; impossibilidade prática de aplicação ao sector social, das obrigações e servidões do planeamento dos cuidados públicos de saúde; complexidade da gestão de uma atividade multi-produto, pluri-profissional e de difícil avaliação.

15. A criação do SNS

A criação formal do SNS foi feita pela Lei nº 56/79, de 15 de setembro, logo a seguir objeto de uma primeira tentativa de regulamentação pelo V Governo, de iniciativa presidencial (presidido por Maria de

Lurdes Pintasilgo[15]). Na sequência das eleições de dezembro de 1979, que deram a vitória à Aliança Democrática (AD), tomou posse um governo PSD-CDS-PPM presidido por Francisco Sá Carneiro, com perfil político diferente do poder anterior. Não sendo explicitamente desfavorável ao modelo SNS, também se não manifestava seu entusiástico defensor. A regulamentação do SNS, de início contestada por tida fora do prazo de legitimidade governativa anterior, subsistiu com retoques ligeiros e só em 1982 o governo da coligação AD veio questionar a criação do SNS. Em decreto-lei que visava regulamentar os serviços de saúde distritais, o diploma criador do SNS era revogado nos seus aspetos essenciais[16]. A medida não passou no Tribunal Constitucional (TC), sendo objeto de um vigoroso acórdão de rejeição, da autoria do constitucionalista Vital Moreira[17]. A decisão do TC repôs a legislação anterior e a regulamentação do SNS retomou o ritmo lento e pouco convicto adotado pelo governo de coligação. Só em 1990 foi aprovada a Lei de Bases da Saúde, a qual visava um globalizado enquadramento legislativo para o SNS. Esta legislação, depois completada pelo Regulamento do SNS, já de 1993, tem revelado estabilidade suficiente para o desenvolvimento regular do SNS e até para o seu reforço institucional, como ocorreu na segunda parte dos seus 30 anos de vida.

16. A consolidação do SNS

A responsabilidade pública do Estado pela saúde dos cidadãos não foi alterada. O SNS tinha-se consolidado e ganho a simpatia dos Portugueses. Aos poucos os seus principais opositores passaram progressivamente a apoiantes. A universalidade de cuidados, a equidade geográfica alcançada com um serviço público centralmente planeado e a estabilidade pública de emprego foram elementos importantes na aceitação do SNS por uma grande maioria de Portugueses, bem como pelos profissionais. Em 2009, aquando da celebração dos seus trinta anos, assistiu-se ao espetáculo inédito de todas as forças políticas e sociais, inclusive os representantes do setor privado, estarem em sintonia quanto à defesa do SNS.

---

[15] Sendo Ministro dos Assuntos Sociais Alfredo Bruto da Costa e Secretário de Estado da Saúde António Correia de Campos.

[16] Decreto-lei nº 54/82, de 29 de junho.

[17] Acórdão nº 39/84, de 11 de abril.

17. A transição demográfica

O SNS levou tempo a adaptar-se à evolução da demografia. Em trinta e cinco anos, apesar de a população residente ter registado mais 1,7 milhões de habitantes, Portugal conta com mais um milhão de idosos do que no 25 de abril. Os cidadãos com 75 e mais anos são hoje 46% dos idosos, com rápido acréscimo dos que têm 85 e mais anos. Cada pessoa, ao nascer, tem hoje uma esperança média de vida de 78,5 anos, mais 11 que em 1970. Quem atingir a meta dos 65 tem uma elevadíssima probabilidade de alcançar os 83 anos, com boa saúde. Pelo lado negativo, tal como havia já acontecido nos países mais desenvolvidos da Europa, em trinta e cinco anos após abril, Portugal perdeu 50 a 60 mil nascimentos anuais. Mudanças sociais complexas conduziram a esta baixa da natalidade. Cada mulher em idade fértil gera, hoje, em média, apenas 1,33 crianças, quando gerava 3 em 1970. Envelhecemos no topo da pirâmide, e teremos mais anos de vida à nossa frente, mas, por força das mudanças sociais associadas ao desenvolvimento económico, envelhecemos também na base da pirâmide: temos hoje menos nascimentos, nascimento do primeiro filho dois anos mais tarde e famílias de menores dimensões, com menos de 3 elementos. A nupcialidade baixou para quase metade: em 1974 celebraram-se 82 mil casamentos, 46 mil em 2007. Em 1976, os divórcios representavam menos de 10% dos casamentos, hoje são quase 55%.

18. O fenómeno migratório

Em trinta e cinco anos, Portugal passou de país de emigração a país de acolhimento. Nos cinco anos imediatamente antes de abril de 1974 emigravam, em média por ano, 140 mil pessoas. Logo em 1975 esse valor reduziu-se drasticamente para 45 mil e foi diminuindo gradualmente. No reverso do fenómeno migratório, enquanto em 1974 apenas 32 mil estrangeiros residiam em Portugal, hoje vivem e trabalham legalmente entre nós cerca de 402 mil cidadãos de outras nacionalidades. Novos problemas de saúde surgem da imigração.

19. A transição epidemiológica

Se é unânime o registo do bom desempenho do SNS ao longo de trinta anos, haverá que reconhecer que ele tardou a adaptar-se a mudanças na variável envolvente, nomeadamente a demográfica e suas implicações epidemiológicas. Só em 2006 fomos capazes de criar um programa destinado a continuar, em unidades de menor intensidade, o tratamento que dispensamos aos idosos que durante um episódio de doença aguda acorrem aos nossos hospitais, o programa de cuidados continuados integrados (CCI). Fomos invadidos por pandemias como a do síndrome respiratório agudo (SARS) em 2006, a da gripe H1N1, em 2009, potenciadas por uma rápida circulação de pessoas e vetores, fruto da globalização. Somos forçados a reconhecer o peso crescente de doenças do metabolismo, como a diabetes e a obesidade, geradas por erros e disfunções alimentares. Sofremos novos traumatismos associados à actividade física de adultos como os resultantes do exercício físico imoderado e de actividades de lazer ou de ar livre nem sempre regradas e bem prevenidas. Acentuam-se os casos de alcoolismo, toxicodependência e depressão entre pessoas que sofrem ou agravam os sinais de rutura psicológica, por causas associadas à pobreza, ao isolamento, ao desemprego, ou a outras formas de disfunção social.

20. Novos problemas

O sistema de saúde passou a ter de dar resposta a novos problemas, muitos deles já antecipados em países com desenvolvimento económico anterior ao nosso, como os acidentes cardiovasculares e os acidentes de trânsito. Observa-se uma aceleração de causas, processos e tratamentos, onde aprendemos muito com as experiências dos outros. Os acidentes de estrada chegaram até nós depois de serem uma epidemia em outros países, devido ao nosso tardio equipamento em estradas e meios de locomoção. As doenças metabólicas chegaram até nós sob forma epidémica, também depois de se terem manifestado em outros países, mas estão a crescer mais depressa entre nós do que neles, sobretudo a obesidade infantil. As medidas de saúde oral, um indicador atualizado de civilização, estão agora a ser implementadas com carácter geral entre nós, devido à escassez de recursos e à sua prolongada secundarização entre os Portugueses. Só na saúde reprodutiva da mulher os nossos valores são de elevada qualidade, fruto da atenção continuada que lhe dispensámos desde há várias décadas.

21. Ganhos em saúde

À melhoria do rendimento e das condições de vida, bem como ao Serviço Nacional de Saúde são atribuídos uma boa parte dos notáveis ganhos em saúde que colocam Portugal entre os seis países do mundo com melhores condições para as crianças e mães. Em 1970, morriam 8700 crianças com menos de um ano, em 2007 morreram apenas 340. Nas crianças entre 1 e 4 anos, a regressão de mortes foi de 26.860 para 2.210. Nas mães, as mortes por causa ligada à maternidade, passaram de 124 a menos de três. Análogos sucessos, embora muito menores, observaram-se nas doenças crónicas, como o cancro, as doenças cardíacas e cardiovasculares, os acidentes de viação e de trabalho, a tuberculose e a SIDA. Estes ganhos em saúde tiveram um elevado custo económico: os gastos públicos com o SNS e demais sistemas públicos passaram, nos últimos quinze anos, de 4,1% para 7,3% do PIB, crescendo a ritmo em regra duas vezes superior ao da economia.

22. A batalha da qualidade

Há que reconhecer, por outro lado, que os recursos mobilizados são mais volumosos e também mais eficazes. Na luta contra o cancro tem havido progresso evidente no diagnóstico precoce, refletido em mais longa sobrevida. Nas doenças cardio e cerebrovasculares, as chamadas "vias verdes" do enfarte do miocárdio e dos acidentes vasculares cerebrais permitem terapêuticas ajustadas em janelas temporais de intervenção que conseguem prevenir secundariamente ou minorar os efeitos das patologias. A medicina de emergência evoluiu consideravelmente pela concentração e requalificação de serviços de atendimento de urgência e pela melhor organização da rede de transporte de doentes em risco ou em situação de emergência. As melhores comunicações físicas e virtuais permitem transportar doentes com mais rapidez e enviar dados à distância de forma a melhorar a qualidade do primeiro contacto com o sistema.

23. O sistema de saúde português

O conceito de sistema engloba o SNS, principal instrumento do setor público, e integra também o setor privado, empresarial, com e sem fins lucrativos, hoje uma realidade muito complexa, não apenas do ponto de vista político e social, mas também do ponto de vista económico. O peso social da saúde no quotidiano dos Portugueses pode bem medir--se pelo tempo e espaço que em noticiários televisivos e páginas de jornais lhe são dedicados. Segundo dados da OCDE, que tem vindo a comparar a evolução dos recursos e resultados em saúde dos seus estados membros, a saúde em Portugal representa mais de 10% do PIB, sendo a parte pública de cerca de três quartos desse esforço. O seu crescimento, apesar de mais controlado desde 2004, revela-se consistentemente acima do crescimento do produto. O Ministério da Saúde ocupa mais de 130 mil trabalhadores, agentes e contratados e os setores privado e social algumas dezenas de milhar. A despesa pública com o funcionamento dos serviços da saúde representa cerca de 15% da despesa pública primária. Estes recursos têm um registo de atividades que aproximam os Portugueses do SNS. Todos os dias, mais de um milhão de cidadãos contacta, frequenta ou visita um serviço público de saúde. 40 a 45 milhões de consultas são realizadas, por ano, nos centros de saúde e nos hospitais, e cerca de meio milhão de cidadãos são internados nos hospitais. Dos pouco mais de 100 mil nascimentos ocorridos em cada ano, 99% são-no em hospitais, públicos ou privados e 85% em estabelecimentos públicos.

24. O Serviço Nacional de Saúde

O Serviço Nacional de Saúde tornou-se o ator principal do sistema de saúde e o suporte exclusivo para 75% da população que não tem subsistema que lhe permita optar entre SNS e cobertura privada. É o actor principal e desempenha a sua tarefa a contento, como tem vindo a ser crescentemente demonstrado em estudos de opinião de fontes variadas. Mas não é ator exclusivo: a sua oferta hospitalar ronda os 80% dos meios totais e responde por cerca de 70% das consultas totais. Os centros de saúde realizam mais de 28 milhões de consultas de cuidados de saúde primários em cada ano, mas nem todos os cidadãos dispõem de um médico de família atribuído.

25. Reformas recentes

Os últimos anos testemunharam medidas de modernização profunda – a criação das unidades de saúde familiar, da Rede de Cuidados Continuados Integrados, do cheque-dentista, da abertura de centros públicos de procriação medicamente assistida, da recomposição da oferta de serviços de maternidade e de urgência-emergência e respetiva rede de transporte de doentes, com a inovação dos sistemas de prevenção secundária (vias verdes) para doentes em risco de enfarte ou acidente vascular – que foram realizadas em contexto de contenção financeira e registaram continuação ou até melhoria significativa dos indicadores de resultado que lhes andam associadas. O reforço do setor público e a manutenção do privado no nível de complementaridade previsto na Constituição é uma matéria da maior sensibilidade política. Poucos ignoram que em sistemas convencionados, com elevada dimensão da prestação privada, mesmo que financiada pelo SNS, as desigualdades em saúde aumentam, pela inevitável seleção da casuística (desnatação) e pela fatal diferenciação de tabelas de serviços e correspondentes práticas seletivas que as unidades privadas tendem a adotar, como forma de segmentação do seu mercado.

26. Investimentos na modernização do SNS

O investimento nos últimos trinta anos tem mobilizado uma parte importante do investimento público e vai continuar a pesar sobre o Orçamento do Estado nos trinta anos vindouros, tendo em conta o número importante de novos hospitais que se encontram em construção ou em projeto. A preços de hoje é possível estimar que o custo desse investimento se situe entre 2,2 e 2,5 mil milhões de euros. Um novo desafio para o futuro do SNS aparecerá, assim, nos próximos anos, com a construção de novos hospitais, muito embora a maioria deles seja de substituição. Alguns estabelecimentos (Cascais, Loures, Vila Franca de Xira e Braga) foram, ou estão a ser, construídos em parceria de construção (com trinta anos de amortização) e de gestão clínica (com duração de dez anos). Vão exercer uma elevada pressão sobre recursos humanos do SNS da Região de Lisboa e da Região Norte, em especialidades onde há escassez e restrições formativas. Mas também irão libertar hospitais centrais de especialistas não necessários, em algumas valências, excesso que torna pouco produtiva e até ineficiente a respetiva gestão. A questão do financiamento da construção de novos hospitais em parceria pública-privada tem sido esgrimida como argumento ideológico, como se existisse sempre alternativa de financiamento. Pode, em alguns casos, o SNS assumir sozinho o encargo da construção, equipamento e arranque em prazos aceitáveis, sem derrapagens financeiras nem de tempo. Mas para que os crónicos desvios se não verifiquem, torna-se necessária uma gestão financeira e de projeto de elevada qualidade, para as quais o setor público continuará a sofrer de rigidezes e limitações estruturais crónicas. Mas em situações de novo hospital, sem a alavancagem de capital do já existente, aí não se vê outra possibilidade de financiamento que não seja a parceria público-privada. Condenado às parcerias, o SNS necessita de aprofundar a sua capacidade reguladora. O que significa mais frequente e mais árdua responsabilidade para a ainda jovem Entidade Reguladora da Saúde (ERS).

27. O futuro: investigação nas ciências da saúde

Uma boa parte do futuro está sempre por descobrir. As fronteiras do conhecimento não são fixas, mas permanentemente mais distantes de nós, em cada momento. A ciência, tecnologia e inovação, propiciadas pela investigação, rasgam fronteiras entre países e entre disciplinas, desvendam paisagens por visitar, interatuam, facilitando a inovação. Pelo volume de conhecimento já alcançado, pelos recursos envolvidos, pela ambição investida, a saúde é um dos principais "clientes" da inovação. Um dos seus ambientes de mais proveitosa demonstração. Doenças do cérebro e neurodegenerativas, doenças oncológicas, ciências básicas como a biologia celular, as nanociências, são hoje componentes essenciais das ciências da vida. O mesmo acontece com as tecnologias da informação e comunicação utilizadas na saúde. Contribuem com sinergias para a aceleração do conhecimento e do progresso. A investigação sobre os complexos sistemas da saúde, sobre a informação que geram e utilizam, sobre a comunicação que estabelecem entre os atores sociais, está hoje no cerne das ciências da vida, servindo de placa giratória do conhecimento que amplia o progresso.

CAPÍTULO 1

Os sistemas de saúde em países da OCDE

1. Introdução

Ao longo deste capítulo descrevem-se as circunstâncias históricas que levaram à criação dos dois grandes modelos de sistemas de saúde na Europa – o modelo bismarckiano e o modelo beveridgeano –, assentes ambos na necessidade da criação de uma rede de proteção social que atenue tensões políticas e sociais e que permita, também, a melhoria dos níveis de saúde das populações. Os dois modelos de sistemas de saúde têm, ainda hoje, na sua base, distintas formas de captação de recursos financeiros e diferenças na organização da prestação de cuidados. Sublinha-se, depois, a relativa responsabilidade do sistema de saúde nos resultados ou ganhos em saúde, mas também a necessidade de avaliar os sistemas organizados de cuidados de saúde e de fixar os objetivos correspondentes. As despesas com a saúde surgem como um dos principais problemas dos sistemas, pelo que são passadas em revista as principais medidas de contenção de gastos aplicadas pelos governos. Finalmente, referem-se os principais processos de reforma dos sistemas de saúde encetados em países da Europa.

2. Conceito, criação e evolução dos sistemas de saúde

A OMS utiliza uma definição de sistema de saúde muito ampla, que compreende "todas as atividades que têm como finalidade essencial a promoção, a recuperação ou a manutenção da saúde" (WHO, 2000). Tal significa que as intervenções favoráveis à saúde, como a melhoria da segurança rodoviária e do ambiente, integram, de acordo com este conceito

38   *O Percurso da Saúde: Portugal na Europa*

abrangente, o sistema de saúde, com a preocupação de as quantificar e de avaliar o seu impacto na realização dos objectivos do sistema[18].

Utiliza-se, entre nós, uma definição mais restritiva de sistema de saúde, limitando a sua intervenção ao conjunto de entidades prestadoras e financiadoras dos cuidados de saúde, ou às instituições que desenvolvem atividades na área da saúde.

A Lei de Bases da Saúde, em Portugal (Lei nº 48/90, de 24 de agosto), na Base XII, nº 1, diz que "o sistema de saúde é constituído pelo Serviço Nacional de Saúde e por todas as entidades públicas que desenvolvam atividades de promoção, prevenção e tratamento na área da saúde, bem como por todas as entidades privadas e por todo os profissionais livres que acordem com a primeira a prestação de todas ou de algumas daquelas atividades"; o nº 2 da mesma Base afirma que "o Serviço Nacional de Saúde abrange todas as instituições e serviços oficiais prestadores de cuidados de saúde dependentes do Ministério da Saúde...". Ou seja, a definição normativa portuguesa, aproximando-se do conceito lato preconizado pela OMS, não permite, porém, um entendimento de sistema de saúde que inclua todas as intervenções favoráveis à saúde, independentemente da sua área de intervenção.

Os sistemas de saúde surgiram no final do século XIX com a revolução industrial, associados a um conjunto diverso de fatores.

Em primeiro lugar a constatação de que um número vastíssimo de trabalhadores envolvidos em atividades fisicamente exigentes era vítima de acidentes de trabalho, mas também de devastadoras doenças transmissíveis, preocupou governos e empregadores, em especial com as perdas de produtividade. No *World Health Report 2000*, a OMS refere que, durante a construção do Canal do Panamá, quando se compreendeu que os mosquitos eram responsáveis pela transmissão do paludismo e da febre amarela, realizou-se um esforço no sentido da prevenção dessas doenças, de que também beneficiaram as comunidades locais. Surge assim a necessidade de fornecer aos trabalhadores cuidados de saúde de uma forma integrada, que permitiriam travar o decréscimo da produtividade laboral associada à doença.

---

[18] O mesmo relatório da Organização Mundial de Saúde (OMS) refere que a adoção, nos Estados Unidos da América, entre 1966 e 1979, de diversos dispositivos de segurança na conceção dos automóveis foi co-responsável pela redução de 40% da taxa de acidentes mortais por quilómetro e, entre 1975 e 1998, os cintos de segurança terão permitido evitar a morte de 112 000 vidas humanas, também nos Estados Unidos.

Em segundo lugar o impacto de doenças no ambiente das guerras nesta mesma época: a guerra da Secessão nos EUA, a guerra da Crimeia e a guerra dos Boers demonstraram que os soldados sucumbiam em maior número devido a doenças, do que em resultado das balas ou das baionetas dos seus inimigos. Era, pois, urgente limitar o impacto das doenças no cenário militar.

Em terceiro lugar a intervenção política crescente de fortes movimentos operários na Europa induziu alguns governos, com destaque para o de Bismarck na Alemanha, a retirar aos sindicatos a gestão dos nascentes seguros, ou mútuas, de doença que lhes permitia cativar o apoio dos associados e criar a autonomia financeira necessária para encetar, com boas expectativas de êxito, ações de reivindicação política e laboral.

Desta forma, a Alemanha adotou em 1883 uma lei inovadora em todo o mundo, que obrigou os empregadores a contribuir para um esquema de seguro-doença em favor dos trabalhadores mais pobres, alargada num segundo momento a trabalhadores com rendimentos mais elevados. Tratou-se, portanto, do primeiro exemplo de um modelo de segurança social obrigatório, imposto pelo Estado.

Este movimento conduziu, em momento posterior, à criação de um sistema de seguros obrigatórios que cobria os riscos de doença temporária, invalidez permanente, velhice e morte prematura. Tratava-se de prevenir riscos imprevistos no tempo e incertos na dimensão através de um prémio de seguro pago regularmente, por contribuição partilhada de patrões e trabalhadores. O trabalhador tinha a obrigação de contribuir, independentemente da sua condição enquanto cidadão: os direitos adquirem-se pelo trabalho e pelas contribuições regulares, os quais geram, por reciprocidade, benefícios, imediatos ou deferidos.

A popularidade desta lei junto dos trabalhadores conduziu a Bélgica a adotar uma lei semelhante em 1894 e a Noruega em 1909 (WHO, 2000).

A própria Grã-Bretanha que, em meados do século XX, viria a construir um novo modelo com base numa maior responsabilidade do Estado e numa diferente amplitude das prestações, adotou, a partir de 1911, por decisão de um governo do Partido Liberal, um sistema de financiamento dos cuidados de saúde através das cotizações dos trabalhadores em favor de mútuas que se responsabilizavam pelo pagamento aos prestadores.

No final do século XIX e no princípio do século XX, as medidas de segurança social de Bismarck tiveram, pois, um considerável "efeito de demonstração", não apenas nos países da Europa, mas também nos

40   O Percurso da Saúde: Portugal na Europa

Estados Unidos (Mishra, 1995). Por mais distante que estivesse, politicamente, o estado Alemão autoritário das políticas liberais-democráticas da Inglaterra e dos Estados Unidos, não há dúvida que foi grande o impacto pioneiro do esquema de segurança social bismarckiano.

Mais tarde, a Segunda Guerra Mundial, se levou à destruição de muitas das estruturas de saúde existentes, permitiu repensar o papel do Estado e aproveitar os ensinamentos demonstrados pela organização dos cuidados de saúde em tempo de guerra.

As circunstâncias próprias de um ambiente de guerra terão criado um sentimento de solidariedade no povo britânico, o qual defendeu políticas igualitárias e aceitou a intervenção determinante do Estado, levando à vitória do partido trabalhista nas eleições de 1945. É verdade, porém, que a organização dos serviços de saúde já decorria desde 1941, com base em pontos de agenda fixados nos anos trinta. A necessidade de um serviço de saúde para toda a população e a existência de clínicos gerais organizados em centros de saúde ligados a hospitais locais constituíam já propósitos enunciados em 1941 pelo Ministro britânico da Administração Pública. A criação de um serviço nacional de saúde ainda passaria, porém, por várias dificuldades. Desde logo pela oposição dos setores médicos especializados. Enquanto os clínicos gerais, em contacto mais estreito com os problemas de saúde dos mais pobres e com pouco acesso à prática privada, se revelavam mais entusiasmados com a criação de um serviço público de saúde, alguns dos médicos hospitalares, com o apoio da *British Medical Association* (BMA), desenvolvendo atividades privadas prósperas, acusavam a interferência de burocratas *"entirely ignorant of medical matters"* (Thane, 1995). Mas um inquérito conduzido em 1944 pela própria BMA concluía que 60% dos médicos eram favoráveis à criação de um serviço universal e gratuito, 68% eram favoráveis ao desenvolvimento de centros de saúde e 62% eram favoráveis ao pagamento total ou parcial por salário (Thane, 1995).

O Relatório Beveridge, de 1942, define, então, os serviços de saúde como uma das condições necessárias para a criação de um sistema viável de segurança social na Grã-Bretanha. O relatório intitulado *"Social Insurance and Allied Services"* baseia as suas propostas na existência de um Estado interventor que deve encontrar respostas para as diversas situações de risco social e é, desse ponto de vista, mais completo do que o de Bismarck porque pretende cobrir uma gama completa de riscos "do berço à sepultura" e integra ainda as situações de exclusão social. Trata-se, portanto, de um sistema universal porque abarca toda a população,

Os sistemas de saúde em países da OCDE   41

unificado, porque a quotização cobre o cidadão em relação a todos os aspetos do risco social e uniforme, porque as prestações são independentes do rendimento auferido.

O *National Health Service* desenvolve-se em 1948, no seguimento do *NHS Act* de 1946 e marca o fim do período de discussão que começara formalmente em 1942. Esta lei é de crucial importância para o estabelecimento de um modelo para os sistemas de saúde com base na responsabilidade do Estado pela prestação de serviços gerais de saúde e a afirmação do princípio do acesso igual para todos os cidadãos.

A lei vai influenciar, ao longo de décadas, a organização de outros sistemas de saúde em cinco aspetos nucleares.

O primeiro é o da responsabilidade do Estado pelos encargos com a saúde dos cidadãos, que deve proporcionar cuidados gratuitos no momento em que a necessidade se efetiva.

O segundo é o princípio da compreensividade, incumbindo ao Ministério da Saúde *"to promote a comprehensive health service for the improvement of the physical and mental health of the people of England and Wales for the prevention, diagnosis and treatment of illness"* (Allsop, 1995).

O terceiro é o princípio da universalidade, ou seja o Estado responsabiliza-se pelos cuidados de saúde para toda a população.

O quarto é o princípio da igualdade, pelo qual deve existir um padrão de qualidade dos serviços para todos os cidadãos, sem qualquer discriminação económica, social ou geográfica.

Finalmente, o princípio da autonomia profissional e em especial a autonomia clínica, que permitiria a utilização da mais moderna tecnologia para benefício da população, sem interferência das organizações administrativas, ou seja os médicos seriam livres de prescrever e de referenciar os seus doentes para outros níveis de cuidados, apenas de acordo com o seu melhor entendimento profissional.

O surgimento do Estado-Providência de Keynes-Beveridge[19] na Inglaterra do pós-guerra assumiu, também, um "efeito de demonstração",

---

[19] John Maynard Keynes, nascido em Inglaterra, em 1883, foi um dos mais importantes economistas do século vinte e as suas ideias levaram à adoção de políticas intervencionistas do Estado a fim de criar estímulos ao desenvolvimento económico.

A sua teoria macroeconómica desenvolvida durante os anos de 1930, em plena depressão económica, previa que uma economia poderia permanecer abaixo da sua capacidade, com taxas de desempregos altas. Para solucionar este problema, Keynes propôs

42 *O Percurso da Saúde: Portugal na Europa*

embora fosse um fenómeno peculiarmente britânico na sua globalidade e nas características institucionais (Mishra, 1995).

Os sistemas de segurança social, e em particular os de saúde, desenvolveram-se no mundo à sombra destes dois grandes modelos – o bismarckiano e o beveridgeano – com maiores ou menores influências de um ou de outro, ou mesmo de tentativas, mais ou menos bem conseguidas, de combinação de características de ambos os modelos. Já antes, o *New Deal* do Presidente Roosevelt, nos Estados Unidos da América, pretendeu responder às expectativas de segurança das populações, após a crise económica de 1929, e inspirou a criação de um sistema de segurança social, como ainda hoje existe, embora tenha falhado a criação de um sistema público de saúde com acesso universal.

A noção de Estado de bem-estar nasceu do encontro destas duas conceções de proteção social. Não se trata de dois modelos ideologicamente diferentes. Ambos assentam na noção reformista de que é necessário um guarda-chuva, uma rede social protetora para atenuar as grandes tensões sociais geradas pelo crescimento económico e consequente alongamento da marcha da sociedade para o desenvolvimento (Campos, 2000).

Hoje em dia, os sistemas de saúde ainda se inspiram, de algum modo, no modelo Bismarck ou no modelo Beveridge, ou seja obrigando empregadores e empregados a descontar para seguros de doença, com uma combinação de prestadores públicos e privados, no primeiro caso, ou com um sistema assente essencialmente em receitas fiscais e em serviços públicos, no segundo modelo.

3. Os modelos de financiamento

Tomando como base estes dois modelos, podem identificar-se, nos países da OCDE, três modelos de financiamento, ou de pagamento, dos cuidados de saúde:

---

intervenções estatais na economia com o objetivo de estimular o crescimento e baixar o desemprego através do aumento dos gastos públicos e/ou redução da carga fiscal.

William Beveridge, economista nascido em 1879 está intimamente associado ao desenvolvimento do estado de bem-estar social como autor do "Relatório Beveridge, publicado em 1942. Em 1945, o partido trabalhista derrotou o partido conservador de Winston Churchill e o novo primeiro ministro, Clement Attlee, anunciou em 1948 a criação do *National Health Service* tendo como inspiração o Relatório Beveridge. Beveridge foi, depois, líder do partido liberal e faleceu em 1963.

1) O sistema de seguro privado voluntário, que cobre indivíduos ou grupos, sendo os prémios fixados em função das características do risco. Somente em dois países – EUA e Suíça – os seguros privados cobrem os mais importantes riscos de saúde para a maioria da população, embora na Suíça as seguradoras estejam sujeitas a um apertado controlo para que a avaliação do risco seja coletiva e não individual. Na maior parte dos outros países da OCDE, os dispositivos privados podem ainda desenvolver uma outra função: completar as respostas públicas: a população pode subscrever um seguro privado complementar para cobrir o co-pagamento exigido pelo sistema público, para beneficiar de melhores condições de hospitalização, para poder beneficiar de tratamento privado, ou para encontrar resposta para riscos não cobertos pelo seguro público.

2) O sistema de seguro social, obrigatório e quase universal, que funciona no âmbito de caixas de seguro-doença, em regra geridas por entidades sociais, mas submetida à supervisão de organismos públicos. Estas seguradoras sociais realizam uma "mutualização" dos riscos e os prémios são normalmente fixados em função dos rendimentos. A disparidade de cobertura de riscos é por vezes compensada com a intervenção dos governos. A inscrição é obrigatória em certos casos (baixos rendimentos, em regra) e o sistema, em muitos países, cobre praticamente toda a população. Em regra, estas caixas ou mútuas organizam-se em volta de uma profissão, de um setor de atividade, de uma confissão religiosa, ou numa base geográfica.

3) Finalmente, o financiamento por imposto, que se pode organizar de dois modos. Num primeiro modelo – integrado –, o financiamento e a prestação são assegurados por um só organismo público que recebe do orçamento do estado as verbas de que necessita; em outro modelo – contratualizado –, a prestação de cuidados é realizada por serviços estatais ou por entidades privadas contratadas pelos fundos públicos autónomos.

A gestão institucional de um serviço nacional de saúde é pública, podendo a prestação ser pública ou, cada vez mais, contratualizada. Geralmente os cuidados de saúde são gratuitos ou quase gratuitos no momento de acesso. A propriedade das unidades prestadoras é normalmente pública – ainda que tal não seja forçosamente assim – e o financiamento é assegurado por um organismo público que recebe do Orçamento do Estado as verbas de que necessita.

Quando o financiamento é feito através dos impostos gerais, a contribuição para a saúde tende a ser progressiva, refletindo o desenho do

44 O Percurso da Saúde: Portugal na Europa

sistema fiscal, uma vez que indivíduos com elevados rendimentos pagam proporcionalmente mais, existindo uma preocupação explícita em assegurar a redistribuição entre diferentes níveis de rendimento e de saúde.

Nos vários países europeus, tenham eles um seguro social ou um SNS, os seguros privados tendem a ser complementares face ao seguro público. O financiamento da saúde por seguro privado assenta no nível de risco, individual ou de grupo, sendo os prémios fixados em conformidade. Tratando-se de seguros de adesão voluntária, a questão da universalidade não se coloca, e não está garantida a cobertura da totalidade dos riscos, mas apenas a parte não coberta pelo sistema universal. Em alguns países, existem benefícios ou deduções fiscais[20] para a aquisição de seguros privados, embora com limites máximos.

Finalmente, muito embora o seguro público (seja ele um seguro social ou um SNS) constitua a fonte de financiamento dominante nos vários países, os pagamentos diretos das famílias têm, ainda assim, um peso significativo nas despesas com saúde.

Nos últimos anos, as despesas diretas em saúde têm vindo a aumentar em vários países europeus. Esta tendência é em grande parte consequência de políticas de racionamento que excluem alguns cuidados da cobertura pública (por exemplo, os cuidados dentários e certos medicamentos). Em média, os cidadãos dos países que integravam a Europa dos 15 financiam cerca de 16% das suas despesas de saúde diretamente através de pagamentos no ato de consumo (Simões, J., Pedro Barros e João Pereira (Coord.), 2008).

O debate sobre o financiamento dos cuidados de saúde assenta em duas grandes questões – a sustentabilidade, por um lado, e a equidade,

---

[20] Os benefícios fiscais constituem, pela sua própria natureza, exceções às regras gerais de tributação. A justificação mais frequentemente avançada para a sua adoção baseia-se na existência de efeitos externos positivos e na consequente necessidade de induzir comportamentos cooperativos dos agentes envolvidos. O Estado cria benefícios fiscais porque, em regra, pretende promover a eficiência, ou porque pretende incentivar a provisão de bens ou serviços com interesse público. O enquadramento fiscal das despesas e seguros de saúde no imposto sobre o rendimento varia muito de país para país. Há países que não admitem qualquer tipo de benefício fiscal (Espanha, França e Reino Unido, por exemplo); em outros, as despesas de saúde são tratadas de forma diferente dos seguros de saúde, sendo estes últimos normalmente considerados no conjunto dos outros seguros e enfrentando um limite máximo de dedução (Simões, J., Pedro Barros e João Pereira (Coord.), "A Sustentabilidade Financeira do Serviço Nacional de Saúde", Ministério da Saúde, 2008).

por outro[21]. No entanto, as escolhas disponíveis para o decisor geralmente afetam pelo menos uma destas dimensões, sendo certo que algumas das medidas que promovem a sustentabilidade financeira conduzem a uma maior despesa privada, colocando em risco o objetivo da equidade.

3.1. *O financiamento da saúde em alguns países da União Europeia*[22]

Passam-se, agora, em revista os sistemas de financiamento da saúde em alguns países da União Europeia, com modelo bismarckiano e beveridgeano.

Desde logo a Alemanha, onde o seguro social se mantém como a principal fonte de financiamento de cuidados de saúde cobrindo cerca de 70 milhões de pessoas, numa população de 82 milhões, e sendo constituído por cerca de 250 fundos de doença, responsáveis pela recolha das contribuições, pela compra de benefícios e pelo pagamento aos prestadores. Cerca de 10% da população está coberta por um seguro privado e 2% tem a cobertura de esquemas governamentais setoriais (militares, polícia, entre outros).

As contribuições para o seguro social cobrem cerca de 64% das despesas de saúde, existindo três grandes fontes complementares de financiamento: os impostos, que cobrem cerca de 7,8% das despesas, os seguros privados, que cobrem cerca 8,3%, e os pagamentos diretos das famílias. Estes, que se repartem entre co-pagamentos para benefícios cobertos parcialmente pelos vários esquemas de seguro e pagamentos para benefícios não cobertos, correspondem a cerca de 12,3% da despesa total com saúde.

Os impostos, cuja contribuição para o sistema de saúde é reduzida, são utilizados para financiar investimentos nos hospitais, a investigação nos hospitais universitários, a formação dos profissionais de saúde e os esquemas de seguros para elementos da polícia, militares, reclusos, imigrantes e cidadãos com deficiência profunda.

---

[21] Não se pode ignorar a importância de outros atributos como a efetividade, a eficiência e a qualidade, mas sem sustentabilidade os sistemas não podem funcionar e sem equidade perdem a sua razão de ser.

[22] Para mais desenvolvimentos, ver Simões, J., Pedro Barros e João Pereira (Coord.), "A Sustentabilidade Financeira do Serviço Nacional de Saúde", Ministério da Saúde, 2008.

Em França, o sistema de saúde assenta, também, num seguro social, criado em 1945. Em julho de 1999 foi decidida a cobertura universal do seguro para os residentes no país através da criação da CMU (*Couverture Maladie Universelle*), visando garantir a cobertura do 1% da população que estivera excluída até então.

O seguro social inclui três esquemas, que cobrem cerca de 95% da população: o regime geral (*Régime Général*) cobre trabalhadores do comércio e indústria e suas famílias, e beneficiários da CMU; o esquema agrícola (*Mutuelle Sociale Agricole* – MSA) cobre agricultores, trabalhadores agrícolas e suas famílias, que representam cerca de 7% da população; e o fundo nacional para trabalhadores por conta própria não agrícolas (*Régime Social des Independents* – RSI), que representam cerca de 5% da população. Os funcionários públicos, mineiros, empregados da companhia de caminhos-de-ferro nacional, o clero, e trabalhadores do banco central têm sistemas de cobertura autónomos, já existentes antes de 1945.

Cada um dos esquemas principais tem um fundo de doença nacional. O *Régime Général*, claramente maioritário, é composto pela *Caisse Nationale d'Assurance Maladie* e por 16 fundos regionais e 129 fundos locais, responsáveis pela angariação de beneficiários e gestão operacional do seguro.

Num esforço de consolidar o seguro social, os três esquemas principais (o *Régime Général*, a MSA e o RSI) estão agora agregados numa estrutura federativa (a *Union Nationale des Caisses d'Assurance Maladie*), que surge como única entidade nas negociações com o Estado e os prestadores.

Na Holanda, todos os residentes no país estão cobertos por um esquema de seguro único, obrigatório e universal, regulamentado pelo direito privado.

A introdução deste esquema único tinha já sido sugerida pelo relatório Dekker, em 1987, que defendia também a introdução de concorrência regulada no mercado dos seguros, como forma de promover a contenção dos custos com a saúde. Na altura, as recomendações do relatório, encomendado pelo governo, não foram adotadas, mas foram sendo gradualmente aplicadas ao longo dos anos noventa do século XX.

Todos os residentes são agora obrigados a pagar um prémio nominal – independente do rendimento, da idade ou do estado de saúde – definido por cada seguradora e por ela recebido diretamente, para acederem a um pacote básico de cobertura. Os indivíduos são livres de escolher a seguradora que entenderem, podendo mudar uma vez por ano.

As seguradoras são obrigadas a aceitar qualquer indivíduo que deseje aderir, e a soma dos prémios de todos os seus segurados deve ser equivalente a 50% dos seus custos com o pacote básico e os empregadores são responsáveis pelo pagamento dos restantes 50% dos custos das seguradoras.

Estas contribuições são encaminhadas para um Fundo de Seguro de Saúde que, após um ajustamento pelo nível de risco, as distribui pelas seguradoras.

Grupos populacionais com baixos rendimentos recebem um subsídio do Estado, dependente do rendimento, para poderem adquirir um plano de saúde, sendo assim compensados pelo pagamento do prémio nominal obrigatório.

Para além do pacote básico, as seguradoras podem oferecer seguros adicionais, para os quais definem livremente os benefícios, os prémios e as condições de adesão. Caso deseje fazê-lo, o indivíduo pode adquirir um seguro adicional de qualquer seguradora, e não necessariamente daquela com quem tem o contrato básico.

O sistema de saúde do Reino Unido assenta num serviço nacional de saúde, criado em 1948, e baseado no princípio da responsabilidade da sociedade por assegurar um serviço gratuito no ponto de acesso e acessível a todos os residentes.

O SNS é financiado, em cerca de 79%, pelos impostos gerais, e em 16% pelas contribuições para o *National Insurance* (equivalente à Segurança Social).

O SNS obtém ainda cerca de 2% das suas receitas através de co-pagamentos dos doentes.

Para além do SNS, os indivíduos são livres de adquirir um seguro privado adicional; cerca de 11% da população tem algum seguro deste tipo, sendo que os seguros baseados no emprego são o setor que maior crescimento tem apresentado.

Todos os residentes no Reino Unido têm, à partida, acesso aos serviços assegurados pelo SNS. Estes serviços nunca foram formalmente explicitados, existindo um elevado grau de liberdade nas decisões sobre que serviços oferecer.

Os médicos de família são responsáveis, desde a fundação do SNS, pelo papel de *gatekeeper*, sendo portanto peças fundamentais no racionamento no interior do sistema e na articulação entre cuidados de saúde primários e hospitalares.

48   *O Percurso da Saúde: Portugal na Europa*

Ainda que o modelo de obtenção de fundos para a saúde não tenha sofrido grandes alterações, a sua afetação no interior do SNS tem mudado significativamente. Assim, a maior parcela do orçamento do SNS é atribuída diretamente aos maiores compradores de cuidados, os *Primary Care Trusts*, que adquirem cuidados para as populações a seu cargo, pagando por eles aos prestadores – essencialmente hospitais (*NHS Trusts e Foundation Trusts*) e médicos de família, mas incluindo também prestadores privados.

Em Espanha, a Constituição de 1978 atribuiu a todos os espanhóis o direito à proteção de saúde, e definiu um novo enquadramento de base regional para a organização do setor. Em 1986, a Espanha iniciou a transição de um sistema de seguro social – com o financiamento baseado no rendimento dos indivíduos – para um serviço nacional de saúde – com o financiamento baseado nos impostos. Isto envolveu uma separação progressiva da saúde em relação ao sistema de segurança social, de cujos fundos o SNS dependeu até 1989. Definiu-se, ainda, que grande parte dos poderes do setor da saúde deveriam ser transferidos progressivamente para as dezassete comunidades autónomas.

Os cuidados de saúde são financiados essencialmente através dos impostos gerais. Os fundos são recolhidos centralmente, sendo depois distribuídos através de um sistema de capitação pelas comunidades autónomas.

A cobertura é quase universal para os cidadãos espanhóis (abrangendo cerca de 99% da população), garantindo o acesso a um pacote de benefícios independente do rendimento de cada um. Apenas uma pequena percentagem da população não está coberta pelo SNS, sendo essencialmente constituída por profissionais liberais e empregadores. Tal acontece porque a inclusão no SNS está ligada à inclusão no sistema de segurança social ou ao emprego, e não à cidadania ou residência no país.

Os funcionários públicos estão cobertos por sistemas mutualistas, financiados em cerca de 70% pelo Estado (através dos impostos) e em 30% pelas contribuições dos seus membros. Os funcionários públicos podem optar entre estar cobertos pelos seus fundos mutualistas ou pelo SNS; caso optem por este último, os fundos mutualistas pagam um valor *per capita* ao SNS. Caso contrário, esse valor é pago às seguradoras privadas com quem os fundos tiverem contratado a prestação de serviços.

Na generalidade dos países da União Europeia não se observam alterações importantes no modelo de captação de recursos para a saúde. Ou seja, cada país é fiel ao modelo mais bismarckiano ou mais beveridgeano que se desenvolveu ao longo de décadas ou de séculos. Tal significa que nos países do centro da Europa – Alemanha, Holanda, Bélgica, França, Áustria, entre outros – empregados e empregadores descontam uma percentagem dos seus rendimentos para seguros sociais, que contratam prestadores, públicos ou privados; nos países influenciados pelo modelo criado na Inglaterra na segunda metade da década de 1940 – países escandinavos e países do sul da Europa (Portugal, Espanha, Grécia e Itália) são os impostos que financiam um serviço nacional de saúde, com uma prestação maioritariamente pública.

3.2. Os estudos e as propostas de organizações internacionais[23]

Os modelos de financiamento da saúde têm sido objeto de análise por parte das organizações internacionais que têm estudado os sistemas de saúde. Estas entidades manifestam séria preocupação com o crescimento dos gastos em saúde, tentam identificar os fatores que estão na origem dessa situação, os cenários que se colocam consoante as respostas que os governos conseguem encontrar e elaboram algumas recomendações.

Apesar de ser a organização internacional com a mais rica base de dados sobre os aspetos financeiros dos sistemas de saúde, a OCDE dedica pouco espaço à reflexão sobre o tema do financiamento dos cuidados de saúde. A informação publicada por esta organização tem privilegiado o estudo dos resultados na saúde das populações, a evolução dos factores de risco e a necessidade de conferir maior ênfase à prevenção para continuar a melhorar a saúde, a análise dos custos e a identificação dos fatores que determinam o seu crescimento, a pressão sobre os orçamentos públicos e os problemas causados pela insuficiência de recursos.

Estes estudos têm vindo a ser elaborados pelo Departamento de Economia e pela Direção de Emprego, Trabalho e Assuntos Sociais da OCDE. Anualmente é publicado o *OCDE Health Data*, que representa um instrumento indispensável para o conhecimento dos sistemas de saúde no espaço da OCDE.

O Departamento de Economia da OCDE publicou em 2006 um documento que identifica os fatores que justificarão os gastos públicos

---

[23] Para mais desenvolvimentos, ver Simões, J., Pedro Barros e João Pereira, (Coord.), "A Sustentabilidade Financeira do Serviço Nacional de Saúde", Ministério da Saúde, 2008.

em saúde e em cuidados continuados, até 2050. Dois cenários principais foram considerados: um sem intervenção política ativa – o cenário de pressão dos custos – e outro que toma em consideração o resultado de políticas que pretendem evitar o crescimento das despesas públicas – o cenário de contenção dos custos, embora sem explicitação de quais as medidas que levam a essa contenção.

No cenário de pressão de custos, as despesas públicas com saúde e cuidados continuados, nos países da OCDE, quase duplicariam, de cerca de 7% em 2005 para cerca de 13% em 2050; no cenário de contenção de custos, as despesas situar-se-iam em, aproximadamente, 10% do PIB, em 2050.

Em publicação de 2003, da Direção de Emprego, Trabalho e Assuntos Sociais, Elizabeth Docteur e Howard Oxley sustentam que as reformas da saúde são avaliadas de acordo com o seu impacto nos seguintes objetivos: assegurar o acesso aos cuidados de saúde necessários; melhoria da qualidade e dos resultados nos cuidados de saúde; assegurar um nível adequado de recursos para a saúde (eficiência macro-económica); assegurar que os serviços são prestados de uma forma eficiente e efetiva (eficiência micro-económica).

Afirmam estes autores que as reformas que promoveram a partilha de custos reduziram o crescimento dos gastos públicos, conduzindo-os para o âmbito privado, mas poderão ter comprometido o objetivo de igual acesso para iguais necessidades, ao transferir o pagamento de cuidados de saúde das pessoas saudáveis para as doentes e dos mais ricos para os mais pobres (OCDE, 2003).

A propósito da partilha de custos é dito, em documento da OCDE sobre a Finlândia que a investigação vai no sentido de demonstrar que ela desencoraja o consumo de cuidados desnecessários, mas que pode evitar também a utilização de serviços essenciais por parte da população mais pobre. E concluem que há melhores maneiras de gerir a procura, por exemplo desenvolvendo programas de prevenção, pois o atual nível de repartição de custos na Finlândia pode explicar já algumas iniquidades no acesso a serviços médicos (OCDE, 2005).

A Comissão Europeia publicou o Relatório Especial nº 1/2006, de Economia Europeia, sobre o impacto do envelhecimento da população nas despesas públicas, com projeções para os 25 Estados membros (à época) no que respeita a pensões, cuidados de saúde, cuidados continuados, educação e subsídios de desemprego.

As projeções da União Europeia para 2050 apontam para uma população um pouco menor e significativamente mais velha.

As projecções são realizadas com base na premissa de *no policy change* e utiliza um cenário que toma em consideração os efeitos combinados do envelhecimento, do estado de saúde das pessoas mais velhas e da elasticidade da procura por efeito dos rendimentos. Nestes termos os gastos públicos na saúde poderão crescer 1 a 2 pontos percentuais no PIB, na maior parte dos Estados membros, até 2050.

O Relatório conclui que o crescimento dos gastos em saúde no PIB, nas últimas décadas, não foi influenciado, de forma significativa, por desenvolvimentos demográficos; todavia, o envelhecimento da população tem um forte impacto no tipo de serviços que serão necessários no futuro; que existem grandes diferenças nos Estados membros em relação aos gastos *per capita*, que parece não ter correlação com os resultados em saúde; que, apesar da idade não constituir um fator causal, o envelhecimento da população pode pressionar no sentido do aumento das despesas públicas com saúde; que a idade constitui apenas um dos fatores que determinam os gastos em saúde e que outros determinantes não demográficos têm igual significado nas despesas com saúde; que ações preventivas para provocar a diminuição da obesidade, do consumo de tabaco e do abuso de drogas poderão ter um largo efeito no estado de saúde das populações.

O Banco Mundial publicou, em 1993, o *World Development Report* com o título "Investing in Health", que examina a relação entre a saúde das populações, a política de saúde e o desenvolvimento económico e que, ainda hoje, se pode considerar o seu documento mais relevante na área da saúde (Beyer *et al.*, 2000).

Nos países em desenvolvimento, o Banco Mundial assumiu um papel de importante financiador de projectos de saúde, que integravam, por sua vez, os programas de ajustamento estrutural (PAE). O papel relevante do Banco Mundial nos projectos de saúde, na década de noventa do século vinte, resultou, em parte, segundo alguns autores, do impacto negativo que os próprios PAE provocaram nos resultados em saúde de estratos mais vulneráveis das populações (Baru e Jessani, 2000). Estes desenvolvimentos levaram o Banco Mundial a alterar a sua estratégia de defesa de privatizações para uma "intervenção seletiva do Estado", como já era, aliás, defendido no relatório "Investing in Health".

Outros documentos do Banco Mundial dão conta de situações de excesso nas intervenções do Estado ou do setor privado, em países da

Europa Central e do Leste, no setor da saúde, concluindo pela necessidade de uma combinação de recursos mais equilibrada.

Em 2006, o Banco Mundial publicou o relatório "Health Financing Revisited" que percorre as políticas, as tendências e os instrumentos para financiar a saúde, em especial nos países em desenvolvimento (World Bank, 2006).

A este propósito, o documento é claro ao afirmar que a principal lição que os países mais desenvolvidos podem fornecer consiste na afirmação da cobertura universal como o principal objetivo que as reformas do financiamento devem apoiar.

A Organização Mundial de Saúde (OMS) traçou, em 1996, um modelo de reforma dos sistemas de saúde com uma estratégia global – a melhoria da saúde dos cidadãos – e com o abandono doutrinal do princípio de "mais mercado" nos sistemas de saúde europeus, presente, ou até dominante, ao longo da década anterior, no pensamento político das grandes organizações internacionais (WHO, 1996).

É referido neste texto que um grande desafio para os decisores políticos consiste no esforço para alcançar um financiamento equitativo dos serviços de saúde com recursos insuficientes, mas os autores não escondem a sua preferência por um sistema de financiamento baseado em impostos, por contribuir, segundo é dito, para a solidariedade social.

No seu relatório do ano 2000, a OMS utiliza cinco indicadores para avaliar os sistemas de saúde: o nível geral de saúde, a distribuição da saúde na população, o nível geral de resposta, a distribuição da resposta e a repartição da contribuição financeira (WHO, 2000).

Os cuidados de saúde seriam financiados de forma perfeitamente equitativa se a razão entre o total das despesas de saúde e o total das despesas não alimentares fosse idêntica para todos os agregados familiares, independentemente do seu rendimento, do seu estado de saúde ou da sua utilização do sistema de saúde.

Afirma-se, pois, que a melhor forma de garantir a equidade financeira consiste em privilegiar o pré-pagamento e um pré-pagamento progressivo, por oposição ao pagamento direto. E este deve ser reduzido não só em valor absoluto, mas também em relação à capacidade de pagar das famílias.

No Relatório Mundial de Saúde, de 2010, dedicado ao financiamento dos sistemas de saúde e à cobertura universal, a OMS define orientações gerais para que os países evoluam rapidamente na direção da cobertura universal e indica formas de financiar cuidados de saúde, num contexto caracterizado por custos crescentes dos cuidados de saúde, devido a envelhecimento da população, aumento de doenças crónicas, inovação tecnológica e crise económica.

O documento identifica três barreiras à cobertura universal: a disponibilidade de recursos; a dependência excessiva de pagamentos diretos dos utentes (co-pagamentos); o uso ineficiente e desigual de recursos: uma estimativa conservadora indica que entre 20 a 40% dos recursos direcionados para a área da saúde são desperdiçados.

O Relatório chama, ainda, a atenção dos governos para a remoção de riscos e barreiras ao acesso: o pré-pagamento é adotado pelos países que mais se aproximam da cobertura universal: a incidência da catástrofe financeira e do empobrecimento só cai para níveis negligenciáveis quando os pagamentos diretos diminuem para 15-20% das despesas totais em saúde. Outras barreiras ao acesso que merecem destaque: custos de transporte, rendimento perdido, disponibilidade de serviços e proximidade.

Finalmente, são sugeridas algumas medidas para reduzir a ineficiência: optar por medicamentos mais baratos, quando disponíveis; melhorar o controlo de qualidade dos medicamentos; utilizar medicamentos de forma apropriada (evitando o abuso ou mau uso de antibióticos, por exemplo); retirar o máximo benefício de tecnologias e serviços de saúde; motivar os trabalhadores de saúde; melhorar a eficiência hospitalar; reduzir o erro médico; eliminar o desperdício e a corrupção; avaliar de modo crítico que serviços são necessários (WHO, 2010).

O *European Observatory on Health Care Systems* publicou, em 2002, um documento sobre o financiamento da saúde e no derradeiro capítulo, Elias Mossialos e Anna Dixon passam em revista as diversas opções de financiamento na Europa, considerando sete objetivos na avaliação de cada um dos sistemas de financiamento, quatro deles relacionados com a equidade (o sistema de financiamento é progressivo? O sistema de financiamento é horizontalmente equitativo? O sistema de financiamento resulta em redistribuição? Como é que o sistema de financiamento afeta a cobertura e o acesso aos cuidados de saúde?) e três relacionados com a eficiência (como é que o sistema de financiamento afeta a contenção de gastos? Como é que o sistema de financiamento afeta o conjunto da economia? Como é que o sistema de financiamento afecta a eficiência económica e a eficiência técnica?) (Mossialos e Dixon, 2002).

Os autores constatam o facto de que quase todos os sistemas de financiamento são, na prática, mistos, tornando difícil a avaliação do desempenho de um sistema de saúde baseado nas fontes de financiamento.

Depois, é discutida a dependência de percurso na fixação dos modelos de financiamento, ou seja, para além de se analisar os efeitos dos sistemas de financiamento, é necessário compreender o contexto no qual os sistemas de financiamento foram criados e se desenvolveram.

A análise histórica dos sistemas de saúde demonstra considerável continuidade ideológica em países como a Alemanha e a Grã-Bretanha, nos quais se iniciaram e desenvolveram dois modelos – o de Bismarck e o de Beveridge – posteriormente replicados, com adaptações diversas, em inúmeros países.

Os autores citam, a este respeito, o caso dos países da Europa central, do leste, e estados bálticos, que no pós-comunismo, rapidamente restabeleceram sistemas de seguro social, baseados nos existentes nesses países até 1945, basicamente de modelo bismarkiano.

O exemplo britânico também é citado, quando o Partido Conservador forma governo em 1979, defendendo programaticamente a responsabilidade individual e um papel mínimo para o Estado. Apesar da forte pressão ideológica no sentido de uma alteração radical favorável à criação de um sistema de financiamento baseado em seguros, uma enérgica oposição pública levou Margaret Thatcher a afirmar que "o SNS está seguro nas nossas mãos" e a concentrar a reforma, não no financiamento, mas sim na estrutura do SNS.

Em documento de 2009, Sarah Thomson, Thomas Foubister e Elias Mossialos, reportam-se às reflexões do Conselho da União Europeia, de 2006, sobre os desafios que se colocam aos Estados membros para assegurar a sustentabilidade financeira dos seus sistemas de saúde sem colocar em causa valores fundamentais como a universalidade da cobertura, a equidade no acesso a qualidade da prestação de cuidados[24]. Os autores questionam quais as reformas do financiamento que contribuem para garantir a sustentabilidade. Opondo-se ao aumento das contribuições privadas, afirmam-se defensores de sistemas públicos de financiamento como forma de contribuir para a eficiência e equidade, conferindo proteção para o risco financeiro da doença (Thomson, 2009).

---

[24] O documento *Council Conclusions on Common Values and Principles in European Union Health Systems* considera que os sistemas de saúde constituem um instrumento fundamental para se alcançarem elevados níveis de proteção social na Europa e representam um importante contributo para a coesão social e a justiça social e aprova uma Declaração relativa aos valores e princípios comuns que sustentam os sistemas de saúde.

4. Os modelos de prestação de cuidados de saúde

Quanto à prestação de cuidados podem, também, identificar-se, nos países da OCDE, três tipos de modelos:

1) O sistema de reembolso, no qual os prestadores são pagos pelos serviços fornecidos aos consumidores. O pagamento pode ser efetuado diretamente pelo doente, que é reembolsado parcial ou totalmente por um seguro, ou por uma entidade seguradora que se responsabiliza pelo pagamento.

2) O sistema de contrato, ou convenção, que implica um acordo entre os terceiros pagadores e os prestadores de cuidados, o qual fixa as condições de pagamento dos serviços. Em contraste com o sistema anterior, neste caso o pagador pode exercer um largo poder de controlo do nível total de despesa. Esta é, em regra, a fórmula encontrada pelos sistemas de seguro social. O financiamento dos hospitais, através de uma diária ou de um sistema de classificação de doentes, realiza-se, normalmente, no quadro de um orçamento prospetivo ou de um teto global. Quando os serviços têm pré-pagamento, o consumidor só poderá escolher os prestadores com os quais o financiador tem uma prévia relação contratual, obedecendo aos princípios de economia de gastos fixados pelo sistema.

3) O sistema integrado, no qual o mesmo organismo exerce as suas competências, quer no financiamento, quer na prestação de cuidados; o pessoal, nomeadamente os médicos, são, em regra, assalariados e o financiamento dos hospitais é assegurado por dotação global.

Em muitos países da União Europeia, o Estado não só financia os cuidados como assegura a prestação, nomeadamente dos hospitais e dos centros de saúde. É o caso das camas hospitalares, que pertencem ao setor público em mais de 90% na Dinamarca, Suécia, Finlândia e Reino Unido, entre 80% e 90% em Itália e em Portugal e entre 50% e 80% em Espanha, França, Grécia e Irlanda.

Nos outros países da União Europeia a diversidade é maior: na Alemanha cerca de metade das camas hospitalares são públicas e a maior parte das restantes pertence a entidades sem fins lucrativos; na Bélgica, Luxemburgo e na Holanda a maior parte dos hospitais para doentes agudos pertence ao setor privado, com ou sem fins lucrativos.

Porém, alguns dos países com sistemas de saúde financiados por impostos estão, desde a década de noventa do século vinte, não só a utilizar mecanismos de tipo mercado no funcionamento das unidades públicas, como a promover a competição entre elas e com unidades privadas, num ambiente de separação das entidades pagadoras e prestadoras de cuidados. Esta tendência traduz-se no abandono progressivo do modelo integrado a favor de um modelo de contrato.

Em relação aos métodos de pagamento aos hospitais, nos países da União Europeia existe uma tendência clara e progressiva para a substituição do sistema de pagamento retrospetivo das actividades pelo estabelecimento de orçamentos prospetivos[25].

Podem considerar-se quatro formas principais de financiamento de hospitais nos Estados membros da União Europeia:

- Orçamentos prospetivos baseados fundamentalmente nas despesas de períodos anteriores (Dinamarca, Grécia e França);
- Orçamentos prospetivos baseados nas atividades ou nas funções dos hospitais (Alemanha, Irlanda, Luxemburgo, Holanda e Portugal);
- Orçamentos prospectivos combinados com pagamentos de actividades (Bélgica, Espanha e Áustria);
- Pagamentos de acordo com as atividades, que podem ser baseados no *case-mix* (Suécia e Itália) ou em pacotes de serviços hospitalares (Reino Unido e Finlândia) (Mossialos e Le Grand, 1999).

O *Medicare,* nos EUA, iniciou, em 1983, a adoção de um sistema de pagamento prospectivo com base nos Grupos de Diagnóstico Homógeneos (GDH)[26] para os cuidados prestados em internamento aos seus beneficiários. Atualmente os GDH, ou um sistema neles baseado, pode ser encontrado em países de todos os continentes com uma grande predo-

---

[25] No modelo retrospetivo a base do financiamento é fixada pela despesa verificada no passado, enquanto no modelo prospetivo se definem antecipadamente preços, tipo e volume de serviços a prestar.

[26] Os GDH constituem um sistema de classificação de doentes que apresenta as seguintes propriedades: *i*) ter um número manuseável de classes; *ii*) cada GDH deve ser clinicamente relevante e coerente; *iii*) cada GDH deve conter doentes com padrões semelhantes de consumo de recursos. Os GDH permitem o cálculo do índice de *case mix* de um hospital pois é possível determinar o número de doentes saídos de cada GDH e a sua preponderância no total de doentes saídos (Mateus, 2010).

Os sistemas de saúde em países da OCDE

minância de países europeus, tendo Portugal constituído um dos pioneiros na adoção dos GDH para a análise do desempenho e para o financiamento dos hospitais.

A adoção de um sistema de pagamento aos hospitais que tenha em consideração o *case mix* representa o reconhecimento da importância da casuística na determinação dos custos das instituições. Os GDH vieram criar uma ponte na comunicação entre os administradores, responsáveis pelo controle da despesa das instituições, e os médicos, responsáveis pela realização da despesa (Mateus, 2010).

5. Determinantes da saúde

A responsabilidade do sistema de saúde nos resultados ou ganhos em saúde é bem menor do que é afirmado na comunicação social. A evidência demonstra que o rendimento dos cidadãos, o desenvolvimento económico e social, a escolaridade, as características culturais, constituem fatores cuja importância, em especial nas sociedades mais desenvolvidas, é bem maior do que o número de médicos, ou de camas de agudos, ou as despesas totais ou públicas com a saúde (WHO, 2000).

Estudos realizados comprovam esta evidência, também em Portugal. João Santos Lucas, há mais de duas décadas, observou que "a morte como a doença se distribuem desigualmente na sociedade portuguesa [...] e que os cuidados de saúde públicos e privados não contribuem para esbater esta situação, dado o seu desfasamento em relação às necessidades agravadas de certos grupos sociais, nomeadamente dos trabalhadores manuais" (Lucas, 1987).

A investigação realizada por João Pereira sobre as desigualdades em saúde associa as condições sócio-económicas a resultados em saúde, em especial em algumas taxas de mortalidade associadas ao primeiro ano de vida (Pereira, 1987, 1995, 1999).

Julian Le Grand, citando o Relatório Black de 1980 sobre as desigualdades em saúde na Grã-Bretanha, enfatiza a diferença nas disponibilidades materiais, que caracterizam as classes sociais, como sendo o principal determinante das diferenças em saúde (Le Grand, 1987).

A investigação de Maria do Rosário Giraldes vai no mesmo sentido, ao concluir que a mortalidade e a morbilidade apresentam um gradiente socioeconómico importante em Portugal (Giraldes, 1996) e "que existe evidência suficiente na literatura contemporânea [...] de que os aumentos no nível de saúde poderão resultar tanto de melhorias naqueles aspetos do meio-ambiente que são hostis à saúde como do desenvolvimento de meios mais sofisticados de tratar a saúde" (Giraldes, 1997).

Alan Maynard, desde o começo da década de oitenta do século passado, sustenta idêntica tese, afirmando que o ciclo de depreciação do *stock* de saúde poderia ser alterado por mudanças no comportamento que possam incrementar a produção de anos de vida ajustados pela qualidade[27] (Maynard, 1987).

Evans, Baver e Marmor vão um pouco mais longe e concluem que "o fator crítico na saúde é a qualidade do micro-ambiente físico e social e não a relação direta e material entre a riqueza e a saúde. Se procurarmos identificar aqueles fatores que mais influenciariam a capacidade de criar e manter esta qualidade na relação com o meio, encontraríamos o nível educativo da mãe, como um dos mais relevantes. Neste contexto também tem sido possível observar que a saúde de uma população se relaciona com a distribuição da riqueza e da pobreza. Quanto mais gritantes forem os desequilíbrios e mais percetíveis no "micro-ambiente" de cada um, mais facilmente se deteriora a qualidade da relação do indivíduo com o seu meio" (Ministério da Saúde, 1997).

A evidência de estudos internacionais vai no sentido de que a pobreza está fortemente relacionada com maus resultados em saúde (Marmot, 2007). Mas a relação entre desenvolvimento económico e melhoria do estado de saúde (e redução das desigualdades em saúde) não é nem automática nem universal. Há outros fatores determinantes como a equidade na distribuição do produto nacional, especialmente na forma de políticas públicas que apoiam as condições de vida dos mais pobres. Importante na melhoria da saúde da população (quer na melhoria das médias, quer na redução das inequidades) é o investimento na saúde pública como uma componente da redução da pobreza, em particular, e da política macro-económica, em geral (S. V. Subramanian, P. Belli, e I. Kawachi, 2002).

O entendimento pluridisciplinar e multisectorial dos problemas da saúde e a necessidade da cooperação intersectorial constituem, também, ideias-chave que influenciaram a estratégia da "Saúde para Todos" desenhada pela Organização Mundial da Saúde na década de oitenta do século vinte (OMS, 1987), que teve continuidade em importantes documentos, de que se destaca a Saúde em todas as Políticas (SeTP) – o principal tema

---

[27] Em língua inglesa, *Quality Adjusted Life Years (QALY)*.

de saúde da presidência finlandesa da União Europeia em 2006. A SeTP considera que os fatores de risco das principais doenças, ou os fatores determinantes da saúde, são influenciados por medidas decididas por outros setores governamentais, para além da saúde, bem como por outros atores da sociedade. A SeTP traduz-se, pois, no desenvolvimento de uma política de saúde horizontal focada na identificação dos fatores que influenciam a saúde das populações, maioritariamente condicionados por políticas sectoriais que vão muito para além do setor da saúde.

A SeTP tem raízes profundas na saúde pública e ajuda a reforçar a ligação entre as políticas de saúde e outras políticas em vários setores nomeadamente agrícola, da educação, do ambiente, dos transportes e do sistema fiscal.

A SeTP exige, para uma implementação eficaz, uma maior sofisticação nos recursos, já que a integração das políticas de saúde noutras políticas requer uma boa base de informação, recursos humanos com formação em saúde pública e com conhecimento acerca da eficácia e transversalidade das políticas públicas.

Mas terá sido a Declaração de Alma-Ata, em 1978, o primeiro documento internacional a afirmar a necessidade de uma intervenção multisectorial recomendando que "...nas orientações e nos planos de saúde se tenham sempre em conta as contribuições de outros setores relacionados com a saúde e se adotem medidas concretas e viáveis em todos os níveis, especialmente nos níveis intermédio e comunitário, para coordenar os serviços de saúde com todas as restantes actividades que contribuem para a promoção da saúde e dos cuidados de saúde primários." (Giraldes, 1997).

Hoje, as necessidades e as expetativas dos cidadãos são muito diferentes das que se manifestavam há um século, quando se começaram a edificar os sistemas de saúde. Existe uma perceção mais clara dos determinantes da saúde e o sistema de saúde integra-se num contexto de intervenção política, económica e social muito vasto, onde se debatem as implicações no mundo de uma crescente liberdade de circulação de pessoas, mercadorias, capitais e serviços. Tal significa que os sistemas de saúde estão hoje mais próximos de outros problemas da vida social, mas que, também lhes são solicitadas respostas para aspetos tão diversos como a alimentação, os comportamentos de risco associados à sexualidade ou às drogas, o problema da dor, ou ainda a imensidade e complexidade das questões da bioética.

6. Níveis de desempenho dos sistemas de saúde

Perante a diversidade e complexidade de resultados e fatores, coloca-se uma difícil questão: como avaliar um sistema de saúde? De acordo com o *World Health Repport 2000* é necessário tomar em consideração cinco indicadores:
1. o nível geral de saúde;
2. a distribuição da saúde na população;
3. o nível geral de resposta;
4. a distribuição da resposta;
5. a repartição da contribuição financeira.

A fim de avaliar o nível geral de saúde de uma população, a OMS recorreu à medida da esperança de vida corrigida pela incapacidade[28]. Com a transição epidemiológica das doenças transmissíveis para as não transmissíveis, a medida das consequências não mortais das doenças, em especial as doenças crónicas e as causas externas revelou-se relevante para muitos países. A DALE é baseada na esperança de vida à nascença, mas inclui uma ponderação pelo período vivido com uma saúde limitada (*time spent in poor health*), que depende parcialmente dos estudos sobre as consequências das doenças desenvolvidos pela *International Classification of Functioning Disability and Health*[29].

A distribuição da saúde permite, por seu lado, avaliar o nível da equidade da distribuição dos resultados em saúde pela população, utilizando-se informação sobre a mortalidade infantil para medir a dimensão das desigualdades.

O nível geral de resposta avalia a forma como o sistema de saúde respeita as pessoas e responde às suas preferências como consumidores. O respeito pelas pessoas compreende as dimensões da autonomia, dignidade e confidencialidade, enquanto que a medida das preferências como consumidores inclui fatores como a prontidão da resposta e das prestações hoteleiras, o acesso a redes de apoio social durante a prestação de cuidados e a escolha do prestador. A distribuição da resposta permite avaliar a forma como ela se distribui pela população.

Para o nível e a distribuição da resposta foram recolhidas opiniões de informadores-chave e realizados inquéritos às populações.

---

[28] Em lingua inglesa, *disability-adjusted life expectancy* (DALE).
[29] ICF, conhecida anteriormente por ICIDH-2.

Os sistemas de saúde em países da OCDE

A justiça na contribuição financeira corresponde à fração do rendimento disponível que cada família disponibiliza para o sistema de saúde e baseia-se na capacidade para pagar. Assim, os cuidados de saúde seriam financiados de forma perfeitamente equitativa se a razão entre o total das despesas de saúde e o total das despesas não alimentares fosse idêntica para todos os agregados familiares, independentemente do seu rendimento, do seu estado de saúde ou da sua utilização do sistema de saúde.

Finalmente, a medida da eficiência de um sistema seria conseguida pela relação entre os resultados e os recursos envolvidos.

A aplicação destes indicadores ao conjunto de países da OMS e a classificação dos países que daí resultou, deu origem a um intenso debate, que se mantém, quer sobre resultados, quer sobre aspetos metodológicos e científicos utilizados ao longo do estudo.[30]

7. Objetivos das políticas de saúde

Quando se estudam mais detalhadamente as políticas de saúde, num espaço económico e social relativamente homogéneo como é o caso da União Europeia, identificam-se, em regra, três objetivos centrais: equidade, eficiência técnica e eficiência económica.

Em primeiro lugar a **equidade**: os cidadãos devem ter acesso a um conjunto mínimo de cuidados de saúde e a qualidade do tratamento não deve ser prestado em função do rendimento mas, em especial, das necessidades efetivas de cuidados. Por outras palavras, é necessário que exista proteção contra as consequências financeiras da doença e o pagamento desta proteção não deve estar baseado no risco individual. Alguns autores

---

[30] Registou-se alguma perplexidade perante certos resultados e diversos comentadores apressaram-se a considerar, intuitivamente, que determinados valores não eram plausíveis, chamando a atenção para a contradição entre a boa classificação da Espanha e da Itália e a fraca avaliação que os cidadãos fazem dos respetivos sistemas de saúde, de acordo com inquéritos internacionais (Navarro, 2000). Outros apontavam, com surpresa, que a Dinamarca, um país com uma cobertura universal de cuidados, se posicione, na resposta, a seguir aos EUA, onde um número sete vezes superior à população da Dinamarca vive com uma cobertura inadequada de cuidados de saúde (Williams, 2001). Parece, em síntese, haver um consenso em relação à necessidade de mais e melhor evidência na avaliação do desempenho dos sistemas de saúde e mantém-se, em particular, a discussão sobre os aspetos metodológicos e sobre o nexo de causalidade entre o desenho das políticas de saúde e o desempenho dos sistemas de saúde.

referem a possibilidade de acesso a cuidados suficientes e equitativos, no sentido de que todos os cidadãos possam beneficiar de um mínimo de cuidados, devendo a mesma necessidade corresponder ao mesmo tratamento, pelo menos no sistema público de financiamento (Barr, 1990).

Os problemas da equidade e do acesso aos cuidados estiveram no primeiro plano do debate das reformas nos países da União Europeia, sobretudo no contexto da disponibilidade dos serviços públicos de saúde e com uma tradução sensível em listas de espera para consultas e cirurgias. Austrália, Canadá, Dinamarca, Espanha, Grécia, Irlanda, Islândia, Itália, Noruega, Reino Unido, Suécia e Portugal são países onde, na década de noventa do século vinte, se colocou este problema, promovendo-se, em alguns deles, o desenvolvimento do setor privado na procura de uma resposta mais pronta às expectativas dos doentes.

Em segundo lugar a **eficiência técnica**: trata-se de maximizar o resultado dos cuidados e a satisfação dos consumidores ao custo mínimo, através da combinação de formas de organização que promovam a melhoria da produtividade dos meios disponíveis.

Em terceiro lugar a **eficiência económica** ou distributiva: os sistemas de saúde só deverão consumir uma parte adequada ou necessária do PIB, pelo que deverão ser utilizados os mecanismos apropriados para limitar a despesa, quer a decorrente de políticas públicas, quer a que é fruto de uma oferta excessiva do mercado privado ou da procura de cuidados de saúde.

Barr acrescenta a estes três objetivos dois outros, embora os considere preferencialmente como meios e não como objetivos: a **liberdade de escolha** dos prestadores de cuidados pelos consumidores e a **autonomia dos prestadores**, no sentido de preservar o máximo de liberdade aos médicos e a outros técnicos, compatível, porém, com a realização dos outros objetivos (Barr, 1990).

Por seu lado, o Conselho da União Europeia fixou, em 2006, os valores e princípios comuns aos sistemas de saúde da União Europeia: a universalidade, o acesso a cuidados de saúde de qualidade, a equidade e a solidariedade. A universalidade significa que ninguém pode ser excluído do acesso aos cuidados de saúde; a solidariedade encontra-se estreitamente relacionada com o regime financeiro dos sistemas de saúde nacionais e com a necessidade de garantir a todos o acesso aos cuidados de saúde; a equidade significa que todos têm um idêntico acesso de acordo com as necessidades, independentemente da origem étnica, do género, da idade, do estatuto social ou da capacidade de pagar esses cuidados.

Os sistemas de saúde da UE têm também como objetivo reduzir as desigualdades relacionadas com a saúde, problema este que constitui uma preocupação para os Estados-membros da UE e com o qual se encontram estreitamente relacionados os trabalhos desenvolvidos no âmbito dos sistemas de saúde nacionais no domínio da prevenção das doenças, nomeadamente através da promoção de modos de vida saudáveis (Conselho da União Europeia, 2006).

A pressão macro-económica constitui uma especial preocupação dos países da União Europeia. Depois das recessões económicas no princípio e no final dos anos oitenta do século passado, a década seguinte foi caracterizada por um crescimento moderado. A crise económica e financeira iniciada em 2008 veio colocar sobre os sistemas de saúde uma pressão significativa no sentido da redução da despesa pública, ao mesmo tempo que os governos procuravam dar resposta às necessidades das populações mais vulneráveis, em especial os desempregados e a população envelhecida e com escassos rendimentos.

Baixas taxas de crescimento e a obrigação comunitária de conter a inflação e a despesa pública dentro de limites estreitos provocaram reduções e racionalizações nas despesas do setor público.

As implicações na área da saúde são claras quando as despesas de saúde são parte crescente de um orçamento global, não só porque aumentam mais do que os recursos públicos, mas também porque alguns países, ao privatizarem outras áreas do setor público, provocam o aumento da importância relativa da saúde no orçamento do estado.

Por isso, não é surpreendente que as reformas dos sistemas de saúde nos países da União Europeia, nos últimos vinte anos, estejam centradas nos temas da contenção de custos e da melhoria da eficiência.

8. Os gastos com a saúde[31]

As despesas com a saúde têm constituído, em muitos países, o principal problema, que, no conjunto dos países da União Europeia[32], entre 1970 e 2007 quase duplicaram.

---

[31] Sobre as razões do crescimento dos gastos em saúde e os mecanismos de contenção e controlo até ao início da década de oitenta do século vinte, ver o capítulo III "Gastos crescentes com a saúde" em Campos, 1983.

[32] Considera-se a União Europeia com quinze Estados membros, pela inexistência de informação comparável, no período em estudo, para os vinte e sete Estados membros.

As despesas públicas em saúde tiveram, também, um crescimento acentuado, em especial nos anos oitenta do século passado, devido, em grande medida, ao alargamento da cobertura pública de cuidados decidida na década anterior. A média não ponderada da percentagem das despesas públicas nas despesas totais cresceu de 72,3% em 1970 para 78,5% em 1980, para iniciar, então, uma baixa ligeira até aos atuais 77,2%, embora com diferenças significativas entre os países: em 2007, na Grécia, apenas 62,0% das despesas totais constituíam despesas públicas, enquanto em vários países europeus –, Luxemburgo, Suécia, Dinamarca e Reino Unido – ultrapassavam os 80%.

Existe um conjunto vasto de fatores que pode explicar este crescimento das despesas com a saúde e que se podem classificar como ligados à procura e à oferta de cuidados.

Do lado da procura de cuidados é possível destacar três razões.

Em primeiro lugar o **envelhecimento da população**. Estudos realizados na década de oitenta do século passado permitiam supor que as pessoas com mais de 65 anos consumiam em média quatro vezes mais cuidados de saúde do que as que se encontravam abaixo desse limiar etário (OCDE, 1992). De acordo com simulações estudadas e apresentadas pela OCDE, as despesas anuais de saúde, de 2000 a 2020, poderiam crescer, na maioria dos países da OCDE, entre 0,4% e 0,7% ao ano, por causa do envelhecimento (OCDE, 1995). Porém, as consequências das projeções demográficas devem ser lidas com prudência, porque os efeitos sobre as despesas dependerão das taxas de utilização dos serviços de saúde, das modalidades de cuidados a prestar às pessoas idosas e da inovação tecnológica. Na verdade, muitos países esforçam-se, desde há anos, para reduzir a utilização das camas de agudos, apoiando a oferta de cuidados continuados a idosos e o investimento em cuidados de proximidade, como é o caso do apoio domiciliário.

Em segundo lugar o **crescimento do rendimento**. À medida que os rendimentos aumentam, os cidadãos exigem e consomem mais serviços de saúde, independentemente do comportamento das entidades seguradoras quanto à cobertura de cuidados[33]. Existe extensa literatura sobre este

---

[33] A teoria económica sugere que o crescimento do rendimento provoca o crescimento da procura de bens. A maior parte dos bens estão associados a elasticidades positivas do rendimento e são referidas como bens normais (*normal goods*); os que estão associados a elasticidades negativas são referidos como bens inferiores (*inferior goods*) (Folland, Goodmand e Stano, 2003).

tema: as estimativas referidas pela OCDE referem uma elasticidade do rendimento face ao consumo de cuidados de saúde inferior à unidade, da ordem dos 0,2 (OCDE 1995), enquanto um conjunto de estudos selecionados aponta para uma pequena magnitude da elasticidade do rendimento, ou seja "se bem que os cuidados de saúde sejam considerados um bem ou serviço normal, a resposta é pequena, ou seja, relativamente inelástica" (Folland, Goodman e Stano, 2003). Para os Estados Unidos, Newhouse sustenta que a elasticidade do rendimento é também provavelmente inferior à unidade (Newhouse, 1992).

Em terceiro lugar o **alargamento do acesso e da cobertura dos seguros**. Quase todos os países da OCDE, com a exceção relevante dos Estados Unidos e da Suíça, criaram sistemas de seguros com o apoio do Estado, os quais se desenvolveram ao longo dos últimos trinta anos. O cálculo aproximado da cobertura da população pelo estado social revela um aumento constante e, no final dos anos setenta do século passado, a população tinha já um grau de cobertura próximo de 100%. Em contrapartida, a participação dos cidadãos nas despesas diminuiu durante a década de oitenta, para depois estabilizar em valores próximos dos 23%. Se se tomar em consideração o grau médio de participação dos estados nas despesas e a taxa média de cobertura da população obter-se-á uma estimativa aproximada do esforço financeiro público com a saúde.

Do lado da oferta existem outros fatores a considerar no crescimento dos gastos com a saúde.

Desde logo a **inovação tecnológica**, cujo conceito é suficientemente amplo para abarcar novas técnicas, novos medicamentos, novos equipamentos, novos atos utilizados nos cuidados de saúde (Newhouse, 1992). É difícil, porém, avaliar o impacto das novas tecnologias, pois certas inovações permitem realizar economias, sobretudo se se tiver em consideração os custos indiretos, como por exemplo os decorrentes dos medicamentos que reduzem a necessidade de intervenção cirúrgica, por exemplo em casos de úlcera do estômago, da hospitalização em casos de saúde mental, das vacinas que permitem evitar doenças transmissíveis ou dos antibióticos que combatem as infeções (OCDE 1995). Porém, o processo de avaliação das tecnologias ainda não se consolidou no que respeita à eficácia e à adequação de muitas técnicas ou sobre a sua justificação em termos de efetividade.

Um segundo fator a considerar é o **aumento dos meios materiais** de prestação de cuidados e de pessoal, ou seja, o aumento da oferta em volume e o seu efeito indutor sobre a procura.

O número de camas hospitalares por habitante aumentou considera-velmente nos anos sessenta e setenta do século passado, decorrente não só de maior procura promovida pelo aumento da cobertura, de uma pers-petiva otimista do crescimento demográfico, do modelo de sistema de saúde, do estatuto institucional e profissional que privilegiava o hospital e, finalmente, de um sistema de financiamento que, em alguns países, incentivava a própria hospitalização. Porém, no final dos anos setenta iniciou-se, em muitos países, um movimento de sinal contrário, que par-tiu da constatação do excesso de camas, tendo em conta a queda da taxa de natalidade, o progresso tecnológico que permitia o encurtamento dos dias de internamento e a utilização crescente de meios alternativos à hospitalização, de que são exemplos marcantes a cirurgia ambulatória e os hospitais de dia.

Por outro lado, os *ratios* de médicos por habitantes aumentaram con-sideravelmente na zona OCDE e, em alguns países, constatou-se um excesso da oferta que terá conduzido ao crescimento dos gastos com a saúde, agravado, em certos casos, por sistemas de pagamento que induzem pres-tações desnecessárias, como é o caso dos sistemas de pagamento ao ato.

Porém, quando se comparam alguns indicadores de resultado com as despesas em saúde em países da OCDE a correlação é fraca (OCDE, 1995). Utilizando-se indicadores de esperança de vida, a relação entre despesas com a saúde e os resultados no nível de saúde tende a ser mais forte no caso das mulheres do que no caso dos homens, sendo que o valor mais elevado foi obtido no caso da esperança de vida das mulheres aos sessenta anos. Este valor reflecte, em parte, o facto de as despesas diretas em saúde não tomarem em consideração o conjunto de fatores sociais, ambientais e culturais que influenciam o estado de saúde, como é o caso dos hábitos alimentares, dos comportamentos individuais de risco, do exercício físico, da salubridade do ambiente doméstico e profissional, do desempenho do sistema educativo.

9. As medidas de contenção de gastos

Devido à progressiva desproporção entre o crescimento de gastos e de recursos, os governos viram-se obrigados a conduzir políticas de con-tenção de custos, visando influenciar a procura ou a oferta de serviços de saúde, integradas ou não, essas políticas, em estratégias mais amplas de reformas.

As medidas de contenção de gastos podem classificar-se de várias maneiras, mas em regra distinguem-se as que afetam a **procura** de cuidados financiados por fundos públicos, das que afetam a **oferta** de cuidados.

Utilizando a metodologia combinada de Mossialos e Le Grand (Mossialos e Le Grand, 1999) e do relatório da OCDE sobre novas orientações na política de saúde (OCDE, 1995), apresentam-se dois tipos de medidas de contenção de custos: a limitação de recursos públicos e as formas de controlo.

Limitação de recursos públicos:
- Crescimento dos co-pagamentos;
- Redução do número de situações de exceção aos co-pagamentos;
- Racionamento com base em decisões explícitas;
- Papel crescente dos seguros voluntários de saúde;
- Desenvolvimento de formas alternativas à hospitalização.

Formas de controlo
- Controlo sobre os honorários;
- Controlo dos *inputs*;
- Controlo das camas hospitalares;
- Introdução de *guidelines* na medicina;
- Introdução do sistema de preços de referência;
- Controlo do tempo de internamento.

Quanto à limitação de recursos públicos, em praticamente todos os países da União Europeia utilizam-se sistemas de co-pagamento para controlar as despesas com medicamentos e os gastos com a saúde oral e, em alguns casos, estas formas de co-pagamento foram introduzidas nos hospitais e em cuidados ambulatórios.

Também se generalizou a utilização de listas positivas ou negativas para a comparticipação no preço dos medicamentos, ou seja, o conjunto de produtos excluídos ou incluídos da comparticipação e iniciou-se uma intensa discussão sobre o estabelecimento de prioridades nos cuidados de saúde.

Em simultâneo, cresceu, na Europa, o recurso pelos cidadãos a seguros voluntários de saúde, por razões diversas, mas que provocaram, de alguma forma, o atenuar da pressão sobre a despesa pública.

O Percurso da Saúde: Portugal na Europa

A partir dos anos oitenta inicia-se, também, um processo, que se mantém, de encontrar alternativas à hospitalização, quer através da dinamização da cirurgia ambulatória, quer da proliferação de hospitais de dia, quer, ainda, do serviço domiciliário, muitas vezes combinado com o apoio social.

Quanto às formas de controlo, muitos países praticam diversas formas de controlo direto e nomeadamente:

- Controlo sobre os honorários – a Bélgica constitui um exemplo de um país em que o governo, em 1996, reduziu em 3% os honorários dos médicos a trabalhar em regime de convenção com os seguros-doença;
- Controlo dos *inputs* – em alguns países os governos controlam os salários, o número do pessoal ou as despesas de capital; em praticamente todos os países da UE, foram aplicados sistemas de *numerus clausus* para a entrada nos cursos de medicina e na contratação de médicos;
- Controlo das camas hospitalares – o encerramento de camas de agudos verificou-se em praticamente todos os países da UE;
- Introdução de *guidelines* nas terapêuticas – em 1993 a França introduziu um sistema de consensos terapêuticos para certo tipo de doenças, técnicas e tratamentos, a fim de avaliar, num primeiro momento, a prática médica fora dos hospitais; em momento posterior, foi tornado extensível a toda a atividade clínica. Estes *guidelines*, utilizados em outros países da UE, especificam quando e como devem ser utilizados certo tipo de procedimentos, exames médicos, exames complementares ou medicamentos relacionados com uma dada doença ou condição de saúde;
- Introdução do sistema de preços de referência – com este processo, um grupo de medicamentos similares tem um preço máximo que será comparticipado pela entidade pagadora, pelo que qualquer montante acima da referência será suportado apenas pelo consumidor. O objetivo consiste, também, em incentivar os consumidores a agir como avaliadores da prescrição;
- Controlo do tempo de internamento, promovendo-se a utilização de formas alternativas à hospitalização – os avanços no conhecimento médico e na tecnologia permitem hoje que o tempo de internamento dos doentes nos hospitais diminua consideravelmente. As alternativas à hospitalização, como os hospitais de dia e a cirur-

gia de dia, permitem reduzir custos, evitar infeções hospitalares, atenuar a angústia associada à hospitalização e propiciam o reatamento mais célere da atividade normal do doente.

As medidas de contenção de gastos com medicamentos merecem uma reflexão autónoma pela sua complexidade e pela sua pesada tradução financeira.

Todos os países da União Europeia introduziram medidas de contenção de custos nos medicamentos, apesar de a despesa variar de uma forma significativa de país para país, considerando as despesas em percentagem do PIB, as despesas em percentagem de gastos em saúde ou as despesas *per capita* em dólares americanos.

As medidas de contenção de gastos com os medicamentos têm sido introduzidos para influenciar a procura ou tentar controlar a oferta.

Do lado da procura, as estratégias atuam junto dos consumidores – para que exista uma especial sensibilidade na fixação dos preços – e dos prestadores de cuidados, em especial os médicos, mas também os farmacêuticos – visando alterações no seu comportamento, a fim de obter maior efetividade na prescrição.

Do lado da oferta, as medidas têm como destinatária a indústria farmacêutica, no sentido de tornar efetivo o controlo dos preços, quer limitando os lucros, quer estimulando a competição, através, nomeadamente dos produtos genéricos e de importações paralelas.

A efetividade das medidas de contenção de custos é muito debatida. Em resumo poder-se-á dizer, com Abel-Smith, que se se aceitar que o principal problema é a tecnologia, então dever-se-á lidar diretamente com este tema. Na verdade, cada vez mais a tecnologia é introduzida sem carrear evidência que conduza a uma melhoria nos resultados para os doentes, o que não permite grande margem de otimismo quanto à possibilidade de se ganhar aí a batalha do controlo de custos (Abel-Smith, 1996).

10. As reformas dos sistemas de saúde

Com início nos anos oitenta do século passado desenvolveram-se em muitos países da Europa processos de reforma dos sistemas de saúde.

Alguns autores referem a dificuldade em se conhecer com rigor os princípios em que se baseiam as reformas (Saltman et al., 1994), mas é um facto que os sistemas de saúde são influenciados pelos valores da sociedade e por dois tipos de fatores.

O primeiro corresponde a um vasto conjunto de aspetos políticos, económicos e sociais que influenciam o sistema de saúde, mas que lhe são exteriores, funcionando como o seu contexto. O segundo decorre do próprio funcionamento do sistema de saúde, dos seus recursos, da forma ou do processo como se combinam e dos resultados na saúde das populações.

Em relação ao primeiro grupo de factores, o envelhecimento da população europeia, ao mesmo tempo que influencia o desenvolvimento económico e social das sociedades e a capacidade da resposta tecnológica do sistema, constitui uma preocupação no que respeita ao crescimento dos gastos com a saúde, como já ficou dito. Outro importante fator é representado pelas expectativas crescentes dos cidadãos, como consumidores de cuidados de saúde, os quais influenciam o desenho das políticas e desenvolvem, eles próprios, estruturas de defesa dos direitos dos doentes. Finalmente, deve ser tomada em consideração a alteração dos padrões de saúde e doença na Europa e no mundo, o que provoca uma reconfiguração dos serviços de saúde, quer ao nível do desenho global, quer ao nível do funcionamento institucional. O exemplo mais significativo será, certamente, o impacto multisectorial do VIH/SIDA em quase todo o mundo.

Quanto ao segundo grupo de fatores – decorrente do próprio funcionamento do sistema de saúde –, as desigualdades no acesso e na qualidade dos cuidados de saúde, o crescimento dos gastos globais e a eficiência micro-económica constituem algumas das principais preocupações.

A matriz ideológica não deixa, naturalmente, de estar presente nas reformas: no modelo Bismarck, uma aproximação mais efetiva aos valores do mercado, com a utilização de mecanismos de quasi-mercado e de um diversificado leque de atores privados; no modelo Beveridge, a manutenção do Estado como entidade central do sistema, com diferentes graus de modernização da administração pública da saúde num sentido mais empresarial. Mas a linha que divide hoje os sistemas de saúde de tipo Beveridge e Bismarck já é menos nítida em relação às funções do Estado, embora possam existir diferenças consideráveis na sua aplicação.

Nos países de modelo Beveridge, com sistemas integrados de financiamento e de prestação de cuidados, os poderes públicos estão diretamente envolvidos no planeamento e na gestão dos serviços. A afetação de recursos constitui um instrumento fundamental nas políticas de saúde, procurando ter em conta as necessidades das populações, utilizando-se, em certo momento, a gestão central, mas que rapidamente se considerou obsoleta. O Reino Unido introduziu, no final do século passado, com grande convicção, então, a separação entre o financiamento e a prestação de cuidados, o que provocou a diminuição do envolvimento direto do Estado.

Nos países de modelo Bismarck, as funções do Estado realizam-se na afirmação dos princípios gerais do funcionamento dos seguros de saúde e do sistema de prestação de cuidados, na aprovação de medidas de contenção de custos, na acreditação e no controlo de qualidade, na responsabilidade pela gestão dos hospitais públicos e no financiamento de cuidados para os excluídos do sistema de seguros.

Em diversos países, a estratégia seguida foi no sentido da combinação de elementos dos dois modelos. Procurou-se uma utilização plural de incentivos típicos do mercado, com a manutenção da propriedade pelo setor público. Esta solução híbrida teve diversas designações: mercado interno, competição pública, competição gerida, mercado de prestadores e quasi-mercado. O desenho e a aplicação deste tipo de mercado planeado teve um importante papel na reforma dos sistemas de saúde da Finlândia, Itália, Espanha, Suécia, Reino Unido e Portugal, e ainda, dos países ex-comunistas do Centro e do Leste europeu (Zarkovic et al., 1998).

Em paralelo com estas estratégias surge progressivamente o tema do Estado regulador. Ao desenvolver-se a intervenção do Estado para além do tradicional modelo de comando e controlo, incorporando mecanismos de quasi-mercado, exige-se uma diferente forma de regulação que se traduz no desenvolvimento de novas competências para supervisionar atividades que são dirigidas ou que têm o concurso de entidades privadas.

Saltman identifica um padrão comum às reformas dos sistemas de saúde no Ocidente Europeu: os governos afastam-se do planeamento direto e da gestão, mas mantêm ou reforçam o papel de reguladores, impondo *standards* e assegurando a correção dos procedimentos de novos e mais autónomos atores do emergente mercado interno (Saltman, 1994). Abel-Smith, na mesma linha, apresenta o exemplo do Reino Unido no início da década de noventa do século passado e destaca dois aspectos que lhe parecem nucleares: a criação de um mercado interno, encorajando a competição não só através da qualidade, mas também pelo preço e a autonomia dos hospitais, com uma gestão totalmente independente, embora permanecendo no setor público (Abel-Smith, 1996).

Ainda no mesmo sentido, a OMS sustenta que a partir do final dos anos oitenta do século passado, em muitos países europeus, os governos começaram a questionar a estrutura de administração dos seus sistemas de saúde e nos países em que o Estado era o ator central no setor da saúde, os decisores políticos foram compelidos, por uma combinação de aspectos económicos, sociais, demográficos, gestionários, tecnológicos e ideológicos, a rever a governabilidade do sistema. Nos países em que o Estado tinha um papel menos central no setor da saúde, desenvolveu-se um processo similar (WHO, 1996).

A pressão para a melhoria da governação na saúde, que se sentiu em praticamente toda a Europa, traduziu-se, em alguns países, em processos de descentralização para níveis regionais ou municipais, na privatização da gestão ou na privatização da própria propriedade, em especial, neste último caso, nos países ex-comunistas do Centro e do Leste da Europa.

A utilização de mecanismos de tipo mercado nos sistemas públicos e sociais produziu uma reconfiguração da organização do sistema e, em particular, como referem Busse e Saltman, uma crescente empresarialização da atividade (Busse e Saltman, 2002).

Hunt, citado por Busse e Saltman, afirma que a empresarialização social combina a paixão da missão social com a imagem do negócio, traduzida na disciplina, na inovação e na determinação (Busse e Saltman, 2002).

De alguma forma, este processo é também a tradução nas políticas sociais, e em concreto na saúde, da chamada "terceira via", ao procurar--se uma solução intermédia entre os sistemas públicos convencionais de comando e controlo e a gestão mais empresarial do sistema.

A empresarialização vai também beber alguma da sua base doutrinária à tese da política baseada na evidência (Davies et al., 2000), que teve um ponto alto com a vitória do partido trabalhista nas eleições britânicas de 1997 e a consagração do princípio de *what matters is what works*". As iniciativas do governo trabalhista confirmaram o papel central da evidência na decisão política e o reconhecimento de que a investigação solicitada pelo governo ou desenvolvida autonomamente em ambiente académico seria utilizada pelos decisores políticos.

É também verdade que o mundo político se tornou um local sem certezas ideológicas e, neste contexto, a evidência pode ter um papel mais importante do que num ambiente de maiores convicções.

O ingrediente principal da evidência é a informação e a análise comparada dos resultados previsíveis de modelos alternativos. Tal significa que a evidência pode constituir um meio poderoso para melhorar a qualidade da atividade política, embora não deixe de poder funcionar como coresponsável por decisões que ao governo interesse partilhar com a comunidade científica ou técnica.

Porém, o impacto da empresarialização pode ficar limitado se não for enquadrado por uma efetiva regulação do Estado, que evite a segmentação do mercado na procura de nichos lucrativos por parte dos gestores, ou mais genericamente para evitar as falhas do mercado (Chinitz, 2002). Os resultados negativos de um processo não regulado na saúde já se observaram, quer na área do financiamento – por exemplo, a falência de companhias de seguros-doença na República Checa e na Eslováquia – quer na área da prestação – como é o caso de falsificação de resultados em laboratórios privados suecos. Inversamente são conhecidos alguns bons resultados das iniciativas de regulação na Grã-Bretanha associados ao processo de separação entre as entidades pagadoras e as prestadoras, à criação dos hospitais-empresa ou ao papel dos médicos de família como gestores financeiros dos cuidados. Esta nova situação obrigou o Estado a reforçar o seu papel na condução do setor (*"row less but steer more"*), reforçando a sofisticação ou complexidade da sua intervenção.

Podem sintetizar-se as medidas organizativas que se colocam na agenda dos sistemas de saúde de países cultural e economicamente próximos do nosso, da forma seguinte:

- Medidas que delegam responsabilidade de execução para níveis mais próximos do utilizador, como a municipalização contratualizada de serviços de cuidados primários, a criação de subsistemas de base ocupacional ou geográfica e a contratualização de serviços de gestão ou de prestação com instituições sem fins lucrativos, entidades privadas ou grupos de prestadores;
- Medidas que responsabilizam os prestadores pelo desempenho, negociadas com metas de produção e de gastos, por via contratual, através de agências públicas independentes que separem o regulador-financiador do prestador;
- Medidas de flexibilização da gestão dentro do setor público, como a gestão previsional de efetivos, com vista à sua redução a prazo, a recompensa (positiva ou negativa) do desempenho, a criação de orçamentos clínicos para todos os que contratualizem com o Estado, a prescrição de serviços e bens pagos pelo SNS;
- Medidas de competição gerida dentro do setor público e deste com o setor privado (Campos, 2002).

74 *O Percurso da Saúde: Portugal na Europa*

A análise da reforma da saúde deve ter em consideração o contexto e o processo em que ela se desenvolve. Em regra, no contexto considera--se a situação macro-económica[34], o ambiente político[35], os valores da sociedade[36] e as influências externas[37]. No processo considera-se o tipo de distribuição de poder e de autoridade[38], a operacionalização das políticas[39] e o ritmo da sua implementação[40] (WHO, 1996).

Na reforma do Serviço Nacional de Saúde, no Reino Unido, foram utilizadas três perspetivas na análise da política de saúde no final dos anos oitenta e princípio da década de noventa: a transferência de políticas (*policy-transfer*), que identifica como e porquê os governos adotam progressivamente ideias alheias na formulação de novas políticas; a apren-

---

[34] Em vários países, a escala das reformas reduziu-se em função das dificuldades económicas e financeiras e da diminuição dos orçamentos da saúde.

[35] As caraterísticas institucionais influenciam o tipo e o ritmo das reformas, nomeadamente o caráter centralizado de um Estado ou, inversamente, a constatação de uma responsabilidade política partilhada por níveis centrais, regionais e locais; a existência de sistemas políticos que potenciam coligações multipartidárias ou governos de um só partido: a consagração constitucional de um ou de vários órgãos com competência legislativa. Estes aspetos devem ser tomados em consideração no processo de discussão e negociação das reformas.

[36] Quando os valores dominantes numa sociedade entram em choque com os propósitos da reforma, haverá uma considerável resistência na execução das políticas, como é o caso de reduções na cobertura de cuidados ou a introdução de mecanismos de mercado em sistemas públicos.

[37] A este propósito refere-se, em regra, o exemplo da reforma do Reino Unido baseada na noção de mercado interno, importada dos Estados Unidos, e que exerceu considerável influência em vários países europeus, mas também da América Latina, África e Ásia.

[38] A implementação das políticas é afetada pelo tipo de relação – legal, política e técnica – entre autoridades centrais e locais.

[39] Trata-se de saber como gerir o processo de mudança, que novo papel vão desempenhar os setores público e privado, os gestores, os prestadores de cuidados, os utentes e quem apoia e quem se opõe à reforma.

[40] O ritmo da implementação da reforma depende de múltiplos fatores, de que se destacam o tipo de governo e o papel e o peso dos atores sociais. Nos Estados Unidos, a reforma Clinton não passou de um projeto devido à oposição do Congresso; na Suécia, uma sucessão de experiências locais e de avaliações falhou a criação de um consenso nacional acerca da direção da política de saúde; na Holanda, foi conseguido um consenso inicial para um ambicioso plano de reforma que se perdeu, em momento posterior, na diversidade de governos com diferentes coligações partidárias. Porém, na Grã-Bretanha, o Governo da Senhora Thatcher, recusando consensos, experiências e incrementalismo, e apesar da oposição de vários setores, em especial dos médicos, introduziu uma reforma de tipo *big-bang*.

Os sistemas de saúde em países da OCDE 75

dizagem social (*social learning*), que analisa as razões que levam os decisores políticos a ajustar os objetivos ou os instrumentos à experiência passada ou a novas informações; e a dependência do percurso (*path dependency*), que teoriza sobre a impossibilidade da política se libertar de padrões pré-estabelecidos (Greener, 2002).

Para o caso britânico identifica-se um processo de transferência de políticas, com a tentativa de criação de um mercado interno na saúde no contexto do NHS, as lições da história foram centrais no estabelecimento das políticas de saúde e a análise do percurso assegurou a continuidade de opções políticas centrais. A oportunidade para a reforma, na Grã-Bretanha, deveu-se a uma complexa combinação de fatores e a acontecimentos que ocorreram depois das eleições gerais de 1987, não devendo ser esquecido o papel da comunicação social na fixação das agendas políticas. Este aspeto foi visível na reforma do NHS, no final da década de oitenta, mas também, em momento posterior, no estabelecimento das prioridades contidas no programa do então vitorioso Partido Trabalhista[41].

11. Conclusão

Em conclusão, os sistemas de saúde nascem do encontro de duas distintas conceções de proteção social, que assentam, ambas, na necessidade de criação de uma rede destinada a responder às grandes necessidades da população e a atenuar fortes tensões sociais; porém, a responsabilidade dos sistemas nos resultados ou ganhos em saúde é menor do que se pensava: o rendimento dos cidadãos, o desenvolvimento económico e social, a escolaridade, as características culturais, constituem factores cuja importância é, também, da maior relevância.

Face aos grandes objetivos das políticas de saúde, os governos são confrontados com a necessidade de desenvolver políticas de contenção de gastos e afastam-se progressivamente do planeamento direto e da gestão, mas mantêm ou reforçam o papel de reguladores do sistema.

Finalmente, a propósito da reforma do Serviço Nacional de Saúde no Reino Unido, abordam-se três perspetivas na análise da política de saúde: a transferência de políticas, a aprendizagem social e a dependência do percurso.

---

[41] As prioridades referidas no programa eram a educação, a saúde e a segurança.

Todas elas têm uma influência visível na evolução reformadora dos sistemas, explicando o carácter gradual e pouco traumatizante das modificações introduzidas.

CAPÍTULO 2

A saúde na União Europeia[42]

1. Introdução

A procura de uma melhoria contínua dos cuidados de saúde prestados aos cidadãos é um objetivo essencial para os decisores políticos. Uma Europa moderna, responsável e com os olhos colocados no progresso e no futuro, posiciona a saúde num elevado patamar das responsabilidades públicas, como uma das principais prioridades para os Estados-membros (EM) constituintes da atual União Europeia (UE).

Um espaço de interesse comum, como é a União, tem de procurar tratar de forma equitativa todos os cidadãos, aceitando que os EM, na sua liberdade plena, organizem os cuidados de saúde de acordo com o conjunto de valores e princípios nacionais e europeus, reconhecidos como integrando o conceito de Modelo Social Europeu. Estes valores e princípios afinal comuns foram reconhecidos pelo Tratado de Lisboa, ao garantir um elevado nível de proteção social.

Aceite sem hesitações o princípio da subsidiariedade na organização dos sistemas nacionais de saúde, os ganhos relativos ao valor acrescentado da União foram crescendo ao longo do tempo, quantitativa e qualitativamente, o que determinou um maior protagonismo dos temas de saúde na legislação europeia.

Para que o objetivo da melhoria do bem-estar comum possa ocorrer através dos cuidados de saúde, é necessário que em todo o processo exista entendimento, cooperação e sentido de responsabilidade por parte

---

[42] Este capítulo foi escrito com a colaboração de Joana Benzinho Santos e de Ricardo Ferraz. Naturalmente, todos os erros e omissões são da responsabilidade dos autores do livro.

dos Estados-membros, devendo a UE ser reconhecida como um todo, também na saúde. Não pode ser considerada como um espaço fragmentado em que cada país luta única e exclusivamente pelos seus próprios interesses económicos financeiros e sociais, através de uma conceção puramente nacional do bem-estar dos cidadãos. Para que todos remem no sentido de uma melhoria contínua, haverá que garantir a universalidade e ampliar a equidade, a eficácia, a eficiência e a qualidade dos sistemas de saúde.

Ao longo da história da UE, o tema da proteção da saúde nos Tratados Europeus passou da omissão quase completa a um importante valor acrescentado pelo Tratado de Lisboa. Pode hoje afirmar-se que a Saúde Pública tem um papel de reconhecido e merecido destaque. Daí a publicação de um número crescente de legislação comunitária, sob a forma de regulamentos e diretivas, que visam melhorar o bem-estar dos cidadãos. São exemplos recentes, as directivas relativas a direitos dos cidadãos sobre informação relativa a medicamentos, sobre a prevenção da sua contrafação, sobre farmacovigilância dos medicamentos para uso humano, bem como a diretiva de 2011 relativa à aplicação dos direitos dos doentes em cuidados de saúde transfronteiriços.

2. Conceitos: saúde e Saúde Pública

De acordo com o artigo 168º do Tratado de Lisboa, a noção que verdadeiramente importa para efeitos da política europeia de saúde é a noção de Saúde Pública. É a este conceito que se refere o artigo 168º, nº 1: "A ação da União que será complementar das políticas nacionais, incidirá na melhoria da saúde pública e na prevenção das doenças e afeções humanas e na redução das causas de perigo para a saúde física e mental. Esta ação abrangerá a luta contra os flagelos, fomentando a investigação sobre as respetivas causas, formas de transmissão e prevenção, bem como a informação e a educação sanitária e a vigilância das ameaças graves para a saúde com dimensão transfronteiriça, o alerta em caso de tais ameaças e o combate contra as mesmas". Assim, para a UE, a saúde é pública, é humana, (não inclui a saúde animal ou vegetal, tratadas noutras sedes) e é complementar das políticas nacionais.

3. Os Tratados e a Saúde Pública: síntese histórica

A expressão Saúde Pública apareceu pela primeira vez num ato legislativo comunitário em 1964, não tendo, no entanto, sido mencionada a proteção da saúde das populações como um objetivo autónomo (Vera Jardim, 2009). Deve por isso referir-se que antes de 1993 a então Comunidade Europeia (CE) não tinha expressa nos instrumentos normativos que a definem, competência específica no que diz respeito à proteção da Saúde Pública.

3.1. *O Tratado de Maastricht*

A base legal para uma política comunitária de saúde pública, foi introduzida pelo Tratado de Maastricht, que entrou em vigor em 1993. Este Tratado reconheceu a saúde pública como um dos ramos da política europeia, passando mesmo a constituir um título autónomo (Título X) do Tratado. Este título teve como principal objetivo prosseguir uma política comunitária de saúde pública e fez com que a então Comunidade Europeia (CE) passasse "a assegurar um elevado nível de proteção da saúde, incentivando a cooperação entre os Estados-membros e, se necessário, apoiando a sua ação" (artigo 129º, nº 1, 1º§, do Tratado de Maastricht).

O mesmo artigo referia também que "as exigências em matéria de proteção da saúde constituem uma componente das demais políticas comunitárias".

Apesar da referência expressa e global à saúde pública, considera--se, todavia, que este Tratado não implicou mudanças significativas no que respeita à competência europeia em termos de saúde pública, uma vez que esta era somente complementar das atuações dos Estados. A importância da saúde pública foi ainda diminuída pelo facto de este Tratado não prever a harmonização entre a legislação dos Estados-membros.

O papel da então CE quanto à saúde pública foi assim restringido à promoção da cooperação nas mais diversas áreas, nomeadamente nos incentivos ao desenvolvimento de estratégias e implementação de objetivos comuns, e na melhoria dos canais de comunicação dentro da Comunidade, por meio de programas de ação comunitários. Claramente, a gestão e a prestação de serviços de saúde continuaram na responsabilidade exclusiva de cada Estado.

80 *O Percurso da Saúde: Portugal na Europa*

Apesar das suas limitações, este Tratado foi fundamental para a mudança da visão europeia em matéria de saúde, servindo de primeira versão de um modelo que teria que ser aperfeiçoado pelos futuros Tratados.

3.2. O Tratado de Amesterdão

O Tratado de Amesterdão, que entrou em vigor em 1999, veio atribuir uma maior importância à proteção da saúde, nomeadamente através do 1º parágrafo do nº 1 do seu artigo 152º. Nesta norma é referido que todos os órgãos comunitários passam a estar obrigados a *assegurar um nível elevado de proteção de saúde em todas as políticas e ações da Comunidade*, afirmando-se a proteção da saúde como peça fundamental da coesão europeia. Passou a entender-se que a proteção da saúde vai muito além da prevenção, assentando num esforço activo de melhoria da saúde. A proteção da saúde abrange a luta contra os grandes flagelos, fomentando a investigação sobre as causas, formas de transmissão das doenças e sua prevenção, bem como a informação e a educação sanitária correspondentes. A entrada em vigor deste Tratado permitiu ainda alargar o âmbito material da competência da CE, a qual passa a ter legitimidade para adotar medidas que garantam a qualidade e segurança dos órgãos e substâncias de origem humana, do sangue e seus derivados, bem como adotar medidas no domínio veterinário e fitossanitário [artigo 152º nº 4, alíneas a) e b)].

Segundo Sara Vera Jardim, apesar das alterações que tornam o Tratado de Amesterdão diferente do de Maastricht, a competência da Comunidade não saiu suficientemente reforçada, mantendo-se o modelo da coexistência de várias políticas e não de uma só política de saúde. Manteve-se a não harmonização legal entre Estados-membros, continuando a política comunitária de saúde a ter pouco peso relativo entre as políticas comunitárias (Vera Jardim, 2009).

3.3. O Tratado de Nice e a Declaração sobre os "Valores e Princípios Comuns aos Sistemas de Saúde da União Europeia"

O Tratado de Nice entrou em vigor em 2003, sucedendo ao Tratado de Amesterdão, sem trazer alterações significativas em matéria de base jurídica habilitadora da atuação em Saúde Pública.

Porém, três anos mais tarde (2006), é adotada pelo Conselho a declaração sobre os "Valores e Princípios Comuns" (Jornal Oficial da União Europeia, Comunicações: 2006/C 146/1), assinada pelos então 25 Ministros da Saúde da União Europeia, referente aos valores e princípios comuns nos quais se fundamentam os sistemas de saúde europeus. São tidos como valores fundamentais os seguintes: a *universalidade,* o *acesso a cuidados de saúde de qualidade,* a *equidade* e a *solidariedade.* No seu todo, constituem um conjunto de valores comuns a toda a Europa e inscritos em todos os sistemas de saúde dos Estados-membros.

O tema da diferenciação positiva constitui uma preocupação reforçada para os Estados-membros da União, pelas externalidades positivas que gera, no domínio da prevenção das doenças e das afeções, nomeadamente através da promoção de modos de vida saudáveis, os quais beneficiam não apenas aqueles que os adoptam, mas todos os que com eles convivem.

No final da declaração, é reforçado o conceito de solidariedade quando se afirma que "os nossos sistemas de saúde constituem um elemento essencial da infraestrutura social da Europa. Não subestimamos os desafios que nos esperam no que diz respeito a conciliar as necessidades individuais com os recursos disponíveis, atendendo ao envelhecimento da população da Europa, ao aumento das expectativas e aos progressos no domínio da medicina (...)."

Desta forma foi possível um compromisso na melhoria dos cuidados de saúde. Esta declaração veio a revelar-se mais tarde como fundamental para a revalorização da saúde no futuro Tratado de Lisboa.

4. O Tratado de Lisboa e a Saúde Pública

O Tratado de Lisboa (inicialmente conhecido como o *Tratado Reformador*) foi assinado pelos Estados-membros da União Europeia em 13 de dezembro de 2007, em Lisboa, durante a Presidência Portuguesa, e reformou o funcionamento da União a partir de 1 de Dezembro de 2009, data da sua entrada em vigor.

Em matéria de Saúde Pública, o anterior Artigo 152º do Tratado de Nice passa a ser o novo artigo 168º do Tratado de Lisboa. Também a palavra "Comunidade" que consta no Tratado de Nice (e nos outros anteriores), é substituída pela palavra "União" no Tratado de Lisboa.

O conceito central sobre a ação da UE na saúde permanece o mesmo, a União continua modesta nas suas competências de saúde dos indivíduos e famílias: propõe-se prosseguir "políticas e ações que assegurem um elevado nível de proteção de saúde."

A ação da União centra-se sobre a melhoria da saúde pública, a prevenção das doenças e afeções humanas e a redução dos fatores de risco para a saúde física e mental. A política de saúde da UE continua complementar das políticas nacionais, sendo neste Tratado reforçada a ação direta dos Estados-membros e reafirmando-se o princípio da subsidiariedade na área da saúde. Às políticas nacionais cabe a organização, prestação e gestão de serviços de saúde e de cuidados médicos, bem como a repartição dos recursos que lhes são afetados.

O Tratado de Lisboa introduz também inovações que atendem diretamente à proteção da Saúde Pública, mais precisamente no que diz respeito à luta contra o tabagismo e o alcoolismo (Artigo 168, nº 5), algo que se encontrava absolutamente ausente no anterior Tratado de Nice, existindo apenas uma preocupação geral com estes flagelos e por conseguinte com a promoção da saúde e prevenção da doença dos cidadãos europeus.

O Tratado de Lisboa apresenta ainda outra inovação fundamental para a Saúde Pública: "o combate aos flagelos transfronteiriços, fomentando a investigação sobre as respetivas causas, formas de transmissão e prevenção, incluindo o alerta em caso de tais ameaças e o combate contra as mesmas", bem como "iniciativas para definir orientações e indicadores, organizar o intercâmbio das melhores práticas e preparar os elementos necessários à vigilância e à avaliação periódicas." São assim reforçadas as competências da União no que diz respeito à capacidade de reação às ameaças graves à saúde dos cidadãos da União, considerados como flagelos transfronteiriços, com elevadas externalidades negativas, adotando-se medidas relativas à vigilância e alerta destas ameaças graves para a saúde.

A ação da UE passa também a incluir a promoção da cooperação entre os Estados-membros na melhoria dos serviços de saúde em áreas fronteiriças, acessíveis a todos os cidadãos europeus, continuando no entanto a respeitar as responsabilidades dos Estados-membros no que diz respeito à definição das respetivas políticas de saúde, bem como à organização e prestação de serviços de saúde e cuidados médicos, especificando o novo artigo 168º, nº 7 que "as responsabilidades dos Estados--membros incluem a gestão dos serviços de saúde e de cuidados médicos, bem como a repartição dos recursos que lhes são afetados."

No que diz respeito ao novo papel do Parlamento Europeu, este tem que ser plenamente informado e no processo legislativo ordinário ele passa a dispor de poderes de codecisão com o Conselho (Campos, 2010) enfrentando os desafios comuns, "através de medidas que estabeleçam normas elevadas de qualidade e segurança dos órgãos e substâncias de origem humana, do sangue e seus derivados, medidas nos domínios fitossanitário que tenham diretamente por objetivo a proteção da Saúde Pública. Apresenta ainda uma outra inovação: a adoção de medidas que estabeleçam normas elevadas de qualidade e de segurança dos medicamentos e dos dispositivos para uso médico."

Deve ainda mencionar-se o acolhimento da Carta dos Direitos Fundamentais como Protocolo Anexo ao Tratado de Lisboa, juridicamente vinculativa, incluindo direitos com implicações na Saúde Pública, nos cuidados de saúde, na investigação clínica e na política de saúde, em geral. O artigo 1 sobre a inviolabilidade, respeito e proteção devida à dignidade humana; o artigo 2 sobre o direito à vida; o artigo 3 sobre a integridade física e mental da pessoa, o consentimento livre e esclarecido, a proibição de práticas eugénicas, a proibição de transformar o corpo ou suas partes numa fonte de lucro e a proibição da clonagem reprodutiva dos seres humanos; o artigo 8 sobre a proteção de dados de carácter pessoal que respeitem a cada pessoa, sobre as decisões médicas sobre o fim da vida; e o artigo 26 sobre os direitos das pessoas portadoras de deficiência. A própria Carta (artigo 35) acolhe a salvaguarda de um elevado nível de proteção da saúde em todas as políticas europeias.

Resumindo este percurso, diremos que a União Europeia tem vindo a fazer um caminho de protecção da saúde cada vez mais largo e profundo, desde as iniciais preocupações com a saúde dos trabalhadores, até ao atual "elevado nível de proteção da saúde" que inclui a vigilância, alerta e combate contra as ameaças à saúde pública e o incentivo à cooperação entre os Estados-membros, a fim de aumentar a complementaridade dos seus serviços de saúde nas regiões transfronteiriças.

As preocupações de segurança para os cidadãos e de qualidade dos serviços, bens e dispositivos, assentando em orientações e indicadores comuns, garantindo o intercâmbio das melhores práticas, com vigilância e a avaliação periódica são elementos essenciais da cooperação entre Estados-membros e instituições europeias (Vera Jardim, 2009).

5. A coordenação dos sistemas de segurança social e a mobilidade de doentes no seio da UE – O Regulamento 883/2004

As prioridades da União no que concerne à mobilidade de doentes conduziram a um quadro jurídico que permite clarificar algumas das seguintes questões:

a) termos e condições de autorização e reembolso dos cuidados transfronteiriços;

b) prestação de informações aos doentes no que respeita aos tratamentos disponíveis nos outros EM que não os seus;

c) identificação da autoridade responsável pela supervisão da assistência médica;

d) imputação de responsabilidades e direitos de indemnização em caso de incumprimento por dolo ou erro.

Tanto o Regulamento 883/2004, como a Diretiva relativa aos cuidados de saúde transfronteiriços, de 2011, vieram clarificar estas questões. Dar-se-á um maior enfoque à Diretiva, uma vez que, para além de ser um texto de aprovação mais recente, representou também um enorme passo evolutivo no que respeita ao direito dos doentes em matéria de cuidados de saúde transfronteiriços.

A questão da livre circulação e tratamento de doentes no espaço da União Europeia tem uma visível importância para o bem-estar social. Para tal será necessário atender à problemática da coordenação entre os vários sistemas de segurança social e de saúde dos diversos Estados membros.

A coordenação dos sistemas de segurança social, com vista a facilitar a mobilidade dos trabalhadores iniciou-se no princípio da década de setenta do século passado, com a adoção do Regulamento (CEE) nº 1408/71 do Conselho. Ele veio garantir a igualdade de tratamento e dos benefícios sociais a cargo dos sistemas de segurança social ou de saúde, independentemente do lugar de emprego ou de residência, a todos os trabalhadores nacionais dos Estados-membros.

Desde então, este regulamento foi sofrendo diversas alterações que contribuíram para tornar cada vez mais complexas as regras comunitárias de coordenação.

O Regulamento 883/2004 teve como objetivo facilitar ainda mais a circulação dos cidadãos na UE, afinando os mecanismos de coordenação das administrações nacionais de segurança social.

A *saúde na União Europeia* 85

Os sistemas de segurança social dos Estados-membros estão coordenados entre si, mantendo-se a determinação das prestações sociais e das respectivas condições de atribuição ao nível nacional, em função das tradições e da cultura de cada país.

O Regulamento 883/2004 aplica-se a todos os cidadãos dos países da UE que estejam ou estiveram abrangidos pela legislação da segurança social de um desses países, assim como os seus familiares ou sobreviventes.

Segundo o princípio da igualdade de tratamento, os nacionais de um dado país da UE e os seus residentes, estes últimos mesmo que não tenham adotado a nacionalidade desse país, são iguais no que diz respeito aos direitos e obrigações previstos pela legislação nacional.

As disposições deste regulamento abrangem os ramos clássicos da segurança social: doença, maternidade, proteção contra acidentes de trabalho e doenças profissionais, prestações de invalidez e prestações de desemprego.

Este regulamento reconhece, também, o princípio da totalização dos períodos, segundo o qual os períodos de seguro, emprego ou residência cumpridos num qualquer país da UE são tidos em conta em todos os outros países da UE, tal significando que a aquisição do direito às prestações num determinado Estado deve ter em conta os períodos de seguro, de emprego, de atividade por conta própria ou de residência, cumpridos noutro Estado-membro.

A pessoa segurada está sujeita à legislação de um único Estado-membro, aquele no qual o indivíduo exerce a sua atividade profissional. Porém, estão previstas regras especiais para determinadas categorias de trabalhadores, nomeadamente para os funcionais públicos sujeitos à legislação do Estado-membro de que depende a administração que os emprega e também para os trabalhadores que exercem uma atividade por conta de outrem, ou por conta própria, em mais do que um país da UE.

Relativamente às prestações em espécie (doença, maternidade e paternidade), os trabalhadores transfronteiriços ficam "afiliados" ou ligados ao organismo do país no qual trabalham, embora residam noutro país da UE e tenham acesso aos cuidados de saúde dos dois Estados. Estão previstas disposições especiais relativas às prestações em espécie destinadas aos familiares destes trabalhadores.

Quanto às pessoas que efetuam uma estadia noutro país da UE diferente do país onde residem, nomeadamente durante as férias, deverão poder beneficiar dos serviços médicos necessários caso tal se torne necessário. Cabe à legislação do Estado onde é efetuada a estadia a determinação das condições financeiras de exercício destes serviços. Contudo, os custos são suportados através de reembolso pelo organismo de segurança social do país de origem. Este direito é autenticado pelo Cartão Europeu de Seguro de Doença (CESD) [43], emitido sem encargos para o seu titular.

O CESD, uma inovação fundamental para os cidadãos europeus, é um documento que assegura a prestação de cuidados de saúde quando beneficiários de um sistema de segurança social de um dos Estados da União Europeia, Espaço Económico Europeu, ou Suíça, se deslocam temporariamente neste espaço. Este cartão que pode ser solicitado por cada segurado junto do respetivo organismo de segurança social, identifica o seu titular, sendo um modelo único, comum a todo o espaço da União Europeia, Espaço Económico Europeu e Suíça.[44]

O CESD pode ser utilizado numa deslocação temporária dentro destes Estados, por exemplo numa ida de férias, numa viagem de negócios ou no caso de o segurado estudar no estrangeiro.

Porém o cartão apresenta algumas limitações, não abrangendo as situações em que o segurado se desloque a outro Estado com a finalidade de receber tratamento médico por comprovada impossibilidade de tratamento no Estado-membro (falta de meios técnicos). Para esse efeito, deverá o beneficiário solicitar, no caso português, o formulário E112 junto do centro distrital de Segurança Social da respetiva área de residência, juntamente com um atestado passado pelo médico de família. O cartão não abrange igualmente prestadores de cuidados de saúde do setor privado.

No que respeita às prestações a que o segurado tem direito, todas as prestações em espécie que se tornem clinicamente necessárias durante uma estada no território de outro Estado-membro ou Parte, são garantidas, tendo em conta a natureza das prestações e a duração prevista da

---

[43] "Na plena concretização dos objetivos traçados no Conselho Europeu de Barcelona e atuando no quadro das competências que lhe estão fixadas nos Regulamentos (CEE) nºs 1408/71, de 14 de junho, e 574/72, de 21 de março, ambos do Conselho, a Comissão Administrativa das Comunidades Europeias para a Segurança Social dos Trabalhadores Migrantes, através das Decisões nºs 189, 190 e 191, de 18 de junho de 2003, publicadas no Jornal Oficial, nº L 276, de 27 de outubro de 2003, estabeleceu o quadro jurídico relativo à introdução do Cartão Europeu de Seguro de Doença, bem como algumas regras sobre a sua emissão e características técnicas". Fonte: http://www.dgap.gov.pt.

[44] Este cartão pode ser utilizado nos 27 Estados-membros da União Europeia, nos três Estados-Parte do Espaço Económico Europeu (Islândia, Liechtenstein e Noruega) e na Suíça.

A saúde na União Europeia

estadia. Quanto à escolha dos prestadores por parte do segurado, o cartão garante o mesmo acesso aos cuidados de saúde do setor público (ou seja, um médico, uma farmácia, um hospital ou um centro de saúde) que cidadãos do país que está a visitar. Se for necessário receber tratamento médico num país em que os cuidados de saúde não sejam gratuitos, o portador do cartão será reembolsado mais tarde, quando regressar ao seu país. No caso do doente se deslocar a outro Estado-membro para uma estadia temporária e se possuir uma doença crónica que o obriga a consultar um médico muito regularmente, ou seja, se essa doença exigir tratamento em unidades médicas especializadas, unidades dotadas de equipamento especial e/ou pessoal especializado, bem como se a sua situação clínica exigir vigilância médica em especial e, em particular, com recurso a técnicas ou equipamentos especiais (exemplo: tratamentos de diálise renal ou oxigenoterapia) o CESD cobre a assistência médica nesse país. No entanto o doente deve organizar com antecedência a viagem, efetuando marcação prévia do tratamento, podendo pedir ao centro de saúde, ou ao subsistema de saúde em que está inscrito, que se articule com a instituição do outro EM, não devendo efetuar a viagem sem ter previamente a garantia de que a assistência médica será prestada.

No que respeita aos pagamentos a prestadores do serviço, o segurado de um Estado que se faça assistir clinicamente noutro Estado pagará apenas as taxas e comparticipações financeiras que os nacionais deste último Estado pagam para obter tais cuidados de saúde.

Muito sucintamente, as vantagens do CESD são fundamentalmente duas e têm uma importância extrema para a liberdade de circulação dos cidadãos europeus:

a) simplificação administrativa de identificação do titular e da instituição financeiramente responsável pelos custos dos cuidados de saúde de que este possa vir a necessitar;

b) evitar que o segurado seja obrigado a regressar prematuramente ao Estado competente para receber os cuidados requeridos pelo seu estado de saúde.

Devido a algumas lacunas presentes neste Regulamento 883/2004, houve a necessidade de continuar a melhorar os direitos dos cidadãos europeus, no âmbito da saúde, para garantir a liberdade de circulação.

Em 21 de janeiro de 2011 foi aprovada uma Diretiva relativa aos cuidados de saúde transfronteiriços, considerada como um importante passo com vista à promoção da livre circulação de doentes no seio da UE.

6. A Diretiva comunitária relativa aos cuidados de saúde transfronteiriços

A aprovação, no Parlamento Europeu, da Diretiva intitulada "Exercício dos direitos dos doentes em matéria de cuidados de saúde transfronteiriços", em 21 de janeiro de 2011, é um marco assinalável na história da saúde na União Europeia, visando uma real melhoria no bem-estar de todos os cidadãos, no âmbito do disposto no Tratado de Lisboa sobre a necessidade de combinar o direito de livre circulação de pessoas, com um elevado nível de proteção da saúde.

A diretiva aprovada em 2011 regula o exercício de direitos dos doentes em cuidados de saúde transfronteiriços e vem pôr termo à incerteza jurídica que determinava por via judicial o reembolso dos gastos médicos em outro Estado-membro. Para além disso satisfaz o objetivo de permitir que todos os doentes beneficiem de um certo número de direitos que já foram reconhecidos pelo Tribunal de Justiça da União, em matéria de cuidados de saúde.

Os objetivos essenciais desta Diretiva são servir os doentes e a sua mobilidade no seio da UE e só acessoriamente promover a livre circulação dos prestadores de serviços. Não se trata de incentivar os cuidados de saúde transfronteiriços, mas sim de torná-los possíveis e acessíveis, seguros e com qualidade.

A Diretiva define que cabe ao país de residência do doente suportar as despesas relativas aos tratamentos realizados noutro EM.

Um doente português poderá, assim, optar por ser tratado num outro país da União Europeia, escolhendo entre prestadores públicos ou privados, sem necessidade de autorização prévia em cuidados não hospitalares. Quem o fizer poderá requerer o reembolso do dinheiro gasto com o tratamento quando regressar a Portugal, pelo valor correspondente às tabelas nacionais que remuneram tais serviços.

De acordo com estas regras, os EM não deverão, em regra, sujeitar a autorização prévia o reembolso dos custos de cuidados de saúde prestados em outros países da UE, desde que esses custos, "caso tivessem sido prestados no território nacional, fossem suportados pelo seu regime obrigatório de segurança social ou pelo seu sistema nacional de saúde."

No entanto, estão sujeitos a autorização prévia os cuidados de saúde "que impliquem o internamento hospitalar do doente durante, pelo menos, uma noite" ou então que "exijam o recurso a infraestruturas ou equipamentos médicos altamente especializados e onerosos".

Se o tratamento pretendido puder ser prestado dentro de um prazo razoável no país, a autorização pode ser recusada, impendendo sobre os Estados-membros a obrigação de justificação de recusa.

A Diretiva Comunitária relativa à aplicação dos direitos dos doentes em cuidados de saúde transfronteiriços divide-se em cinco capítulos.

O Capítulo I, intitulado "Disposições Gerais", enuncia o objetivo e âmbito da Diretiva e refere as regras para facilitar o acesso aos cuidados de saúde transfronteiriços seguros e de alta qualidade, promovendo a cooperação em matéria de saúde entre os Estados-membros, respeitando o pleno direito das competências nacionais na organização e prestação dos cuidados de saúde. Esta Diretiva visa também clarificar a relação com o quadro jurídico existente, relativamente à coordenação dos sistemas de segurança social, em concreto o Regulamento (CE) n° 883/2004.

A Diretiva é aplicável à prestação de cuidados de saúde aos doentes, independentemente da forma como esta é organizada, prestada e financiada[45]. Apresenta no entanto algumas limitações. Não se aplica a cuidados de saúde de longa duração, cujo objetivo seja apoiar pessoas que necessitem de assistência na realização de tarefas rotineiras ou diárias; nem à atribuição ou acesso a órgãos para fins de transplante; nem, com exceção do capítulo IV, a programas de vacinação contra as doenças infeciosas que sejam exclusivamente destinados a proteger a saúde da população no território de um Estado-membro e que estejam sujeitas a planeamento e medidas específicas de implementação[46]. A Diretiva não afeta as disposições e regulamentos dos Estados-membros respeitantes à organização e financiamento dos cuidados de saúde, em situações não relacionadas com cuidados de saúde transfronteiriços.

No Capítulo II, "Responsabilidades dos Estados-membros relativamente aos cuidados de saúde transfronteiriços", são referidas as responsabilidades do Estado-membro no qual é prestado o tratamento, nomeadamente a aplicação do princípio da não discriminação e o direito fundamental à privacidade. São mencionadas as responsabilidades do Estado-membro de origem do doente, pelo facto de o custo dos cuidados

---

[45] Na Diretiva 883/2004 estavam excluídos os cuidados de saúde do setor privado.

[46] Existem vacinas que não são gratuitas ou reembolsáveis em todos os EM; se não existisse esta limitação, os países onde elas são universais ver-se-iam a braços com procura não planeada e os EM que as não generalizaram a toda a população teriam que reembolsar os seus cidadãos que as procurassem transfronteiras, criando óbvias desigualdades entre os seus nacionais.

de saúde transfronteiriços serem reembolsados, assim como o acesso remoto ou pelo menos a uma cópia dos seus registos médicos, que os doentes que procurem receber assistência médica transfronteiriça devem ter garantido. É referida a criação dos pontos nacionais de contacto para cuidados de saúde transfronteiriços, com o objetivo de facultar informações aos doentes, nomeadamente acerca dos prestadores dos cuidados, direitos dos pacientes, procedimentos de reclamação e mecanismos de obtenção de medicamentos.

O Capítulo III, "Reembolso da despesa com os cuidados de saúde transfronteiriços", descreve os princípios gerais a que obedece o reembolso dos custos, nomeadamente o de o Estado de origem dever assegurar que os custos incorridos por um beneficiário que tenha recebido cuidados de saúde transfronteiriços sejam reembolsados, sem prejuízo do disposto no Regulamento (CE) nº 883/2004.

Quanto à forma como estes custos são calculados, a diretiva exige aos Estados-membros um mecanismo transparente para o seu cálculo, a fim de permitir o reembolso ao segurado[47] ou beneficiário, pelo Estado--membro de origem. Estes mecanismos devem ser baseados em critérios objetivos, não discriminatórios e conhecidos antecipadamente.

Especial atenção é devida aos cuidados de saúde sujeitos a autorização prévia. O Estado-membro de origem pode prever um sistema de autorização prévia para o reembolso dos custos dos cuidados de saúde transfronteiriços, no entanto esta autorização prévia não pode constituir um meio de discriminação arbitrária ou um obstáculo injustificado à livre circulação dos pacientes. São especificadas três situações principais em que um Estado pode recusar a autorização prévia: situações que envolvam, pelo menos uma noite de hospitalização, o uso de equipamentos médicos altamente especializados e dispendiosos e as que envolvam tratamentos e que representem um risco especial para o doente ou para a população.

O Capítulo relativo à Cooperação na Saúde trata da assistência mútua e cooperação. Os Estados-membros devem prestar assistência mútua e facilitar a cooperação na prestação de cuidados de saúde transfronteiriços aos níveis regional e local, bem como através de informações e

---

[47] A expressão segurado é usada na Diretiva com sentido igual ao de cidadão utilizador, utente ou beneficiário. O que distingue o seu uso é apenas a diferente origem histórica dos sistemas de saúde, sendo a expressão segurado mais comum nos sistemas de modelo "bismarckiano".

A saúde na União Europeia 91

tecnologias de comunicação e outras formas de cooperação transfronteiriça. A Comissão deve também encorajar os Estados-membros a cooperar na provisão de cuidados de saúde nas regiões fronteiriças.

É também referida a questão do reconhecimento das receitas médicas emitidas noutro Estado-membro, bem como as redes europeias de referência. A Comissão apoiará os Estados-membros no desenvolvimento de redes europeias de referência entre os prestadores de cuidados de saúde e centros especializados, nomeadamente na área das doenças raras.

A Comissão apoiará os Estados-membros na cooperação para o desenvolvimento de processos de diagnóstico e da capacidade de tratamento, nomeadamente fazendo com que os profissionais de saúde ao nível da União tenham conhecimento das ferramentas ao seu dispor, por forma a melhorarem o diagnóstico correto das doenças raras. Deverão também assegurar-se que doentes, profissionais e entidades financiadoras da saúde estão conscientes quanto às possibilidades oferecidas pelo Regulamento (CE) nº 883/2004, no que respeita ao encaminhamento de doentes com doenças raras para os outros Estados-membros.

Esta Diretiva vai, pois, para além do Regulamento (CE) nº 883/2004, como legislação precursora sobre cuidados transfronteiriços, em áreas significativas[48].

A Diretiva aborda também um tema até aqui inédito, mas ao mesmo tempo bastante importante, a *eHealth* (saúde eletrónica). A União deve apoiar e facilitar a cooperação e o intercâmbio de informações entre os

---

[48] Segundo o Artigo 20º deste Regulamento, "uma pessoa segurada que viaje para outro Estado-membro com o objetivo de receber prestações em espécie durante a estada deve pedir autorização à instituição competente (...). A pessoa segurada autorizada pela instituição competente a deslocar-se a outro Estado-membro para aí receber o tratamento adequado ao seu estado beneficia das prestações em espécie concedidas, a cargo da instituição competente, pela instituição do lugar de estada, de acordo com as disposições da legislação por ela aplicada, como se fosse segurada de acordo com essa legislação. A autorização deve ser concedida sempre que o tratamento em questão figure entre as prestações previstas pela legislação do Estado-membro onde o interessado reside e onde esse tratamento não possa ser prestado dentro de um prazo clinicamente seguro, tendo em conta o seu estado de saúde atual e a evolução provável da doença".

Já na Diretiva de cuidados de saúde transfronteiriços, estão apenas sujeitos a autorização prévia os cuidados de saúde "que impliquem o internamento hospitalar do doente durante, pelo menos, uma noite" ou então que "exijam o recurso a infraestruturas ou equipamentos médicos altamente especializados e onerosos" e não sendo também na Diretiva os custos imputados ao Estado onde ocorre o tratamento.

Estados-membros, trabalhando em rede voluntária de ligação com as autoridades nacionais responsáveis pela *eHealth*, designados pelos Estados-membros. São ainda definidos os objetivos da *eHealth*, assim como as respetivas linhas de orientação, devendo a Comissão adotar as medidas necessárias para a criação, a gestão e o funcionamento transparente da rede.

Por último, a Diretiva trata ainda um outro aspeto de grande inovação e significado económico, a cooperação em matéria de avaliação de tecnologias da saúde. A União deve apoiar e facilitar a cooperação e o intercâmbio de informações científicas entre os Estados-membros dentro de uma rede voluntária de conexão entre organismos nacionais responsáveis pela avaliação das tecnologias da saúde, para tal designados pelos Estados-membros. É referido, ainda, que as responsabilidades dos Estados-membros devem ser respeitadas, nomeadamente na organização e prestação de serviços de saúde e cuidados médicos.

A Entidade Reguladora da Saúde publicou, em junho de 2011, uma análise do impacto da Diretiva no Sistema de Saúde Português, ao nível do acesso dos utentes, da qualidade na prestação de cuidados de saúde, da liberdade de escolha dos utentes, da concorrência entre os prestadores de cuidados de saúde e em termos económico-financeiros.

No que respeita ao acesso pelos doentes aos cuidados de saúde transfronteiriços concluiu que,

- a Diretiva vem determinar a redução de barreiras institucionais, administrativas e organizacionais na prestação de cuidados de saúde transfronteiriços, prevendo-se, nessa medida, que o acesso dos utentes seja facilitado, promovendo-se, desta forma, uma maior mobilidade dos utentes na UE;
- é expectável um aumento do volume de cuidados de saúde transfronteiriços com a aplicação da Diretiva;
- algumas barreiras podem impedir ou dificultar o cruzamento entre a procura e a oferta, ou seja, entre a existência de cuidados de saúde no mercado e a obtenção dos cuidados de saúde que os utentes desejam e/ou de que necessitam e que, por isso, poderão existir desigualdades no acesso dos utentes aos cuidados de saúde;
- foram identificadas barreiras financeiras, linguísticas e culturais, de mobilidade física, informacionais, de proximidade geográfica, administrativas e de capacidade do EM de afiliação para a continuidade de cuidados de saúde.

A *saúde na União Europeia* 93

No que respeita ao impacto da implementação da Diretiva na qualidade dos prestadores de cuidados de saúde, a ERS identificou, como foco de eventuais situações problemáticas decorrentes da implementação da Diretiva, algumas situações que poderão pôr em risco:

- a garantia do cumprimento de requisitos de qualidade da prestação e segurança dos utentes;
- a garantia de prestação de informação completa e atualizada aos utentes;
- a garantia pelo EM da afiliação da continuidade de cuidados de saúde;
- a garantia de uma correta transmissão de informação clínica dos utentes entre os prestadores de cuidados de saúde de diferentes EM;
- A garantia de acesso atempado aos cuidados de saúde primários, necessários para que, nos casos necessários, os utentes possam ser referenciados a cuidados de saúde hospitalares (*gatekeeping*), em tempo útil e sem prejuízo para a saúde e o bem-estar do utente;

No que se refere à liberdade de escolha dos utentes:

- destacou-se o papel essencial da informação a fornecer obrigatoriamente ao doente e da necessária agilização de todos os meios capazes de a promoverem de forma clara, transparente e completa;
- a exigida correção de toda e qualquer situação de "discriminação inversa" que se possa verificar face à implementação da Diretiva.

Foi ainda identificado, como um dos aspectos positivos da aplicação da nova Directiva, o saldo positivo resultante da análise realizada do impacto económico-financeiro e que utilizou como base de cálculo as estimativas definidas pela Comissão Europeia relacionadas com o aumento esperado do volume de cuidados de saúde transfronteiriços (ERS, 2011).

7. Conclusão

Este capítulo permite chegar a um conjunto de reflexões úteis.

Ainda que muito possa e deva vir a ser feito no futuro, é bastante claro que a União Europeia atribui hoje uma importância à saúde que outrora não atribuía. Desde o Tratado de Maastricht, até hoje, a importância deste tema cresceu de forma significativa na UE.

A saúde está agora na agenda da União, sendo considerada como algo de fundamental e uma bandeira a defender, numa Europa que se quer responsável, cientificamente inovadora e no caminho da modernidade.

É muito significativo que Estados-membros, Comissão e Parlamento tenham estado de acordo com o crescente papel que é atribuído às instituições comunitárias em matéria de saúde: uma Europa mais saudável e que procure uma melhoria contínua na prestação de cuidados de saúde pelos seus Estados-membros.

A história da saúde na União Europeia não terminou aqui. Este é apenas um momento de transição, no caminho complexo da criação de um espaço único europeu onde imperem as liberdades de circulação de pessoas, mercadorias, serviços, capitais e, mais recentemente, dos produtos do conhecimento. Esta fluidez deve sempre respeitar os princípios da subsidiariedade, matriz do respeito mútuo entre Estados-membros.

CAPÍTULO 3

A investigação científica sobre saúde, na União Europeia e em Portugal[49]

1. A saúde no contexto europeu

O enorme salto qualitativo na saúde dos povos da Europa, operado no decurso do século passado, foi em grande medida conseguido à custa de um acentuado investimento em saúde, quase sempre crescente ao longo do tempo e representando uma cada vez maior fatia da despesa pública dos países europeus.

Neste contexto, a evolução tecnológica e do conhecimento no campo da medicina, bem como noutras áreas do saber, da biologia às ciências da informação e computação, da física às ciências sociais, aparece como um sustentáculo fundamental a este processo. Estas áreas têm contribuído de forma sistémica para a evolução e melhoria da prestação dos cuidados de saúde. O avanço do conhecimento epidemiológico e a melhor compreensão dos principais determinantes da saúde têm sido também um elemento central, impulsionador de novas políticas e prioridades de saúde pública que visam atuar a montante, na prevenção da doença e na alteração de hábitos de vida dos indivíduos, das condições de trabalho a que estão sujeitos, a par da promoção ambiental, cujo impacto na saúde humana é hoje amplamente reconhecido.

No Livro Branco Europeu para a Saúde são identificados três grandes objetivos estratégicos: (i) a promoção da saúde face a uma população em envelhecimento, com enfoque na manutenção de estilos de vida saudáveis, na prestação de cuidados paliativos e no combate às doenças

---

[49] Este capítulo foi escrito com a colaboração de Paulo Couto Ferreira. Naturalmente, todos os erros e omissões são da responsabilidade dos autores do livro.

neurodegenerativas; (ii) a proteção contra ameaças para a saúde, tal como as epidemias e as lesões traumáticas, a promoção da segurança no trabalho, da segurança alimentar e dos consumidores; (iii) a promoção de sistemas de saúde dinâmicos e das novas tecnologias, com o intuito de revolucionar a prestação de cuidados de saúde, atribuindo simultaneamente importância acrescida à ação a nível preventivo, bem como a necessidade de fazer uso das novas tecnologias para aumentar a eficácia e eficiência dos sistemas de saúde, fazendo face às pressões financeiras crescentes que aquelas determinam e que colocam o novo desafio da sua sustentabilidade (Comissão Europeia, 2007).

Qualquer que seja a perspetiva que se adote quando se olha para o problema da proteção da saúde, a sua importância é enorme, não apenas sob o prisma mais individual da perda de bem-estar e pela condição debilitante que recai sobre os indivíduos em virtude de um número de patologias, como pela dimensão dos seus impactos sociais e económicos. Daí que a respetiva proteção deve então estar sempre presente e ser contemplada noutras áreas de política europeia que não apenas a de saúde pública.

Entre estas, a política de investigação científica e de inovação assume um papel essencial para responder aos desafios nesta área, sejam eles relacionados com o desenvolvimento de novos tratamentos, com a melhoria da qualidade de prestação dos cuidados de saúde, ou com a necessidade de tornar os sistemas de saúde mais sustentáveis, face às necessidades e expectativas sempre crescentes. Como é lógico, os principais instrumentos europeus de apoio à investigação científica neste setor refletem, em grande medida, as principais linhas estratégicas para a saúde, desde a investigação fundamental à investigação aplicada e ao desenvolvimento tecnológico.

2. A investigação e desenvolvimento (I&D) a nível europeu

A política europeia de I&D tem origem no artigo 55 do Tratado da Comunidade Europeia do Carvão e do Aço (CECA) para a investigação neste setor e nos artigos 4 a 11 do Tratado Constitutivo da Comunidade Europeia da Energia Atómica, para a Investigação Nuclear. Já no Tratado de Roma, de 1957, que estabeleceu a Comunidade Económica Europeia (CEE), consta no seu artigo 41, em contexto que se cinge à prossecução dos objetivos da Política Agrícola Comum, uma primeira referência à

A *investigação científica sobre saúde, na União Europeia e em Portugal* 97

coordenação de esforços entre Estados-membros a empreender na área da investigação agronómica. Todas as restantes áreas setoriais de investigação científica ficaram então omissas.

Com base no artigo 235 daquele Tratado e na resolução do Conselho das Comunidades Europeias de 14 de janeiro de 1974, foi pela primeira vez dada forma à decisão expressa em reunião dos Chefes de Estado e de Governo, de outubro de 1972 e dezembro de 1973, de assegurar o desenvolvimento de uma política comum de ciência e tecnologia (C&T), por meio da cooperação e coordenação das diversas políticas científicas nacionais. Esta cimeira lançou as bases para ações comunitárias no domínio da investigação, a serem dotadas de objetivos, programas e recursos. O Ato Único Europeu (1986), que veio modificar o Tratado de Roma para relançar a integração europeia, alargou as competências comunitárias no âmbito da ciência e desenvolvimento tecnológico e proporcionou uma nova base jurídica para a execução dos Programas-Quadro (PQ) quinquenais com o objetivo de apoiar as empresas (entre elas, as PME), os centros de investigação e as universidades nos seus esforços de investigação e desenvolvimento tecnológico. Estes programas visaram, desde logo, a promoção da cooperação entre aquelas entidades e respetivos Estados-membros com países terceiros, assim como a difusão e valorização dos resultados da investigação e o incentivo à mobilidade e formação de investigadores. As provisões respeitantes à I&D europeia, constantes de subsequentes tratados, foram sendo modificadas de forma a confirmar e reforçar o papel da Comunidade Europeia na política científica. Se inicialmente, os objetivos se cingiam à necessidade de apoiar as bases científicas e tecnológicas do setor industrial europeu, contribuindo para a sua competitividade internacional, estes foram sendo progressivamente alargados para promover as ações de investigação consideradas necessárias a outros capítulos dos Tratados, tal como se pode hoje confirmar pelo artigo 179 do Tratado de Lisboa de 2010. Ao reconhecer-se a importância do contributo da C&T para o desenvolvimento económico, para o bem--estar social e para a melhoria da qualidade de vida em geral, foram abertas áreas de complementaridade entre a política da ciência e outras, como a da saúde pública e dos consumidores, a do ambiente, ou a política social e do emprego.

Um novo ímpeto para a política de I&D a nível europeu surge com a Estratégia de Lisboa, no ano 2000, que proclamou o ambicioso objetivo de construção de uma nova economia baseada no conhecimento, mais competitiva, sustentável e com capacidade para proporcionar mais e

98 O Percurso da Saúde: Portugal na Europa

melhor emprego e coesão social. Apesar da centralidade estratégica da Agenda de Lisboa, a União Europeia mostrou-se, em grande medida, incapaz de concretizar os objetivos propostos para 2010, seja por falta de capacidade de pôr em marcha uma agenda suficientemente coordenada entre os Estados-membros tradicionalmente divididos por prioridades próprias, seja pelo insuficiente alcance dos instrumentos de apoio.

3. A Estratégia UE 2020

Tendo em conta a escassez dos resultados conseguidos, os grandes desafios para o continente europeu tornaram-se eventualmente mais graves e urgentes, no princípio deste século. O contexto de globalização em que vivemos, a transformação demográfica traduzida no envelhecimento e escasso crescimento populacional e as questões da sustentabilidade energética, ambiental e económica obrigam a que a Europa não cesse de se reinventar, pelo que a Agenda de Lisboa é em grande medida renovada pela nova estratégia Europeia "UE 2020" e pela iniciativa emblemática (*flagship*) "União da Inovação". Elas reforçam a aposta na formação de capital humano, na investigação científica e na inovação, as quais surgem como um imperativo para responder aos desafios do crescimento económico, da criação de emprego, da saúde e do envelhecimento populacional, perante a ameaça de declínio face a outras geografias com custos produtivos mais baixos e com mercados em crescimento acelerado.

Qual então a mais-valia de financiar atividades de investigação a nível europeu? A possibilidade de coordenar as atividades de investigação eliminando duplicação desnecessária, a capacidade de reunir massa crítica, estimular a competição e promover a excelência científica, permitindo abordar problemas de elevada complexidade, a cooperação transnacional e a multidisciplinaridade, a conjugação de recursos escassos e a faculdade de realizar investimentos em grandes infraestruturas partilhadas, o incentivo à mobilidade de investigadores e à aquisição e partilha de competências, o efeito de alavancagem que o financiamento europeu pode produzir na mobilização de fundos nacionais, para mais rapidamente serem alcançadas as metas Europeias de investimento em investigação.

Apesar da reconhecida importância atribuída ao investimento em investigação científica, a Europa tem ficado consistentemente aquém de alguns dos seus principais competidores em investimento realizado em I&D (1,9% do PIB em 2008, *vs* 3,44% e 2,76% do Japão e EUA, respe-

A investigação científica sobre saúde, na União Europeia e em Portugal 99

tivamente). Este défice de investimento tem vindo a pôr em causa a posição relativa da Europa no que diz respeito à produtividade científica e à inovação, com alguns estados emergentes a conquistarem rapidamente terreno neste domínio, em detrimento dos países com tradição de liderança. Por exemplo, os países BRIC (Brasil, Índia, China) duplicaram o seu investimento em ciência desde o início do século e a China duplicou entre 2002 e 2008 o seu número de investigadores, perfilando-se presentemente como o segundo país do mundo com mais artigos científicos publicados, atrás apenas dos EUA (OCDE, 2010).

A despesa pública em I&D na área da saúde é também um indicador indireto do esforço de investimento feito na melhoria do desempenho dos sistemas de saúde. Também nesta área, a UE fica atrás dos EUA alocando apenas 0,05% do seu PIB para este campo. Apesar de a taxa de crescimento anual do investimento no setor ser superior àquela que é verificada nos EUA e Japão, o seu valor em percentagem do PIB é ainda significativamente menor do que o verificado nos EUA (0,22% do PIB), mas superior ao verificado no Japão (0,03% do PIB).

No entanto, o investimento setorial em I&D pode ser difícil de aferir entre países, dadas as diferentes abordagens nacionais e institucionais. Tal financiamento pode ser feito por diversos canais institucionais, ou por meio de programas que financiam investigação não dirigida, ou ainda por programas cujos fundos estão primariamente destinados a áreas setoriais como as TIC, e as nanotecnologias, com impacto direto ou indireto na inovação em saúde. Embora este fator tenda a atenuar as assimetrias de investimento entre aqueles países, verifica-se que os EUA registam (2004-2006) cerca de metade de todas as patentes em tecnologias médicas (48,5%) e aproximadamente a mesma proporção de patentes no setor farmacêutico (42,1%), ultrapassando largamente a Europa em ambas as áreas (com 25,3% e 28,4% do número total de patentes no setor, respetivamente).

O campo científico das biociências perfila-se como de grande importância para o progresso da medicina, dele se esperando importantes avanços tecnológicos para o futuro nas áreas da medicina personalizada, da medicina regenerativa e das doenças do cérebro e doenças degenerativas, entre outras. No seu conjunto, as áreas da investigação sobre o cérebro, genómica e medicina regenerativa representam grande parte do potencial de contribuição das biociências para a saúde. Em qualquer destas categorias, os EUA detêm uma marcada liderança, não só no que respeita ao impacto das publicações científicas (com a autoria de cerca de 70% dos artigos científicos mais influentes, contra menos de metade desse número por parte da UE15), como no referente à quantidade de publicações na área. Apesar de tudo, a diferença entre os dois blocos geográficos é atenuada neste último caso, sugerindo algum esforço de aproximação à atividade científica dos EUA. O mesmo panorama repete-se quando se analisa a atividade científica na área mais específica da investigação médica, seja no respeitante ao cancro, às doenças infeciosas, à imunologia, ou ainda, à obesidade. Também nestes casos se verifica uma dominância da mesma ordem de grandeza por parte dos EUA, identificando--se a investigação sobre as doenças cardiovasculares como o único caso em que a Europa apresenta um desempenho mais próximo dos EUA (detendo 54% *vs* 63% das publicações, respetivamente).

A investigação em serviços de saúde é um outro campo de investigação essencial para a evolução e melhoria dos cuidados de saúde. Ela projeta-se para lá da investigação clínica, ou das ciências biomédicas, incidindo sobre a promoção da saúde e o controlo das doenças, bem como sobre a prestação de cuidados, organização de serviços e de sistemas de saúde. Esta área recorre, entre outras disciplinas, à medicina clínica, à epidemiologia, à estatística, à economia, à gestão e à sociologia, com enfoque nos aspetos da prestação, organização e financiamento dos serviços de saúde e ainda avaliação das tecnologias da saúde. Proporciona um olhar crítico sobre os sistemas de saúde e permite avaliar ou propor reformas nesses sistemas, com vista à melhoria da sua eficiência, eficácia, qualidade, equidade e sustentabilidade. Estando a jusante da investigação biomédica, mais focada na compreensão da doença, este tipo de investigação proporciona evidência objetiva mais próxima dos serviços e do doente, levando à elaboração de novas políticas e de práticas organizacionais inovadoras, centradas no utente dos sistemas de saúde, e com potencial diretamente ligado aos ganhos em saúde.

4. Os Programas – Quadro (*Framework Programs*)

O Sétimo Programa-Quadro Europeu para atividades em matéria de investigação e desenvolvimento (FP7) em curso até 2013 é o principal instrumento de que a União Europeia dispõe para financiar a investigação científica. O FP7 foi dotado de uma verba de aproximadamente 53 mil milhões de euros, para os sete anos de 2007 a 2013, investidos na atribuição de subsídios a investigadores e instituições (universidades, insti-

A *investigação científica sobre saúde, na União Europeia e em Portugal*   101

tutos de investigação, empresas, ou outros) para atividades de I&D, abertas com diferentes graus de acesso, a Estados-membros da UE e países associados, como Israel e a Suíça, podendo ainda aceitar parceiros de cooperação internacional, como a Rússia e os países do Mediterrânico.

A dimensão de cooperação internacional com parceiros exteriores à UE está também presente no programa "Saúde", dentro do FP7, e constitui um instrumento importante de apoio a países e regiões que padecem de ameaças à saúde que lhe são específicas. Até à presente data, o programa FP7 financiou já cerca de 560 consórcios de 79 países terceiros em projetos conjuntos na área da saúde. O Programa não impõe restrições geográficas de elegibilidade para participação e não dispõe de um orçamento limite para projetos financiados em cooperação internacional, o que lhe permite responder com flexibilidade a necessidades de saúde ainda não satisfeitas.

A parte mais importante do FP7 é constituída pelo programa específico "Cooperação" que representa cerca de dois terços do montante do programa-quadro (32,4 mil milhões de euros), quase inteiramente dedicado a investigação dirigida (*top-down*) para resposta aos desafios da sociedade. Este programa específico financia trabalhos de investigação colaborativa promovida por consórcios internacionais formados por grupos de investigação do setor público, ou privado, em dez áreas temáticas diferentes. Uma dessas áreas, a saúde, dispõe de um financiamento global de 6,1 mil milhões de euros para sete anos.

Este sub-programa tem como objetivo conquistar liderança em determinadas áreas de investigação, que no campo da saúde se distribuem por três pilares: *i)* biotecnologia, ferramentas genéricas e tecnologias médicas para a saúde humana; *ii)* investigação translacional (visando a conversão de resultados da ciência fundamental em aplicações clínicas) e *iii)* otimização da prestação de cuidados de saúde aos cidadãos. Entre os temas transversais a esta divisão temática encontram-se a saúde infantil, a saúde ligada ao envelhecimento e os aspetos ligados às questões do género (European Commission, 2012).

Para lá do financiamento direto a projetos de investigação colaborativa, o apoio da UE para a investigação no domínio da saúde faz-se sentir mediante uma panóplia de outros instrumentos dos quais realçaremos alguns exemplos mais importantes.

Para coordenar as atividades de investigação promovidas pelas instituições financiadoras de ciência dos Estados-membros, reduzindo a fragmentação dos programas nacionais e regionais, a Comissão Europeia

O *Percurso da Saúde: Portugal na Europa*

usa o esquema ERA-NET, mediante o qual patrocina aquelas entidades nas atividades de coordenação entre si, para o desenvolvimento de planos de investigação conjuntos. Estes resultam no lançamento de concursos para projetos de investigação, financiados pelas entidades nacionais, em áreas de interesse mútuo. Entre as cerca de seis dezenas de ERA-NET presentemente ativas, onze delas apresentam relevância direta para a área da saúde. Uma destas (ERA-NET TRANSCAN), por exemplo, incide na investigação translacional no cancro, procurando melhorar a integração dos dados de investigação básica, epidemiológica, e clínica com a avaliação e implementação de intervenções a nível da prevenção, diagnóstico e tratamento desta patologia. Outra ainda (ERA-NET EuroNanoMed), visa o desenvolvimento tecnológico em nanomedicina, aproximando académicos e investigadores clínicos do setor público e indústria, especialmente PME. De entre este conjunto de ERA-NET, Portugal participa presentemente em seis delas, por meio das entidades financiadoras nacionais, a Fundação para a Ciência e Tecnologia (FCT) na luta contra o cancro, nas nanomedicinas, na toxicologia dos nanomateriais, na patogenómica e nas doenças raras, e a Comissão Nacional de Luta contra a SIDA, na prevenção e luta contra o VIH (European Commission, 2010).

A Comissão Europeia lançou em 2008 uma Comunicação sobre "Programação Conjunta" de investigação, adotada pelo Conselho da União Europeia em dezembro do mesmo ano, sendo esta uma das iniciativas que visam relançar a construção do Espaço Europeu de Investigação (ERA) de acordo com o processo de Ljubljana.

Em dezembro de 2009, o Conselho Europeu aprovou a primeira iniciativa piloto de programação conjunta, sobre o combate a doenças neurodegenerativas e em especial a doença de Alzheimer. A iniciativa, contando com participação portuguesa e de mais 22 países, tem como principais objetivos a compreensão dos mecanismos de doença, o desenvolvimento de diagnóstico e tratamento médico e a melhoria das estruturas assistenciais aos doentes. Em 2010, foi dada a aprovação a um outro tema com relevância para a saúde dos Europeus: "Uma Dieta Saudável para uma Vida Saudável", o qual visa analisar os fatores determinantes de comportamentos associados à actividade física e ao regime alimentar, bem como à forma como este se relaciona com determinas patologias crónicas.

Enquanto as Iniciativas de Programação Conjunta focam a colaboração transnacional entre financiadores públicos de I&D, outro tipo de medida, as Iniciativas Tecnológicas Conjuntas (JTI) configuram a possibilidade de estabelecer parcerias público-privadas para pôr em prática

A investigação científica sobre saúde, na União Europeia e em Portugal   103

agendas estratégicas de investigação cuja abordagem requeira o estabelecimento de tais parcerias de longo prazo. Estas iniciativas descendem das Plataformas Tecnológicas Europeias, financiadas ao abrigo do FP6, congregando grupos de *stakeholders* relevantes sob liderança do setor industrial. Atendendo à dimensão e complexidade de algumas das agendas estratégicas de investigação definidas por essas plataformas, ao rápido avanço científico e aos custos galopantes da investigação e inovação tecnológica, as JTI procuram conjugar recursos para a concretização dos seus objetivos científicos e tecnológicos em áreas de grande interesse industrial europeu e de elevada relevância para a sociedade. O financiamento destas estruturas faz-se entre países participantes (Estados-membros e países associados), setor privado e Comissão Europeia, havendo ainda a possibilidade de recurso a empréstimos financiados pelo Banco Europeu de Investimento. Uma delas, a IMI (*Innovative Medicines Initiative*), tem como objetivo principal aumentar a competitividade e atratividade do setor biofarmacêutico europeu, um setor em franco desenvolvimento e com importância crescente no lançamento de medicamentos inovadores no mercado, para fazer face a necessidades biomédicas ainda por satisfazer. Esta iniciativa visa acelerar o desenvolvimento e validação de novas ferramentas e processos para avaliação da segurança e eficácia de novos medicamentos, assim como o treino e educação na área farmacológica. As correspondentes atividades de investigação são levadas a cabo mediante a abertura pública de concursos a projetos colaborativos, aos quais podem concorrer entidades do setor privado, ou público, havendo preferência pela realização das atividades de investigação num Estado-membro ou país associado do FP7. Os membros fundadores da IMI são a União Europeia e a Federação Europeia das Industrias e Associações Farmacêuticas (EFPIA), cada uma contribuindo financeiramente com mil milhões de euros para o orçamento desta iniciativa, que se torna, dessa forma, na maior parceria publico-privada mundial na área da saúde. Apesar destes progressos, o sector enfrenta forte competição e dinamismo proveniente do Japão e EUA e tem custos elevados associados ao processo de desenvolvimento de novos medicamentos.

5. Infra-estruturas de I&D

A existência no espaço europeu de importantes infraestruturas de investigação e o acesso partilhado a essas infraestruturas são elementos-

-chave impulsionadores do progresso da ciência e da inovação e da construção de um Espaço Europeu de Investigação. Tais infraestruturas podem consistir em instalações, equipamentos de vanguarda tecnológica ou serviços especializados, que proporcionem aos cientistas a capacidade de desenvolver atividades de investigação de ponta que de outra forma não seria possível realizar. Podem ser localizadas num único ponto geográfico, serem infraestruturas "distribuídas" – uma rede de laboratórios geograficamente dispersos que se organizam mediante determinados objetivos e que partilham uma única estrutura governativa – ou virtuais, se o serviço que fornecem é de natureza eletrónica e de acesso remoto. O contributo que prestam para a realização de investigação de excelência é notório. O facto de o acesso a estas infraestruturas ser aberto segundo princípios de competição baseada na qualidade das propostas submetidas faz com que sejam plataformas únicas para a educação e treino de cientistas, para a interação com a indústria, e um polo de atração para captação dos melhores cérebros a nível global.

O estabelecimento e operacionalização de tais infraestruturas de investigação a nível europeu foi, numa fase precoce, levado a cabo por estruturas de cariz intergovernamental, sendo exemplos os casos do *Conseil Européen pour la Recherche Nucléaire* (CERN-1954), do *European Southern Observatory* (ESO-1962), ou do *European Molecular Biology Laboratory* (EMBL-1974). Com o lançamento do Espaço Europeu de Investigação em 2000, e com o reconhecimento da importância da existência de uma rede transeuropeia coordenada de infraestruturas de investigação, foi constituído em 2002, pela UE, pelos Estados-membros e por países associados, o Fórum Estratégico Europeu para as Infraestruturas de Investigação (ESFRI), presentemente com 36 países membros. Este fórum tem a missão de definir uma visão consensual e um plano de implementação para os 10-20 anos seguintes, quanto à identificação e constituição de uma rede de infraestruturas científicas prioritárias em todos os domínios científicos. Da missão do ESFRI faz ainda parte a eficiente articulação das infraestruturas planeadas com aquelas já existentes, de cariz nacional e regional, assim como, a cooperação com os Estados e a Comissão Europeia no sentido de definir recursos financeiros e potenciais vias de financiamento para os projetos. Das 48 infraestruturas prioritárias apontadas no plano ESFRI (apresentado inicialmente em 2006 e atualizado em 2008 e 2010), 13 são na área das ciências da vida e das ciências médicas.

A investigação científica sobre saúde, na União Europeia e em Portugal   105

O BBMRI (*Biobanking and Biomolecular Research Infrastructure*), proporcionará o acesso a amostras biológicas humanas como sangue, tecidos, células, ou material genético que estejam associados a dados de investigação clínica, devidamente catalogados segundo critérios, por exemplo, de associação populacional, ou patologia. Dessa forma, atuará como um facilitador das futuras atividades de investigação, acelerando a pesquisa científica de natureza bio-molecular e bio-computacional, para melhor compreender os efeitos biológicos das doenças e das terapias.

A necessidade de uma infraestrutura integrada de biologia estrutural (INSTRUCT) deve-se à relação estreita entre os aspetos estruturais dos componentes celulares e sua função biológica. Acelerar o conhecimento sobre a forma molecular de proteínas e outros componentes biológicos, permitirá elucidar de que forma essas estruturas determinam a função molecular e o envolvimento em processos metabólicos e celulares. O INS-TRUCT permitirá o acesso a tecnologias de ponta para estudos estruturais e desempenhará um papel no desenvolvimento dessas e de futuras tecnologias. Umas das aplicações mais notórias desta área de estudo parte do conhecimento das características estruturais de determinados constituintes celulares (potenciais alvos moleculares) para a conceção e desenvolvimento de fármacos direcionados a essas características.

Outras infraestruturas com um impacto direto na capacidade de inovação farmacêutica são o EU-OPENSCREEN, o EATRIS e o ECRIN. O primeiro visa a articulação de infraestruturas distribuídas para a triagem de bancos de compostos químicos, tendo em vista a identificação de compostos bioativos para novos alvos moleculares. EATRIS (*European Advanced Translational Research Infrastructure in Medicine*) visa melhorar a eficiência com que novas descobertas científicas são traduzidas em novos produtos ao serviço da saúde. Assim, esta infraestrutura proporcionará equipamentos e conhecimento de ponta para acelerar a fase préclínica e estádios iniciais de desenvolvimento clínico de fármacos ou de compostos ligados à prevenção ou diagnóstico. Por seu lado, o ECRIN (*European Clinical Research Infrastructures Network*), liga os centros nacionais de investigação clínica e de ensaios clínicos, para melhor apoiar projetos internacionais de investigação neste domínio. Esta infraestrutura confere acesso a populações alargadas de doentes, promove a sua identificação para os estudos clínicos, a gestão de dados, a monitorização de padrões de qualidade, e de normas éticas e regulatórias ligados à investigação clínica. Mediante o serviço que presta, esta infraestrutura faz face às dificuldades inerentes a um sistema europeu fragmentado. O seu impacto far-se-á sentir nos processos de obtenção de autorização de introdução no mercado para novos produtos farmacêuticos, no desenvolvimento de novas indicações terapêuticas para produtos já comercializados, ou ainda na avaliação de eficácia e segurança desses produtos em ensaios clínicos de fase IV.

No que respeita a tecnologias avançadas de imagem aplicadas ao setor da saúde e ciências biomédicas, o EURO-BIOIMAGING oferecerá uma plataforma de apoio para a colaboração científica nas tecnologias de ponta em imagem, para o treino de cientistas neste domínio e para a exploração comercial de novas tecnologias com impacto na prestação de cuidados de saúde.

A bioinformática é hoje uma ferramenta essencial que muito permite acelerar o processo de descoberta biomédica. Tal pode ser constatado tanto no que respeita à investigação fundamental, como aplicada. Ao recolher, organizar e analisar vastas quantidades de informação biológica, a bioinformática permite mais rapidamente concluir sobre a função dos genes e sobre o papel dos componentes moleculares da célula nos processos metabólicos normais e de doença. Assim, o ELIXIR (*European Life Science Infrastructure for Biological Information*) terá a seu cargo a recolha, catalogação e disponibilização à comunidade científica de informação biológica, de genómica e proteómica, fazendo uso da sua infra-estrutura informática de elevada capacidade. Um papel semelhante terá a ISBE (*Infrastructure for Systems Biology- Europe*) no domínio da biologia de sistemas, com a responsabilidade de conectar os principais centros de excelência neste domínio. Ao facultar o acesso a plataformas de modelação computacional e a bases de dados, permitirá aos cientistas trabalhar em rede, conquistando massa crítica no esforço de compreensão da interação entre os componentes biológicos para o funcionamento dos organismos vivos.

Outros desafios relativamente recentes que se colocam à Europa são a necessidade de combater as pandemias e de enfrentar os problemas da segurança e da globalização, como seja o bioterrorismo. ERINHA (*European Research Infrastructure on Highly Pathogenic Agents*) virá fortalecer a coordenação do estudo de agentes patogénico de nível 4 (como por exemplo, vírus Nipah, Ébola, e outros causadores de febres hemorrágicas), reforçando a capacidade, o treino de cientistas e os procedimentos relacionados com a biosegurança. O objetivo último é o de diminuir a vulnerabilidade europeia a doenças infeciosas, desenvolvendo métodos de diagnóstico e tratamento.

A investigação científica sobre saúde, na União Europeia e em Portugal   107

Finalmente, outras três infraestruturas prioritárias, ANAEE, EMBRC e MIRRI, ligadas ao estudo dos ecossistemas, dos recursos marinhos e dos recursos microbiológicos têm uma importância mais directa para a área biotecnológica do que para a medicina.

6. Investigação em saúde em Portugal

O relatório preparado pela OCDE sobre a avaliação do Ensino Superior em Portugal e o documento governamental estratégico "Compromisso com a Ciência", que se lhe seguiu, marcaram o ponto de partida para uma significativa evolução do sistema científico nacional, ocorrida desde então (OCDE 2007).

Os principais indicadores de desenvolvimento científico e tecnológico revelam esse crescimento em diversas frentes: número de investigadores ativos; número de licenciados em matemática, ciências e tecnologia; número de novos doutorados; investimento público e privado em I&D; número de publicações científicas internacionais; submissão de novas patentes.

Para lá destes indicadores, foram ainda aprovadas importantes reformas do regime legal que governa as universidades e promovida a internacionalização do sistema científico nacional pelo estabelecimento de um número de acordos de parceria com instituições de referência a nível global.

A despesa em I&D no domínio da saúde em Portugal (2008) rondou os 280M€, sendo o setor privado responsável por cerca de 45% desse volume de investimento. Este montante é comparativamente reduzido (10,8%) relativamente à despesa total em I&D e considerando o peso orçamental da saúde em Portugal (que ronda os 10% do PIB). Por seu lado, o Ministério da Saúde aparece com um peso marginal neste montante de investimento, quedando-se pelos 2M€, em 2010. A Fundação para a Ciência e Tecnologia (FCT), através do instrumento de financiamento que é o concurso anual para apresentação de projetos de investigação em todos os domínios científicos, no clássico sistema de promoção dirigida (*bottom-up*) é a entidade financiadora de referência para atividades de investigação em Portugal. Entre 2006 e 2008, a FCT financiou cerca de 500 projetos individuais em ciências da saúde, aos quais se somam, durante o mesmo período, cerca de 270 em ciências biológicas. Em termos de financiamento de formação avançada na área das ciências da saúde (doutoramento e pós-doutoramento), a FCT apoia 874 bolseiros de investigação (2010).

Por outro lado, no que respeita a concursos temáticos para apresentação de projetos, importa referir o concurso realizado em colaboração com o Ministério da Saúde, em 2007, para as áreas prioritárias do Plano Nacional de Saúde em que foram financiados 64 projetos.

A partir de 2009, também em colaboração com o Ministério da Saúde, foi possível passar a realizar concursos anuais para formação científica de médicos em fase de internato, de que resultou a atribuição, no ano inicial, de 27 bolsas de doutoramento para internos. Esta iniciativa derivou do reconhecimento, nas orientações estratégicas do Plano Nacional de Saúde, de um défice de investigação em saúde e de uma marcada desvalorização profissional do envolvimento médico em atividades de investigação, alienando a sua importância para a melhoria contínua do trabalho clínico e o seu contributo para a formação médica. Agravando estes fatores, observava-se a ausência de massa crítica, dada a existência de um pequeno número de grupos de excelência isolados, e a ausência de definição de prioridades temáticas, o que conduzia à dispersão de esforços. Para reverter esta situação, o Plano Nacional de Saúde emitiu orientações no sentido de se valorizar, em termos de avaliação dos serviços de saúde, o envolvimento em atividades de investigação desses serviços, sendo essa valorização também incluída na apreciação curricular dos profissionais de saúde nos concursos das carreiras médicas.

Por outro lado, ficou explícita a necessidade de desenvolver uma programação nacional para a investigação em saúde que permitisse abordar, entre outros temas, as principais ameaças à saúde, nomeadamente, as doenças cardiovasculares, o cancro, a SIDA, as doenças mentais, a tuberculose, a adesão às orientações terapêuticas e os principais determinantes da saúde. Novas áreas também consideradas prioritárias foram a avaliação de tecnologias da saúde como instrumento para melhorar a prestação de cuidados de saúde, e a investigação em serviços de saúde, essencial para os aspetos do acesso, qualidade e sustentabilidade dos serviços de saúde. Estas diretrizes estão, aliás, alinhadas com muitas das prioridades europeias para a investigação neste domínio.

No contributo de Portugal para a internacionalização da investigação no domínio da saúde ou em áreas com impacto na saúde, importa realçar os recentes centros de investigação de excelência, ainda em fase de afirmação que são o INL, em Braga (nanomedicina), o Centro Champalimaud para o Desconhecido, em Lisboa (oncologia, neurociências, oftalmologia), assim como o contributo já consolidado de instituições como a Fundação Calouste Gulbenkian e a Fundação Luso-Americana para o Desenvolvimento, que, desde há muito, contribuem para a internacionalização e o desenvolvimento da investigação em saúde em Portugal.

Um número de outras instituições (25 no total), distinguidas com a classificação de laboratórios associados por terem demonstrado em exercícios de avaliação externa resultados de comprovada excelência científica, tem tido um papel de importância crescente na prossecução dos objetivos de política científica nacional. Algumas delas têm-se distinguido nas áreas médicas e biomédicas (Centro de Neurociências e Biologia Celular[50]; Centro para a Malária e as Doenças Tropicais; Instituto de Medicina Molecular; Instituto de Patologia e Imunologia Molecular da Universidade do Porto; Instituto de Biologia Molecular e Celular em parceria com o Instituto de Engenharia Biomédica; Laboratório Associado de Oeiras, englobando IGC, ITQB e IBET; Instituto de Biotecnologia e Bioengenharia) e têm vindo a prestar um contributo único para a formação de investigadores e para a produtividade científica nacional, merecendo por isso uma posição de destaque no contexto científico nacional no domínio da saúde.

7. Conclusão

O panorama científico europeu no domínio da saúde é extremamente vasto. A ação europeia tem desempenhado um papel dinamizador do investimento em I&D, coordenando os sistemas científicos nacionais, promovendo a excelência científica e construindo uma base forte de investigação pública que atraia o envolvimento do setor privado para uma Europa mais inovadora. No entanto, os desafios da sustentabilidade e da competitividade não estão ainda ganhos. O contexto de crise económica e financeira veio agravar a urgência da aposta numa Europa do conhecimento e da inovação, que permita manter os princípios da Europa Social, da qual a saúde é uma peça basilar. À medida que os recursos escasseiam e que as pressões sobre os sistemas de saúde aumentam, só uma aposta

---

[50] O Centro de Neurociências e Biologia Celular é uma parceria entre o Centro de Neurociências de Coimbra e a Associação para a Investigação Biomédica e Inovação em Luz e Imagem (AIBILI).

na sua reinvenção tecnológica pode permitir fazer face aos desafios crescentes do envelhecimento populacional. Só dessa forma será possível à Europa, não só ultrapassar as dificuldades que se avizinham, como assegurar a liderança tecnológica num setor que constituirá uma oportunidade, assim que o desafio social, ambiental e demográfico chegue, a seu tempo, aos restantes blocos económicos. Por isso, num momento em que está em definição o programa sucessor do atual Programa-Quadro para a investigação, as tensões são visíveis entre o imediatismo e a estratégia de longo prazo. A resposta só pode ser uma: a do reforço de uma Europa mais coesa, mais solidária e mais empenhada na inovação.

Por outro lado, ficou explícita a necessidade de desenvolver uma programação nacional para a investigação em saúde que permita abordar, entre outros temas, as principais ameaças à saúde, nomeadamente, as doenças cardiovasculares, o cancro, a SIDA, as doenças mentais, a tuberculose, a adesão às orientações terapêuticas e os principais determinantes da saúde. Novas áreas também consideradas prioritárias são a avaliação de tecnologias da saúde como instrumento para melhorar a prestação de cuidados de saúde e a investigação em serviços de saúde, essencial para os aspectos do acesso, qualidade e sustentabilidade dos serviços de saúde.

CAPÍTULO 4

O sistema de saúde português

1. Introdução

Neste capítulo pretende analisar-se a história das políticas de saúde em Portugal, desde 1974, com destaque para os temas mais relevantes da organização do sistema de saúde.

Referem-se, ainda, as mais importantes reformas do sistema de saúde, com destaque para a realizada em 1971 e que marcará as opções políticas ao longo das décadas seguintes, numa linha de evidente continuidade. O modelo beveridgeano, que caracteriza basicamente o nosso sistema de saúde, é, pois, fortemente influenciado pelos pressupostos ideológicos traçados desde o início da década de setenta do século passado.

2. A história das políticas de saúde

A história das políticas de saúde em Portugal é longa, pelo que este estudo se centrará no período compreendido entre abril de 1974 e o ano de 2011.

Antes, porém, percorra-se brevemente o que as Constituições, de 1822 a 1976, referem sobre o tema da saúde.

Em Portugal, a saúde enquanto entidade autónoma apareceu, pela primeira vez, consagrada no texto constitucional de 2 de abril de 1976 (Page, 1998). Todavia, algumas Constituições anteriores abordavam marginalmente os temas sociais.

A Constituição de 1822, no artigo 240º, afirmava que "as Cortes e o Governo terão particular cuidado da fundação, conservação e aumento de casas da misericórdia e de hospitais civis e militares, especialmente

112 O Percurso da Saúde: Portugal na Europa

daqueles que são destinados para os soldados e marinheiros inválidos...", a Constituição de 1838 abordava os "socorros públicos", a Constituição de 1911 referia o direito à "assistência pública" e a Constituição de 1933 afirmava, no artigo 40°, que "é direito e obrigação do Estado a defesa da moral, da salubridade, da alimentação e da higiene pública" e, no artigo 41°, que "o Estado promove e favorece as instituições de solidariedade, previdência, cooperação e mutualidade".

As designações utilizadas são vagas até 1933 e a partir daí verifica--se uma forte tónica na "salubridade, alimentação e higiene pública", ou seja, já se identifica aqui uma linguagem mais consentânea com a saúde pública do princípio do século, mas ainda misturada com a salvaguarda da "moral" (Page, 1998).

É justo referir três importantes reformas dos serviços de saúde, desde o final do século XIX até 1974.

A primeira, conhecida pela reforma de Ricardo Jorge, traduziu-se num conjunto de diplomas promulgados em 1899 mas só aplicados a partir de 1903, que reorganizaram a Direção-Geral de Saúde e Beneficiência Pública e criaram a Inspeção Geral Sanitária, o Conselho Superior de Higiene Pública e o Instituto Central de Higiene, como entidades centrais de coordenação, e os cursos de Medicina Sanitária e Engenharia Sanitária. São também explicitadas as competências das diversas entidades administrativas e eclesiásticas nos assuntos da saúde. É uma fase influenciada pelos organismos e intervenções internacionais, em que se tenta construir as bases do movimento da saúde pública, que Gonçalves Ferreira considera ter constituído o embrião do que se pode chamar o "moderno sanitarismo" (Ferreira, 1990).

A segunda reforma, com tradução normativa no Decreto-lei n° 35 108, de 7 de novembro de 1945, decorrente do Estatuto da Assistência Social (Lei n° 1998, de 15 de maio de 1944), cria duas direções-gerais, a da Saúde[51] e a da Assistência. A primeira com funções de orientação e fiscalização quanto à técnica sanitária e de ação educativa e preventiva; a segunda com a responsabilidade administrativa sobre os hospitais e sanatórios.

Este diploma cria, ainda, em cada distrito, uma delegação de saúde e, em cada concelho, uma subdelegação de saúde; são previstos, também,

---

[51] Em 1940 havia já sido criado o primeiro departamento encarregado dos assuntos da saúde: a Subsecretaria de Estado da Assistência Social, integrada no Ministério do Interior.

O sistema de saúde português

diversos organismos gozando de autonomia técnica e administrativa, como os Hospitais Civis de Lisboa e os Hospitais da Universidade de Coimbra e regulamentadas as instituições de assistência particular, que ficam na dependência do Ministério do Interior.

Neste diploma, pela primeira vez, abordam-se três diferentes objetivos da política de saúde: a "assistência preventiva", a "assistência paliativa e curativa" e a "assistência construtiva", ou seja, o que posteriormente se considerará como a perspetiva da prevenção, do tratamento e da recuperação da saúde.

Porém, esta legislação deve ser estudada à luz da ideologia do Estado Novo sobre a previdência social, que tem um marco fundamental na publicação do Estatuto do Trabalho Nacional em 1933, que dá corpo à conceção corporativa do Estado, na linha da Constituição desse mesmo ano. O Plano de Previdência englobava a assistência social, o mutualismo e os seguros sociais. A primeira desenvolveu-se com o apoio do Estado mas com a intervenção direta de instituições particulares e religiosas, em especial das Misericórdias; o mutualismo, que teve origem no século XIX com a criação de montepios e de seguros sociais restritos a algumas empresas e organismos público, abrangia apenas uma pequena percentagem dos trabalhadores portugueses – 6,3% em 1942, nos setores do comércio, da indústria e dos serviços, segundo Medina Carreira, citado por Fernando Rosas e Brandão de Brito (Rosas e Brito, 1996).

A reforma de 1944/45, diz Gonçalves Ferreira, "teve o mérito de alargar a ação das autoridades de saúde, aumentando-lhes o poder executivo e a independência das intervenções, relativamente às câmaras municipais e o grave inconveniente de estabelecer instituições de saúde autónomas, independentes umas das outras nas ações contra doenças específicas (tuberculose, paludismo, lepra, psiquiatria), originando uma situação que complicou a coordenação de esforços na promoção da saúde e na luta contra a doença..." (Ferreira, 1990), apesar do envolvimento do Estado ainda se encontrar reduzido ao mínimo.

Legislação posterior deu corpo a esta doutrina de organização vertical contra as grandes doenças, particularmente no campo da assistência psiquiátrica (Lei nº 2006, de 11 de abril de 1945), que mantinha a saúde mental concentrada nos hospitais psiquiátricos, quando em outros países já se assistia à integração da saúde mental em serviços gerais de saúde. O mesmo se passou com a inauguração, em 1948, da Colónia Rovisco Pais, na Tocha, quando, na opinião de Arnaldo Sampaio, "...a luta antile-

114 *O Percurso da Saúde: Portugal na Europa*

prosa nessa época [...] já aconselhava outros métodos de luta, isto é, a Colónia foi inaugurada com 50 anos de atraso" (Sampaio, 1981).

Em 1946 é publicada a Lei nº 2011, que estabeleceu as bases da organização hospitalar e promoveu a construção de hospitais com dinheiros públicos, mas entregues depois às Misericórdias; por esta lei "se iniciou a doutrina da chamada regionalização hospitalar, segundo a qual os hospitais deveriam agregar-se em circunscrições de três níveis, o concelho, a região (distrito) e a zona (conjunto de distritos) cooperando tecnicamente entre si..." (Campos, 1983). Faltou-lhe, porém, criar órgãos de administração regional que só vieram a aparecer em 1959 com as comissões inter-hospitalares de Lisboa e do Porto e, em 1961, a de Coimbra.

Ainda em 1946 é criada a Federação das Caixas de Previdência, que centralizou os cuidados de saúde curativos até aí dispersos por vários sindicatos e que se desenvolveu em paralelo com os serviços de saúde públicos, proporcionando aos seus beneficiários um conjunto de regalias, então muito superior às disponibilizadas pelo Estado.

Durante este período, de 1944 a 1971, "...o Estado, não querendo assumir a responsabilidade dos cuidados de saúde dos portugueses, permitiu a criação de um sistema de saúde constituído por um grande número de subsistemas independentes, difíceis de coordenar e originando duplicações e guerras de competência e rivalidade, que impediam ou dificultavam a formação de equipas multidisciplinares indispensáveis à resolução dos problemas de saúde" (Ferreira, 1990).

A terceira reforma é a de 1971, que marcará as opções doutrinárias para as décadas seguintes, desde logo após 25 de abril de 1974. A ausência de ruturas significativas depois da Revolução de 1974 deve-se, em primeiro lugar, ao reforço, em 1971, da intervenção do Estado nas políticas de saúde; em segundo lugar, à orientação desse novo papel do Estado no sentido de conferir prioridade à promoção da saúde e à prevenção da doença, que constituíam aspetos inovadores naquele contexto político e que recolheriam o apoio das forças políticas e sociais vencedoras, três anos depois, no 25 de abril; em terceiro lugar, ao facto de muitos dos principais obreiros desta política terem mantido o desempenho de funções relevantes depois de 1974.

A publicação dos Decretos-leis nºs 413/71 e 414/71, de 27 de setembro, representam, assim, um marco histórico, na evolução da política de saúde nacional. É o próprio Gonçalves Ferreira, enquanto Secretário de

O sistema de saúde português 115

Estado da Saúde e Assistência (sendo ministro Baltazar Rebelo de Sousa), quem dá conta das seguintes orientações doutrinárias transmitidas ao grupo de trabalho[52] encarregado de elaborar os diplomas:

- "uma política unitária de saúde nacional;
- o reconhecimento do direito à saúde e o delineamento do esforço legislativo e administrativo a empreender para o generalizar a toda a população;
- a necessidade de progressiva instauração de um Sistema Nacional de Saúde com capacidade para executar essa política;
- o reconhecimento da intervenção do Estado como difusor da política de saúde e assistência e responsável pela sua execução [...];
- a integração de todas as atividades de saúde e assistência, designadamente nos planos local e regional;
- o planeamento geral dessas atividades, a elaborar ao nível central..." (Ferreira, 1990).

Assim, de uma forma inovadora e percursora do que três anos mais tarde a Revolução de abril viria a fixar, refere o Decreto-lei nº 413/71 que o direito à saúde compreende o acesso aos serviços sem restrições, salvo as impostas pelo limite dos recursos humanos, técnicos e financeiros disponíveis. Abandona-se, assim, a "...referência à caridade e ao primado das instituições particulares para resolverem os problemas de saúde dos portugueses" (Campos, 1983).

Mas a modernidade do diploma vai também no sentido de privilegiar o investimento nos serviços de promoção da saúde e de prevenção da doença, como internacionalmente viria a ser adotado sete anos depois, em Alma-Ata, no atual Cazaquistão.

O diploma de 1971 cria três importantes órgãos: o Instituto Nacional de Saúde, com funções científicas e técnicas e que recebe, em 1972, a Escola Nacional de Saúde Pública; o Gabinete de Estudos e Planeamento, responsável pelo planeamento e pela avaliação dos resultados globais e dos serviços; e a Secretaria-Geral, com funções técnicas, administrativas e instrumentais na reforma do Ministério da Saúde. Outro dos aspetos marcantes deste diploma foi o destaque concedido à intervenção da

---

[52] O grupo de trabalho era coordenado por Arnaldo Sampaio, diretor do Gabinete de Estudos e Planeamento e constituído pelos representantes das direções-gerais de Saúde, Assistência e Hospitais, Luís Cayolla da Mota, Carvalho da Fonseca, Maria Manuela Silva, Álvaro de Paiva Brandão e Augusto Mantas.

Direção-Geral de Saúde, quer na fixação da política de saúde, quer na coordenação dos serviços periféricos, incluindo os hospitais concelhios, onde se deveriam instalar os centros de saúde.

Porém, afirma Gonçalves Ferreira que "este diploma legal [...] encontrou as maiores dificuldades na sua concretização, não só porque iniciava novos caminhos, o que provoca sempre reações, mas porque faltou a vontade política de o executar e de promulgar legislação já preparada..." (Ferreira, 1990).

Também, o então Diretor-Geral de Saúde, Arnaldo Sampaio, em entrevista concedida ao "Diário de Lisboa", em 10 de março de 1974, se surpreendia com a promulgação do diploma, dada a filosofia política que orientava o governo de então.

O Decreto-lei nº 414/71, por seu lado, estabelecia a estruturação das carreiras profissionais dos funcionários da saúde, incluindo melhorias na sua remuneração. Foram revistas ou criadas as carreiras médicas de saúde pública e hospitalar, de enfermagem, farmacêutica, de administração hospitalar, de terapeutas, de serviço social, de auxiliares de laboratório e de auxiliares sanitários.

É justo recordar que, em 1961, a Ordem dos Médicos apresentara o Relatório das Carreiras Médicas, que foi o resultado de um movimento gerado, no final da década de 50, na profissão médica, em especial por iniciativa de recém-licenciados preocupados com a insegurança profissional e a baixa qualidade da assistência hospitalar. Os médicos saídos da Faculdade, ou com poucos anos de licenciatura, diz Miller Guerra, "...trabalhavam gratuitamente nos hospitais, metiam-se na fila de espera de um lugar incerto e mal remunerado das Caixas, ou vagueavam dando consultas gratuitas ou semigratuitas em instituições públicas ou privadas, dispersas pela cidade e pelos bairros periféricos" (Arnaut, Mendes e Guerra, 1979).

Com dez anos de antecedência em relação à Reforma de 1971, o Relatório das Carreiras Médicas estabelecia os princípios gerais para a reforma dos serviços de saúde: "1º – coordenação [...] da medicina curativa com a medicina preventiva e recuperadora; 2º – predomínio das atividades preventivas sobre as curativas; 3º – unidade de conceção, direção e execução da política de saúde; 4º – integração dos hospitais e serviços [...] num sistema de serviços (Serviço de Saúde)", para além de se defender a estruturação das carreiras médicas (Arnaut, Mendes e Guerra, 1979).

Gonçalves Ferreira desvaloriza, porém, a importância deste relatório, afirmando que não teve influência na criação do SNS e que os seus

O sistema de saúde português

resultados práticos foram nulos, pois "...nem o Governo [...] se interessou pelo assunto [...], nem a classe médica insistiu em o concretizar, porque no começo da década de 60 se reiniciou o desenvolvimento económico nacional, que resolveu o problema financeiro dos médicos" (Ferreira, 1990).

O Relatório não deixou, porém, de influenciar as conceções futuras do sistema de saúde e das carreiras médicas e é significativo que, dos sete médicos que assinaram o documento, três deles viriam a ser, em democracia, Secretários de Estado da Saúde: António Galhordas em 1974, Albino Aroso em 1976 e 1989, e Mário Mendes em 1978.

O facto de estas soluções assentarem em pressupostos políticos e técnicos avançados para a sua época e distantes da prática política do regime autoritário anterior à Revolução de 25 de abril de 1974 explica, em parte, a ausência de visível rutura no desenvolvimento do sistema a seguir a essa data (Page, 1998).

O mesmo entendimento parece refletir-se no Relatório de primavera de 2002 do Observatório Português dos Sistemas de Saúde (OPSS), quando se afirma que "a reforma do sistema de saúde e da assistência legislada em 1971 [...] constituiu já um esboço de um verdadeiro Serviço Nacional de Saúde" (OPSS, 2002), ou ainda em Graça Carapinheiro, quando afirma que "...emergiu uma agenda política nacional que seguiu de perto as agendas internacionais, ainda que com os desfasamentos temporais resultantes do adiamento do processo de modernização e do acesso tardio a um modelo de democracia política da sociedade portuguesa, por comparação com as restantes sociedades europeias" (Carapinheiro, 2001).

A linha de continuidade é mais visível nos cuidados de saúde primários, conceito que nasce, entre nós, efetivamente em 1971. A primeira geração de centros de saúde criados a partir dessa data tinha uma intervenção prioritariamente associada à prevenção, visto que a prestação de cuidados curativos era assumida pelos postos clínicos dos Serviços Médico-Sociais, mas "...a análise da evolução dos principais indicadores de saúde materno-infantil e da incidência das doenças transmissíveis evitáveis pela vacinação permite concluir que esta primeira geração foi, para a sua época e contexto, um sucesso notável" (Branco e Ramos, 2001). No mesmo sentido Constantino Sakellarides afirma que "em Portugal, já a partir de 1971, com Gonçalves Ferreira, Arnaldo Sampaio e José Lopes Dias, o desenvolvimento pioneiro dos centros de saúde congregou, particularmente depois de abril de 1974, considerável energia inovadora à escala do desenvolvimento do país" (Sakellarides, 2001), ou "muito do que foi debatido e adotado, sete anos depois em Alma-Ata, já se encontra

118 O Percurso da Saúde: Portugal na Europa

contemplado no texto deste decreto-lei" (o Decreto-lei n° 413/71) (Ministério da Saúde, 1997).

3. Os ciclos políticos na saúde[53]

As políticas de saúde podem agrupar-se segundo vários critérios.

Coriolano Ferreira, em texto de 1985, sugere três grandes períodos: o primeiro, entre 1940 a 1958, inicia-se com a criação, em 1940, do primeiro departamento dedicado especificamente à saúde – a Subsecretaria de Estado da Assistência Social – e nele se destaca a publicação do Estatuto da Assistência Social, de 1944, com um entendimento de Estado-mínimo, "...levando a tendência privatística ao ponto de serem desoficializados os serviços de saúde, salvo os da área da saúde pública..."; o segundo período inicia-se em 1958 com a substituição da Subsecretaria de Estado da Assistência Social pelo Ministério da Saúde e Assistência e desenvolve-se até 1976, com destaque para a publicação da Lei n° 2120, de 19 de julho de 1963, que aprovou o Estatuto da Saúde e Assistência, no qual se mantém o papel supletivo do Estado na Saúde, mas com a obrigação de comparticipar nos encargos de instalação e funcionamento dos estabelecimentos de saúde; o terceiro período tem a sua génese no artigo 64° da Constituição, assumindo-se o Estado como responsável pela concretização do direito à proteção da saúde[54] (Ferreira, 1986).

Medina Carreira propõe, em 1996, a seguinte periodização: "até 1946 vigora exclusivamente a assistência pública; de 1946 a 1976 coexistem a assistência pública e o seguro social obrigatório; em 1976 a Constituição cria o Serviço Nacional de Saúde, só em 1979 previsto em legislação ordinária; de 1976 a 1990 predomina largamente o Serviço Nacional de Saúde [...]. Embora ainda mal definido na sua tendência evolutiva, depois de 1990 o sistema não corresponde, em aspetos essenciais, às regras vigentes logo após a Constituição de 1976" (Carreira, 1996).

O Relatório da primavera de 2002 do Observatório Português dos Sistemas de Saúde, em coerência com a conceção de continuidade acima

---

[53] Segue-se de perto, nas secções 3 a 8, o livro de Jorge Simões – *Retrato Político da Saúde. Dependência de percurso e inovação em Saúde: da ideologia ao desempenho*. Almedina, Coimbra, 2004.

[54] Coriolano Ferreira refere que o termo deste terceiro período não era ainda visível (Ferreira, 1986).

O sistema de saúde português 119

referida, considera duas grandes fases: a primeira, de 1970 a 1985, que titula como "o SNS e a expansão do sistema de saúde", inclui a reforma de 1971, a Lei do SNS de 1979 e a implementação da carreira médica de clínica geral e familiar; a segunda, a partir de 1985, apresentada como "o desafio da qualificação do sistema de saúde", inclui um primeiro ciclo de 10 anos de duração (1985-1995) em que a agenda predominante é mudar a fronteira público/privado a favor do privado (Lei de Bases de 1990), sem prejuízo de medidas destinadas a melhorar o SNS, com um primeiro-ministro, três governos de duração decrescente, orientações contrastantes e resultados limitados e um segundo ciclo de seis anos de duração (1996-2002), em que a agenda predominante é reformar o SNS, sem prejuízo da melhoria da articulação público/privado, com um primeiro-ministro, três governos de duração decrescente, e igualmente, orientações contrastantes e resultados limitados (OPSS, 2002).

Pela nossa parte, reafirmamos a tese da continuidade ideológica. Tal significa que se não houve ruturas significativas entre 1971 e os anos que se seguiram à Revolução de 1974, também se constatou, após a afirmação política e normativa do Serviço Nacional de Saúde em 1979, a progressiva aceitação, nas suas linhas gerais, do modelo beveridgeano pelas forças políticas e sociais mais relevantes na sociedade portuguesa[55].

Este consenso consegue-se, também, pela conjugação de interesses e de resultados. Interesses, desde logo, das profissões, que ao longo das últimas três décadas, na sua relação com decisores políticos e técnicos, aproveitaram a debilidade destes no controlo e na autoridade, contribuindo para a manutenção de uma matriz legislativa que os beneficiava e para a dificuldade do sistema se orientar para soluções mais eficientes[56],

---

[55] Aliás, as conclusões do III Congresso da Oposição Democrática, em abril de 1973, já reivindicavam, no capítulo referente à Segurança Social e Saúde, que "a cobertura de toda a assistência médica e medicamentosa deverá ser feita através dum serviço unitário nacional de saúde" (III Congresso da Oposição Democrática, 1973).

[56] Correia de Campos constatava, em 1983, que "mais importantes que as leis [...] são as forças sociais [...]. Essas forças podem ser os profissionais de saúde, os utentes, o mercado de bens e serviços do setor privado, a comunidade no seu todo" (Campos, 1983) e reafirmava em 2001 que "os decisores políticos deixaram desde há muito de ser o Governo ou a Assembleia, para serem os parceiros sociais" (Campos, 2001); Vital Moreira, insurgindo-se contra a política de "maltusianismo" no acesso aos cursos de medicina, concluía que "o resultado foi uma escandalosa carência de profissionais e uma carestia que só serviu para favorecer os "happy few", à custa de insuportáveis encargos para o SNS e para os utentes" (Marques e Moreira, 2003).

mas interesses também dos fornecedores de bens e de serviços e das populações. Resultados positivos na cobertura de cuidados às populações e na modernização e na qualidade dos meios, e menos positivos na gratuitidade anunciada pela Constituição de 1976 que o SNS nunca alcançou e na eficiência que a evidência empírica progressivamente demonstra como deficitária.

Identificam-se, então, os principais marcos cronológicos referentes a políticas autónomas com reflexos no sistema de saúde português.

4. As políticas de saúde, de 1974 a 1979

A primeira fase que se pode identificar autonomamente é a que se segue imediatamente à revolução de 25 de abril de 1974, até ao final da década de setenta e que se poderá designar de "fase otimista e de consolidação normativa do SNS".

É o período de implantação da democracia, com uma orientação política, entre 1974 e 1976, no sentido do socialismo planificado, através, em especial, das nacionalizações e da coletivização agrícola. O artigo 2º da Constituição de 1976 apontava o caminho da "transição para o socialismo", no qual a propriedade privada teria um papel residual.

Logo a seguir a março de 1975 aconteceram profundas transformações qualitativas no processo político, com a nacionalização de setores significativos da indústria, a nacionalização total dos bancos e das seguradoras, a expropriação de terras no Alentejo, a criação de comissões de trabalhadores, a autogestão nas empresas, a criação de cooperativas e de comissões de moradores. Esse processo só seria alterado na sua essência política e social, após os acontecimentos ocorridos em 25 de novembro de 1975 e, depois, com a entrada em funções do primeiro governo constitucional em 1976.

A instabilidade governativa ao longo da segunda metade da década de setenta não permitiu que qualquer partido político alcançasse maioria parlamentar, que qualquer primeiro-ministro governasse durante uma legislatura de quatro anos e que qualquer governo permanecesse no poder mais de dois anos e meio.

Foi neste contexto de acentuada luta política, de fortes conflitos sociais que o Estado foi chamado a criar novas instituições e a produzir normas que anunciavam novas políticas sociais.

O sistema de saúde português 121

O Programa do Movimento das Forças Armadas já responsabilizava o Governo provisório pelo lançamento das bases de uma nova política social, com o objetivo da defesa dos interesses das classes trabalhadoras e o aumento progressivo e acelerado da qualidade de vida de todos os portugueses.

Em maio de 1974, o Programa do primeiro Governo Provisório anunciava, então, o lançamento das bases para a criação de um serviço nacional de saúde, ao qual deveriam ter acesso todos os cidadãos. Assim o diz o Decreto-lei nº 203/74, de 15 de maio, que elege, como objetivos principais da ação do governo, lançar os fundamentos de uma nova política económica e adotar uma nova política social.

Em novembro de 1974, a Secretaria de Estado da Saúde inicia a preparação do anteprojecto de bases do SNS com a publicação dos principais quesitos a que deveria responder o futuro serviço nacional de saúde. O apelo à participação era "particularmente dirigido aos partidos políticos, sindicatos, ordens de profissionais, serviços e estabelecimentos de saúde públicos e privados, autarquias locais, instituições de ensino, associações cívicas, culturais e económicas" (Secretaria de Estado da Saúde, 1974).

O país fervilhava, era defendida e praticada a "auto-gestão" dos serviços e "as direções dos estabelecimentos passaram a ser colegiais e quase todos os serviços e instituições autónomas entraram então no chamado "regime de instalação", o que significava a inexistência de quadros de pessoal e uma maior flexibilidade nas admissões e na gestão financeira. Desenvolvem-se as ideias descentralizadoras e regionalizadoras, acusando--se os serviços centrais de excessivamente tutelares e burocratizantes (Campos, 1983).

Mas já é num momento diferente que se produz a Constituição de 1976, "... à qual faltava o Estado que quisesse e pudesse cumprir o seu programa" (Santos, 1993). Na verdade, a Constituição de 1976 afirmava a irreversibilidade das nacionalizações e da reforma agrária e estabelecia a construção do socialismo como o objetivo final do processo político nacional, entendido como uma sociedade sem classes e sem exploração do homem pelo homem.

O fenómeno do Estado paralelo, ou seja "um Estado constitucional preocupado com a construção de uma democracia capitalista moderna quando a sua Constituição previa uma sociedade socialista sem classes" (Santos, 1993), durou até à revisão constitucional de 1989 que eliminou, então, o projeto socialista como uma obrigação constitucional.

Na saúde, este fenómeno do Estado paralelo teve uma especial tradução, com o artigo 64° da Constituição a consagrar o direito à proteção da saúde através da "criação de um serviço nacional de saúde universal, geral e gratuito" e a estabelecer ao Estado a obrigação de "orientar a sua ação para a socialização da medicina e dos setores médico-medicamentosos".

No mesmo sentido, a Lei do Serviço Nacional de Saúde de 1979 – Lei n° 56/79, de 15 de setembro – é aprovada quando já se abandonara explicitamente o projeto de Estado e de sociedade previsto na Constituição.

Este diploma representou o primeiro modelo político de regulamentação do artigo 64° da Constituição e defendia um conjunto coerente de princípios, de que se destacam a direção unificada do Serviço Nacional de Saúde, a gestão descentralizada e participada e ainda a gratuitidade e o carácter supletivo do setor privado.

Com efeito, o artigo 6° da Lei afirma que o acesso a todas as prestações abrangidas pelo SNS não sofre restrições, "salvo as impostas pelo limite de recursos humanos, técnicos e financeiros disponíveis" e o art° 7° anuncia a gratuitidade "...sem prejuízo do estabelecimento de taxas moderadoras diversificadas tendentes a racionalizar a utilização das prestações".

Por outro lado, o artigo 15° dispõe que o SNS deveria assegurar os cuidados através dos seus estabelecimentos oficiais, mas "enquanto não for possível garantir a totalidade das prestações pela rede oficial, o acesso será assegurado por entidades não integradas no SNS em base contratual, ou, excecionalmente, mediante reembolso direto dos utentes".

António Arnaut, no discurso de encerramento do debate parlamentar sobre a Lei do Serviço Nacional de Saúde, em 17 de maio de 1979, foi claro no seu pensamento político ao afirmar que "...não são admissíveis os modelos de "medicina convencionada" ou de "seguro-saúde" que manteriam os médicos nos seus consultórios das áreas urbanas, sobretudo dos grandes centros, em prejuízo da mancha negra do resto do País [...]. Este é um ponto fulcral e, por isso, o mais controverso para aqueles que querem manter os seus privilégios – exatamente aqueles que mais falam da liberdade de o doente escolher o médico, mas só pensam na sua liberdade..." (Arnaut, Mendes e Guerra, 1979).

A oposição da direção da Ordem dos Médicos foi também expressiva, acusando a lei de limitar o princípio da livre escolha do médico pelo doente, de transformar os médicos em funcionários públicos, de "caixificar" e "sovietizar" o sistema de saúde, de afastar Portugal dos modelos

O sistema de saúde português 123

de seguro-doença dos países mais desenvolvidos da Europa. E mesmo em momento posterior[57], ao defender o emprego público para todos os médicos, pois "a competição para os médicos não é nem real nem leal por parte do Estado", não deixa, a direção da Ordem dos Médicos, de reafirmar ainda o carácter "anti-democrático, demagógico e errado do artigo 64° da Constituição".

Terá sido em 1979 que, pela primeira vez, a Ordem dos Médicos se afirmou como grupo de veto, ou seja, tentando "...inviabilizar medidas que o prejudiquem mesmo que elas favoreçam interesses muito mais amplos e maioritários" (Santos, 1987).

Porém, não obstante ter sido regulamentada, a lei "...nunca chegou a ser integralmente aplicada, nomeadamente no que diz respeito à orgânica dos serviços centrais e regionais e ainda menos no que respeita à descentralização e participação" (Campos, 2002) e depressa se constatou que lhe faltava uma direção autónoma: "o SNS existe na lei mas não funciona como tal. Além de não terem sido criados alguns órgãos que lhe são essenciais [...], não foi erigida a Administração Central, pelo que a direção das suas atividades, desempenhada pelos ministros, ou por outras entidades, não estará a ser exercida pelo órgão que a lei determina" (Ferreira, 1986).

O processo de integração dos serviços de saúde constituía já um objetivo da reforma de 1971 e permitiu reunir na Direção-Geral de Saúde antigos institutos verticais que correspondiam a problemas de saúde identificados nos anos quarenta – tuberculose, lepra, malária, saúde mental, saúde materno-infantil.

Apesar de forte resistência, a integração foi decidida em 1974 (Decreto--lei n° 589/74, de 6 de novembro), com a transferência para a Secretaria de Estado da Saúde dos Serviços da Previdência, mas só mais tarde foi possível ultrapassar a separação efetiva entre os Centros de Saúde da Direção-Geral de Saúde e os Serviços Médico-Sociais (antigas Caixas de Previdência).

Foi necessário esperar até 1982 para ver criados os novos centros de saúde reunindo essas duas vertentes de antigos centros de saúde (mais de 300) com responsabilidades apenas na promoção da saúde e na prevenção da doença e de ex-serviços Médico-Sociais (quase 1700 postos) vocacio-

---

[57] Documento "Direitos Iguais", do Conselho Nacional Executivo da Ordem dos Médicos, de 20 de fevereiro de 1986.

124   *O Percurso da Saúde: Portugal na Europa*

nados para o tratamento dos doentes. Eram, aliás, conhecidas as dificuldades no relacionamento entre os respetivos dirigentes: "à criação de cada novo Centro de Saúde pela DG Saúde respondia a Previdência abrindo um Posto, às vezes mesmo ao lado, muito embora o médico fosse o mesmo" (Campos, 1983).

Com esta integração e a criação de uma só direção-geral para os cuidados de saúde primários, concluída em 1984, o SNS ganhou o atributo da generalidade (Campos, 2002).

Ainda em 1975 – através do Decreto-lei nº 488/75, de 4 de setembro – são criadas as Administrações Distritais de Saúde, como órgãos desconcentrados de integração regional de todas as instituições públicas do distrito, dirigidas por um conselho de administração integrando representantes dos municípios e dos sindicatos. Em 1979, em execução da lei do SNS que previa órgãos regionais integrados, estas administrações distritais foram regulamentadas, mas o diploma viria a ser revogado pelo governo seguinte. Em 1982, um governo da Aliança Democrática reformulou estes órgãos, retirando-lhes as competências sobre os hospitais e a área da saúde mental. "A tendência manifestada, em 1975, de descentralizar a administração dos serviços de saúde foi convertida em mera desconcentração administrativa e, ao fim de algum tempo, descaracterizada pela infiltração da componente partidarizante" (Campos, 1986).

Quando se estudam os resultados observados neste período, é possível afirmar que, apesar das fragilidades do sistema, na segunda metade da década de setenta, a cobertura da população quase duplicou, verificou-se uma melhoria substancial dos principais indicadores de saúde e foram afetos à saúde recursos que até então não se dispunha.

Nesta fase assiste-se a uma evolução positiva dos indicadores de saúde, com destaque para a mortalidade infantil. Portugal apresenta uma melhoria substancial neste período, recuperando de 37,9 mortes por 1000 nados vivos em 1974, para 24,3 em 1980, representando esta recuperação uma taxa de decréscimo anual média de 7,2% e uma taxa global de, aproximadamente, 36%.

Relativamente à mortalidade perinatal, regista-se, também, uma melhoria substancial, de 32,2 para 23,9 mortes por cada 1000 nascimentos, com uma recuperação média anual de 4,8% e uma taxa de melhoria global de cerca de 26%.

Relativamente à esperança de vida, verifica-se também uma melhoria neste período, com o aumento de 68,7 para 71,5 anos. O assinalável progresso dos resultados não fazia, porém, esquecer a existência de um assinalável atraso na comparação com outros países da atual União Europeia.

Quanto à cobertura da população, em 1974 apenas 58% da população portuguesa estava coberta por algum esquema de seguro de saúde, valor que atingiu, na letra da lei, os 100% em 1978, alcançando o SNS o objetivo da universalidade. Em 1974, Portugal era o país que apresentava os piores índices de cobertura comparativamente com os restantes da UE. A Espanha, por exemplo, nessa época, apresentava uma taxa de cobertura da população de 78%. No entanto, até 1978, Portugal conseguiu que o SNS abrangesse todos os cidadãos, ultrapassando outros países da UE, nomeadamente a Espanha, que nesta altura apresentava uma taxa de cobertura de 84%.

A responsabilidade do Estado quanto aos hospitais também se reforçou de uma maneira significativa, pois as camas hospitalares públicas passaram de cerca de 45% para 83%, do princípio para o final da década de 70, com a "oficialização" dos hospitais distritais e concelhios pertencentes às Misericórdias. Tratou-se de um sinal claro do carácter estratégico deste setor, pelos recursos financeiros envolvidos que, aliás, já eram quase inteiramente assumidos pelo Estado e ainda pela necessidade de dinamizar uma política pública que passava necessariamente pela existência de unidades hospitalares com controlo estatal. "A sua oficialização em 1975 não fez mais que reconhecer o carácter público da sua intervenção, dado o fim não-lucrativo com que intervinham e o facto de já serem 95% financiados pelo Estado" (Campos, 1987) e permitiu, juntamente com a cobertura integral dos encargos com a Saúde pelo Orçamento de Estado, concretizada a partir de 1978, que o SNS ganhasse o atributo da universalidade (Campos, 2002).

O distanciamento entre a "primeira linha de defesa" – centros de saúde – e a "segunda linha de defesa" – hospitais – existiu sempre no comportamento dos agentes e também nas políticas de saúde. Mas se a intervenção político-normativa do Estado se centrou em torno da saúde pública, o maior investimento financeiro foi canalizado, em 1980, para os hospitais.

Portugal não fugiu à regra na prioridade a conceder ao médico de família, que se desenha nos anos setenta em toda a Europa e que está associada "...à ideia de que a equidade do sistema só se consegue quando toda a população – mas toda – tenha as suas necessidades básicas ou "primárias", minimamente cobertas pelos serviços" e confiava-se que "se o utente conhecer bem o seu clínico geral e for por ele conhecido, deixará de haver a atual procura incontrolável de serviços de urgência, onde o doente é desconhecido de quem o atende [...]. O médico atua como dissuasor da procura desnecessária, mas controlando sempre as situações e selecionando, pela prática que lhe advém do conhecimento das pessoas a seu cargo, as circunstâncias em que pode e deve orientar o seu utente aos escalões cada vez mais diferenciados..." (Campos, 1983).

Porém, só em 1982, após tentativas frustradas em 1977 e 1980, é criada a carreira de clínica geral e definido este médico como "... um profissional habilitado para prestar cuidados primários a indivíduos e famílias e, mais amplamente, a populações definidas que lhe sejam confiadas, exercendo a sua intervenção em termos de generalidade e continuidade dos cuidados, de personalização das relações com os assistidos, de informação sócio-médica e de integração nos objetivos genéricos do Serviço Nacional de Saúde"[58].

Igualmente o Serviço Médico à Periferia, criado em julho de 1975, permitiu o funcionamento de estruturas de saúde, em especial dos centros de saúde, que não dispunham de médicos e, assim, credibilizar o emergente Serviço Nacional de Saúde, melhorar a cobertura médica das populações e dar maior sustentabilidade à formação dos jovens médicos.

A responsabilidade do Estado nas despesas em saúde cresceu consideravelmente: de 1974 até 1980 Portugal aumentou os gastos totais em saúde em cerca de 40%, correspondendo a um aumento médio anual de 5,9%, com um crescimento muito significativo nos dois anos a seguir à Revolução e com um decréscimo até ao final da década. A média dos gastos totais em saúde na UE cresceu cerca de 20%, com um aumento médio anual de 3,7%, o que significa que o nosso país investiu proporcionalmente mais em saúde que a média dos países da Europa comunitária.

Após 1974, com o assumir por parte do Estado da responsabilidade financeira da saúde, o Estado aumenta a sua despesa, de 2,3% para 3,4% do PIB. Comparando Portugal com a UE, verifica-se que o nosso País se mantém sempre abaixo da média comunitária, muito abaixo do país com maior taxa de investimento público e quase sempre coincidente com o valor mais baixo.

---

[58] De acordo com o artigo 20º, nº 1 do Decreto-lei nº 310/82, de 3 de agosto.

O *sistema de saúde português*

Quanto aos gastos privados e contrariamente ao que seria de esperar, face ao discurso político e aos diplomas publicados, os portugueses gastaram mais em saúde, em percentagem do PIB, do que a média dos países da UE. Os gastos privados em Portugal aumentaram, em percentagem do PIB, de 1,4% em 1974 para 1,9% em 1980, ou seja, o esforço das famílias para financiar a saúde foi quase tão elevado como o esforço do Estado, demonstrando que o SNS não alcançou o objetivo da gratuitidade. No mesmo espaço de tempo, não se registou aumento percentual dos gastos privados médios da UE, o que significa que o esforço para pagar o aumento dos custos em saúde foi, nesses países, fundamentalmente realizado por fundos públicos, contrariamente ao que aconteceu em Portugal. Aliás, assinala-se, no nosso país, o forte crescimento dos gastos privados de 1974 para 1975. Tal significa, também, que o sector privado não saiu prejudicado com o discurso e as normas que responsabilizavam de uma forma tão clara o Estado com a saúde dos portugueses. Comparando os anos de 1970, 1975 e 1980 afirmava-se que "...uma das características do setor privado da saúde português [...] é ele ser, relativamente ao setor público, um importante prestador de serviços. A comprová-lo verifica-se (em 1980) que cerca de 30% das despesas do SNS se destinam a transferências para o setor privado" (Campos, 1987).

Neste período é notório o aumento dos efetivos no setor da saúde, entre 1974 e 1980, a que corresponde um crescimento de 10% e, em termos absolutos, um aumento de, aproximadamente, 9.000 pessoas.

No entanto, estes valores, quando comparados com os valores médios da UE, são ainda modestos. Porém, no respeitante a médicos, Portugal estava muito próximo da média europeia, com um aumento percentual, neste período, de cerca de 67%.

O número de enfermeiros também teve uma evolução positiva neste período, de cerca de 21% (de 18.593, em 1975, para 22.144, em 1980).

Quanto à utilização dos serviços, este foi um período de forte crescimento, com especial relevo para as urgências, cujo número mais que duplicou (2.110.000 em 1975, 4.758.200 em 1980).

5. As políticas de saúde dos governos da Aliança Democrática, no início da década de 1980

Alguns dos diplomas publicados, ainda em 1979, pelo V Governo Constitucional e que preenchiam o desenho organizativo da Lei do SNS,

128 *O Percurso da Saúde: Portugal na Europa*

foram suspensos[59] em janeiro de 1980 pelo Governo da Aliança Democrática que vencera as eleições legislativas de dezembro de 1979.

Quatro destes diplomas acabariam por ser revogados em abril de 1980[60]: a criação da carreira de clínico geral e a reestruturação da carreira de saúde pública; a reorganização das administrações distritais de serviços de saúde; a criação do Departamento de Cuidados de Saúde Primários da Administração Central de Saúde; e a criação dos centros comunitários de saúde e a regulamentação dos órgãos locais do SNS.

Este foi o período em que, de uma forma mais consistente e determinada, do ponto de vista ideológico e da sustentabilidade financeira do SNS, se colocou seriamente a possibilidade de se desenvolver uma alternativa ao SNS, desde logo no programa do VI Governo Constitucional, claro no seu propósito de rever a Lei de Bases do SNS.

A revisão constitucional de 1982, numa altura em que a Aliança Democrática ainda governava o País, não alterou, porém, os dois princípios socializantes mais emblemáticos: a criação de um serviço nacional de saúde universal, geral e gratuito (n° 2 do artigo 64°) e a socialização da medicina e dos setores médico-medicamentosos. Apenas foi acrescentado ao artigo 64° um número 4 que afirma que "o serviço nacional de saúde tem gestão descentralizada e participada".

As prioridades políticas da revisão constitucional centravam-se, porém, no papel do Estado face à economia e na definição dos órgãos de controlo constitucional e a Saúde não era suficientemente importante para merecer honra de moeda de troca no processo de revisão constitucional.

As obrigações constitucionais impuseram, também, limites aos projetos de extinção do Serviço Nacional de Saúde através da lei ordinária. Esclarecedor é o Acórdão n° 39/84, de 11 de abril, do Tribunal Constitucional que declara inconstitucional o artigo 17° do Decreto-lei n° 254/82, de 29 de junho, que revogara a maior parte da Lei n° 56/79, traduzindo-se na extinção do Serviço Nacional de Saúde[61].

---

[59] Resolução do Conselho de Ministros n° 1/80, de 10 de janeiro.

[60] Decreto-lei n° 81/80, de 19 de abril.

[61] Tendo como Relator o Conselheiro Vital Moreira, o acórdão do Tribunal Constitucional afirmava: "não é a Lei n° 56/79, em si mesma, que não pode ser revogada – é apenas o Serviço Nacional de Saúde que, uma vez criado, não pode ser abolido. A lei pode ser revogada, desde que outra a substitua e mantenha o Serviço Nacional de Saúde. O Serviço Nacional de Saúde pode ser modificado; só a existência de um Serviço Nacional

O sistema de saúde português 129

Aliás, só com a segunda revisão constitucional, em 1989, o primeiro princípio do artigo 64º passa a ter uma outra redação: "serviço nacional de saúde universal e geral e, tendo em conta as condições económicas e sociais dos cidadãos, tendencialmente gratuito" e, no segundo, se abandona a redação radical da socialização da medicina e dos setores médico-medicamentosos (de resto nunca tentada), para se limitar à expressão ambígua de socialização dos custos dos cuidados médicos e medicamentosos.

Se antes da revisão de 1989 o Tribunal Constitucional já considerava as taxas moderadoras compatíveis com a exigência de gratuitidade, agora, a maior flexibilidade da norma constitucional determinaria o alargamento da margem de conformação anteriormente reconhecida ao legislador ordinário[62].

Doze anos após o anúncio da criação de um Serviço Nacional de Saúde, Portugal continuava a ter os piores valores em termos de mortalidade infantil e perinatal, apesar da notória melhoria neste período e da convergência para os valores médios europeus.

Contrariamente ao que aconteceu no período anterior, não se registou crescimento dos gastos totais em saúde, mas o Estado diminuiu percentualmente os seus gastos em saúde e os particulares aumentaram-nos, traduzindo a afirmação política de limitar a responsabilidade finan-

---

de Saúde passou a ser um dado adquirido no património do direito à saúde, sendo, como tal, irreversível (a não ser mediante revisão constitucional que o permitisse) [...]. O Governo incorreu numa acção inconstitucional cujo resultado pode e deve ser impedido em sede de fiscalização da constitucionalidade. A obrigação que impunha ao Estado a constituição do Serviço Nacional de Saúde transmuta-se em obrigação de não o extinguir".

[62] A este propósito, sustenta o Professor Jorge Reis Novais, que *tendencial gratuitidade* significa que a prestação de cuidados e serviços de saúde no âmbito do SNS *tende a ser* gratuita, mas não *tem de ser* gratuita, pelo menos, não tem de ser *sempre* gratuita. O ser gratuito será a *inclinação* natural do SNS, será o seu sentido geral, a *tendência*, mas não será uma exigência de carácter absoluto, no sentido de vedar, hoje, o pagamento de qualquer "preço" do custo de prestações obtidas no âmbito do SNS. Se já não o era (pelo menos no entendimento do Tribunal Constitucional) quando a Constituição impunha a gratuitidade, muito menos o será, por maioria de razão, agora. A letra da Constituição, o contexto da revisão constitucional de 1989, o sentido da jurisprudência constitucional, a comparação com as opções da Constituição no domínio do ensino, por si só, indiciam indiscutivelmente esta conclusão" (Simões, J., Pedro Barros e João Pereira (Coord.), "A Sustentabilidade Financeira do Serviço Nacional de Saúde", Ministério da Saúde, 2008).

ceira do Estado, apesar da criação recente do SNS. Assim, os gastos públicos tiveram um decréscimo, enquanto que os gastos privados aumentaram, representando, a partir de 1982, os mais elevados da UE15.

O peso do pessoal, na despesa pública em saúde, vai diminuindo, de 50,3% em 1982 para 47,1% em 1986, ao mesmo tempo que as transferências para o setor privado vão aumentando. A decomposição das transferências para o setor privado em 1986 mostra-nos que são os pagamentos às farmácias que têm um maior peso.

A eficiência começava a preocupar seriamente dirigentes e investigadores, que apontavam a dimensão excessiva do montante das transferências para o setor privado (cerca de 34%, em 1983), através das convenções em meios complementares de diagnóstico e terapêutica e das comparticipações do SNS nos custos dos medicamentos prescritos em ambulatório. Portugal era, já nessa altura, o país da OCDE em que a percentagem de gastos com medicamentos em relação às despesas públicas com saúde era mais elevada e o setor privado realizava 62% do número de análises e 54% dos exames de radiologia. "No nosso país, através das consultas de cuidados primários podem ser requisitados, diretamente ao setor privado, quaisquer exames e tratamentos especializados. Não há controlo das requisições e, num grande número de casos, os prestadores privados de serviços de saúde são, também, funcionários dos próprios serviços" (Mantas, 1984). O Serviço Nacional de Saúde era proprietário e prestador quase exclusivo dos cuidados de hospitalização e meramente pagador dos cuidados ambulatórios que incorporam tecnologia e essa tendência agravara-se entre 1974 e 1984 pois a importância das transferências para o setor privado no total dos gastos públicos acentuara-se de 29,8% para 33,8% (Campos, 1987).

Para além da eficiência, outra preocupação crescente com o SNS decorria das assimetrias regionais. Na mesma época era já clara a diferença das capitações das despesas em saúde, que penalizava os cidadãos dos distritos do Norte e ainda os de Aveiro, Viseu e Guarda, na zona Centro.

Ao contrário do que aconteceu entre 1974 e 1980, em que o número de pessoas a trabalhar no setor da saúde cresceu cerca de 10%, no período em análise verificou-se uma relativa estagnação, ao mesmo tempo que a média da UE continuava a crescer, o que significava um claro afastamento do paradigma europeu. O mesmo não se passou no respeitante a médicos, situação em que Portugal ultrapassou, em 1984, a média da União Europeia.

O *sistema de saúde português*

A evolução do número de enfermeiros, em termos absolutos, apresenta um crescimento de cerca de 11% mas é claramente inferior ao do período anterior, que se cifrou em 21%.

A utilização dos serviços entre 1980 e 1985 foi diferente: a urgência cresceu de uma forma menos significativa, o número de consultas decresceu[63] e o número de doentes tratados cresceu mais moderadamente.

6. As políticas de saúde dos governos do Partido Social Democrata, de 1985 a 1995

Algumas propostas que animavam, na década de oitenta, em Portugal, o debate sobre a reforma do sistema de saúde defendiam um papel mais ativo do setor privado, uma maior responsabilização individual pelo financiamento, uma orientação empresarial do SNS.

As reformas encetadas, então, em países da Europa eram fortemente influenciadas pela "ideologia de mercado", sobretudo da competição entre prestadores, como forma de ganhar eficiência e também por políticas de prioridades, escolhas e limites nos cuidados públicos de saúde.

Esta doutrina não deixou de influenciar as políticas de saúde dos Governos do PSD, entre 1985 e 1995, embora com diversos cambiantes: enquanto a Ministra Leonor Beleza seguiu uma estratégia de mudança que afrontou importantes grupos de pressão – em especial a Ordem dos Médicos e a Indústria Farmacêutica – os Ministros Arlindo de Carvalho e Paulo Mendo privilegiaram pontuais inovações normativas, a promoção de estudos de análise técnica e a tentativa de pacificação do setor da saúde, abalado com a determinação da Ministra Leonor Beleza e com a alegada corrupção e peculato existentes em altas esferas da saúde.

A maior responsabilização financeira individual constava já das propostas elaboradas, em março de 1992, por uma comissão de que foi relator Paulo Mendo, que viria a ser o último Ministro da Saúde nesta fase. Propunha-se que os beneficiários do SNS fossem agrupados, para

---

[63] Uma explicação possível para esta situação resulta do encerramento dos postos dos Serviços Médico-Sociais (antigas Caixas de Previdência) e a criação, em 1982, dos novos centros de saúde e da carreira de medicina geral e familiar. As consultas dos médicos de família desenvolvem-se com maior liberalidade de tempo, sem números mínimos por hora que caracterizavam o funcionamento das antigas Caixas de Previdência e, consequentemente, com redução da produtividade.

este efeito, de acordo com os seus rendimentos: um primeiro grupo de menores rendimentos seria comparticipado pelo Estado a 100%, um grupo intermédio pagaria 40% das despesas e o grupo de maiores rendimentos deveria pagar 70% das suas despesas de saúde. Mas propunha também a separação entre entidades financiadoras e prestadores de cuidados, a construção e gestão por empresas privadas das novas unidades de saúde, a concessão de gestão a grupos privados de hospitais e centros de saúde e a opção por seguro privado de saúde com reembolso da capitação financeira atribuída aos cidadãos (Ministério da Saúde, 1992).

Em dezembro de 1993, numa conferência em Lisboa, Correia de Campos apresenta o documento, "Competição Gerida – Contributos para um Debate Indispensável", no qual analisa o sistema de organização e administração dos hospitais públicos em Portugal, respeitante aos seguintes atributos: propriedade, tutela, modelo de gestão, financiamento e responsabilização. No respeitante ao financiamento, propunha Correia de Campos a criação de agências regionais de financiamento, por conversão parcial das administrações regionais de saúde, podendo os utentes escolher entre a inscrição na agência financiadora regional ou numa companhia ou mútua de seguros. As entidades seguradoras teriam a liberdade de celebrar contratos de prestação de serviços de saúde com hospitais públicos, centros de saúde e prestadores privados, com base na melhor relação qualidade-preço (Campos, 1994).

Em março de 1995, o Ministério da Saúde, de que era então titular Paulo Mendo, publica o documento de trabalho "Financiamento do Sistema de Saúde em Portugal", da autoria de Diogo de Lucena, Miguel Gouveia e Pedro Pita Barros, que preconizava a introdução da concorrência na gestão do financiamento público, com a criação de mais do que um instituto de gestão do financiamento, a separação entre a prestação de cuidados e o seu financiamento, a introdução de mecanismos de concorrência entre as unidades prestadoras e a alteração do estatuto jurídico das entidades públicas de prestação (Ministério da Saúde, 1995).

Estes dois últimos documentos, que se baseiam nos princípios da competição gerida, apontavam para soluções com evidentes pontos de contacto.

Após os sobressaltos da década de oitenta, os programas eleitorais do PSD e do PS contemplavam, em 1991, conceções não distantes de sistema de saúde, que não se esgotava no SNS, mas defendendo o seu carácter predominantemente público e universal.

O sistema de saúde português 133

Estavam aparentemente reconciliadas, do ponto de vista ideológico, as abordagens socialista e social-democrata em política de saúde. Todavia, as prioridades, e sobretudo, os estilos de governação eram marcadamente diferentes, como se apontou acima.

Contudo, as principais alterações, nesta fase, foram normativas, traduzidas em quatro estratégias, constantes da Lei de Bases da Saúde de 1990 (Lei nº 48/90, de 24 de agosto) e do Estatuto do Serviço Nacional de Saúde, de 1993 (Decreto-lei nº 11/93, de 15 de janeiro):

- a regionalização da administração dos serviços, com maior autonomia e poderes para coordenar a atividade dos hospitais;
- a privatização de setores da prestação de cuidados, devendo o Estado promover o desenvolvimento do setor privado e permitir a gestão privada de unidades públicas e a articulação do SNS com unidades privadas;
- a privatização de setores do financiamento de cuidados, com a concessão de incentivos à opção por seguros privados de saúde e a possibilidade de criação de um seguro alternativo de saúde;
- a articulação de cuidados, com a criação de unidades de saúde, que agrupariam, numa região, hospitais e centros de saúde.

Na verdade, poucos progressos se registaram na aplicação da maioria das medidas legislativas propostas pelos Governos do PSD.

Se a regionalização dos serviços teve desenvolvimentos significativos com a criação das cinco administrações regionais de saúde, os outros objetivos não passaram manifestamente da letra da lei por diferentes razões.

A privatização de setores da prestação e do financiamento de cuidados partia de um entendimento do SNS como um dos prestadores de cuidados, o que alterava significativamente o modelo de SNS, separando a prestação do financiamento e abrindo neste a opção por empresas seguradoras. Este entendimento obrigava a opções claras, ou mesmo ruturas, que o Governo, em final de legislatura, não quis prosseguir.

O seguro alternativo de saúde (*opting-out*), ao contrário das expectativas do Ministério da Saúde, não recolheu o interesse das empresas seguradoras.

A articulação de cuidados, por alterar culturas organizacionais muito conservadoras, em especial as hospitalares, que dificilmente acolhem sem resistências ventos de mudança, não teve, também, desenvolvimento significativo.

134 O Percurso da Saúde: Portugal na Europa

Do conjunto de propósitos terá ficado, no essencial, para além da conceção ampla do sistema de saúde, integrando o SNS, entidades privadas e profissionais liberais e do entendimento dos cidadãos como primeiros responsáveis pela própria saúde, a redução do peso do Estado na provisão de atividades adjetivas nos hospitais (*contracting-out*) e a experiência do Hospital Fernando da Fonseca, como o primeiro hospital público com gestão privada.

Tal significa que os ciclos políticos não traziam ruturas, mas sim alterações, mais ou menos significativas, no mesmo modelo. O exemplo mais frisante de eminência de rutura protagonizado por Leonor Beleza, com a sua estratégia de separação dos setores público e privado, perturbou o posicionamento dos partidos políticos e dos sindicatos na relação tradicional entre governo e oposição e entre esquerda e direita. Com efeito, a separação entre setores público e privado sempre fora uma bandeira da esquerda, embora com diferenças significativas entre o PS e o PCP[64]. Porém, logo a agenda política foi alterada pelo sucessor de Leonor Beleza, com a necessidade de pacificação dos parceiros sociais, mesmo num ambiente de confortável maioria absoluta detida pelo PSD no Parlamento[65].

Quanto aos resultados em saúde, o facto marcante corresponde ao abandono de Portugal do último lugar da tabela europeia, no que respeita à mortalidade infantil e mortalidade perinatal, que passou a ser ocupado pela Grécia em 1995 e 1993, respetivamente.

---

[64] Correia de Campos afirmava que "a pureza de intenções ao tempo dos verdores revolucionários foi ao ponto de anular soluções mistas pré-existentes – como os quartos particulares nos hospitais oficiais – sob o argumento de que eles constituíam um fator de enriquecimento ilegítimo para os mais ativos e eficientes" (Campos, 1987), enquanto o PCP sempre repudiou o modelo de atividade privada nas unidades públicas.

[65] "A Drª Leonor Beleza (em 1986 e 1987) pretendeu ser ousada: comprimiu gastos, reduziu comparticipações, criou barreiras administrativas, exigiu cumprimento de incompatibilidades, exerceu coação sobre prescritores [...]. Reduziu o crescimento anual a 8%. Sol de pouca dura. Bloqueado o Ministério por inabilidades várias, ferida a credibilidade do Estado por um longo e desgastante processo parlamentar e judicial [...], a substituição governativa impôs-se [...]. E os números traduzem os factos: a necessidade de acalmar em simultâneo interesses contraditórios e de ampliar a ilusão de maior disponibilidade de serviços levou o Dr. Arlindo de Carvalho a libertar os controlos, do que resultaram acréscimos de encargos de 30% em pessoal, 25% em consumos, 23% em convenções e 25% em medicamentos" (Campos, 1992).

Também melhorou, embora moderadamente, a esperança de vida, de 73,3 anos em 1986, para 75,2 anos em 1995[66].

Quanto à responsabilidade financeira, nos dez anos em análise, distinguem-se dois períodos: no primeiro, entre 1986 e 1990, é visível o esforço para a contenção de gastos, com a percentagem do PIB a diminuir em 1989 e a estagnar em 1990; após 1991, a fatia do PIB afeta à saúde cresce sempre e nos últimos seis anos deste período o crescimento é de 1,9 pontos percentuais.

No entanto, é necessário conhecer quem mais pagou, entre o Estado e os utilizadores de cuidados de saúde. Verifica-se um crescimento dos gastos públicos de 3,3% para 4,9% do PIB, porventura influenciado pelo custo imputável ao novo sistema retributivo na função pública, criado em 1989. A despesa privada manteve, apesar das oscilações ao longo do período, um valor semelhante; ao contrário do que aconteceu de 1981 a 1986, foi o Estado, agora, quem mais contribuiu para financiar os custos da saúde.

Ao contrário do que aconteceu no período anterior (de 1981 a 1986), em que diminuiu o peso do pessoal, neste período acontece o contrário, ou seja, de 1987 a 1991 verifica-se um aumento da percentagem dos encargos do SNS com pessoal, embora com uma ligeira descida a partir de 1992. Verifica-se também uma diminuição do peso relativo das transferências para o setor privado, constituindo, naturalmente, os pagamentos às farmácias a rubrica com maior peso.

Quanto à evolução dos recursos humanos a trabalhar no setor da saúde, ao contrário do observado no período anterior, em que o número de pessoas a trabalhar na saúde quase estagnou, mas o número de médicos por 1000 habitantes ultrapassou a média da UE, nesta fase (de 1987 a 1996) verifica-se, de algum modo, o contrário: um aumento do número de efetivos a trabalhar na saúde – cerca de 20.000 pessoas – e um número de médicos por 1000 habitantes, no final do período, ligeiramente abaixo do observado na UE.

O número de enfermeiros teve uma evolução positiva, de cerca de 33%, claramente superior ao do período anterior (8%).

---

[66] Portugal apresentou sempre o pior resultado, ao longo deste período; em 1995, a média comunitária era de 76,9 anos e o melhor valor era o da Suécia – 78,8 anos.

136   *O Percurso da Saúde: Portugal na Europa*

A utilização dos serviços, de 1985 para 1994, traduziu-se numa evolução positiva muito significativa – 41,5% nas consultas, 55% nas urgências e 62,8% nos doentes tratados nos hospitais.

7. As políticas de saúde dos governos do Partido Socialista, de 1995 a 2001

Quando comparados os programas políticos dos quatro maiores partidos para as eleições legislativas de 1995, constatava-se um largo consenso na manutenção do SNS como garante da universalidade da cobertura.

Todavia a coincidência de opiniões ia mais longe:
- a separação entre financiamento e prestação e a própria separação entre financiamento e regulação do sistema;
- a criação de um mercado interno regulado pelo Estado;
- a concessão de maior autonomia e responsabilização às unidades prestadoras públicas;
- a alteração do processo de financiamento das entidades presta- doras – hospitais e centros de saúde;
- a afetação regional do financiamento de acordo com padrões de consumo efetivo de cuidados.

O programa eleitoral do Partido Socialista, em 1995, era a este respeito de uma grande clareza ao desenvolver um conjunto de princípios de reforma do sistema de saúde, que permitia a identificação dos setores ou dos agentes responsáveis pelo imobilismo e ineficiência do sistema e admitia a concessão de gestão de unidades públicas ao setor privado e a empresarialização dos hospitais públicos.

Esta determinação em período pré-eleitoral foi atenuada no pro- grama do XIII Governo que, embora afirmasse a necessidade de uma reforma profunda mas gradual do SNS, limitava as medidas a adotar durante a legislatura a aspetos avulsos ou abstratos, como tornar previsí- veis as receitas públicas a atribuir ao setor, manter o equilíbrio orçamen- tal, responsabilizar financeiramente os prestadores públicos e promover a equidade.

Era já possível, então, antever que o Governo não tencionava encetar um processo global de reforma do sistema de saúde e, efetivamente, as prioridades políticas anunciadas centravam-se na educação e no combate à pobreza.

O modelo defendido pelo primeiro governo do PS era, porém, marcadamente ideológico ao travar o afastamento do Estado na área da saúde, que se desenhava anteriormente, afirmando-se como prioritário o investimento no potencial do SNS.

A este respeito é frisante o desacordo do PS, em 1997, a uma proposta de alteração do artigo 64º da Constituição avançada pelo PSD, de entendimento do sistema de saúde integrando as entidades públicas e privadas e da revogação dos princípios do SNS tendencialmente gratuito e da socialização dos custos dos cuidados médicos e medicamentosos.

É, portanto, este, um modelo coincidente com o objetivo central das reformas dos sistemas de saúde fixado na Carta de Ljubljana da Região Europa da OMS de 1996 – a melhoria da saúde dos cidadãos (WHO, 1996) – e com o abandono doutrinal do princípio de "mais mercado" nos sistemas de saúde europeus.

Em 1997 é apresentado pelo Ministério da Saúde um documento marcadamente político, "Saúde, um Compromisso. A Estratégia de Saúde para o virar do Século (1998-2002)", revisto em 1999, no qual se apresenta um conjunto de princípios e objectivos para "uma nova política", de reforço da componente pública do sistema, de que se destacam três aspetos nucleares:

- a contratualização, como uma nova relação entre os contribuintes, os seus agentes financiadores de serviços e os prestadores de cuidados;
- uma nova administração pública da saúde, com a reforma da gestão de centros de saúde e de hospitais;
- a remuneração dos profissionais associada ao desempenho.

Menos convictamente do que no programa eleitoral, em matéria de abertura ao setor privado, o Governo procurava "substituir o tradicional modelo público integrado por um modelo contratual, combinando o financiamento essencialmente público com um sistema de contratos entre pagadores e prestadores que se encontrem funcionalmente separados" (Ministério da Saúde, 1999).

Neste documento apontam-se como mudanças estruturais, com decisões já tomadas, diversas intervenções, de que se destacam:

- os centros de saúde de 3ª geração. A legislação (Decreto-lei nº 157/99, de 10 de maio) atribuía personalidade jurídica, autonomia administrativa, técnica e financeira aos centros de saúde de maior dimensão e contemplava a organização por equipas em unidades tecnicamente autónomas mas interligadas. O funcionamento por pequenas equipas multidisciplinares permitiria, de acordo com o legislador, que as remunerações dos profissionais, em especial as dos médicos, pudessem tomar em consideração critérios explícitos de desempenho, aliás, já previstos no regime remuneratório experimental dos médicos de clínica geral (Decreto-lei nº 117/98, de 5 de maio), baseada numa capitação ajustada aos doentes inscritos na sua lista, ponderada por um número selecionado de fatores de desempenho. O passo seguinte, que não chegou a ser dado, seria o de abranger outros profissionais, nomeadamente os de enfermagem;

- o novo estatuto hospitalar. Um modelo diferente do tradicional, com gestão pública mas com regras privadas na gestão de recursos humanos e nas aquisições de bens e de serviços, iniciara-se em 1998 no Hospital de São Sebastião, em Santa Maria da Feira (Decreto-lei nº 151/98, de 5 de junho);
- os centros de responsabilidade integrados nos hospitais. Regulados no Decreto-lei nº 374/99, de 18 de setembro, deveriam constituir níveis de gestão intermédia, agrupando serviços homogéneos, com um órgão de gestão com poder de decisão sobre os meios necessários à realização dos objetivos, de acordo com um orçamento-programa acordado com o conselho de administração. Deveriam, ainda, adotar, a título experimental, formas de remuneração relacionadas com o volume de atividade realizada, os níveis de produtividade e a qualidade dos resultados obtidos;
- os sistemas locais de saúde. A principal finalidade desta figura prevista no Decreto-lei nº 156/99, de 10 de maio, seria a de melhorar o acesso, promover a saúde e reduzir as desigualdades, através da integração dos cuidados, com a coordenação dos recursos públicos, sociais e privados, de forma a evitar duplicações e desperdícios, minimizando a exclusão de pessoas e grupos sociais;
- as agências de contratualização. O Despacho Normativo nº 46/97, de 8 de agosto, criou as agências de acompanhamento – depois designadas como de contratualização – com a missão de explicitar as necessidades de saúde e preferências dos cidadãos e da sociedade, com vista a assegurar a melhor utilização dos recursos

públicos para a saúde e a máxima eficiência e equidade nos cuidados a prestar. Assim, as agências deveriam identificar as necessidades em saúde, propor ao conselho de administração da ARS respetiva a distribuição dos recursos financeiros pelas instituições de saúde da região e proceder à "contratualização" dos cuidados de saúde, acompanhar o desempenho das instituições relativamente à prestação dos cuidados de saúde e à utilização dos recursos financeiros e incorporar a opinião do cidadão na orientação do sistema.

Algumas destas decisões pretendiam dar corpo às recomendações previstas em dois importantes documentos publicados em 1998: os relatórios do Conselho de Reflexão sobre a Saúde (CRES) e da OCDE, que provocaram forte impacto, em especial este último por se tratar de uma avaliação severa do sistema de saúde português realizada por uma prestigiada entidade internacional. Das recomendações do relatório da OCDE, destacava-se o seguinte:

- conceder maior autonomia e responsabilidade financeira às entidades públicas;
- introduzir competição entre os hospitais públicos e reforçar a capacidade das ARS para estabelecerem contratos com os hospitais em função das suas necessidades;
- melhorar a coordenação e a integração das instituições públicas e induzir a participação das autoridades locais de saúde na fixação dos orçamentos;
- modificar o sistema de remuneração dos médicos, combinando um salário-base com um pagamento em função do desempenho, podendo as autoridades locais oferecer compensações especiais para atrair profissionais em áreas menos desenvolvidas;
- dinamizar a competição na prestação privada de cuidados de saúde e nas vendas de produtos farmacêuticos, devendo ser anuladas as tabelas de preços de referência para os atos médicos e as percentagens fixas nos preços dos medicamentos vendidos nas farmácias, permitida a venda de certos medicamentos em outros locais para além das farmácias e incentivada a venda de genéricos;
- estabelecer uma clara linha de distinção entre as esferas pública e privada, utilizando o sistema privado como um esquema *topping--up* ou permitindo a possibilidade do *opting-out* em relação ao SNS (OCDE, 1998).

Comparando as recomendações do relatório da OCDE com as decisões tomadas então pelo Governo parece poder constatar-se que não foram tomadas as medidas implicando maiores dificuldades políticas – a distinção entre as esferas pública e privada, a política do medicamento – e que as principais alterações se cingiram à tentativa de modernização da administração pública da saúde.

A dimensão e o impacto público das listas de espera levou o governo a iniciar em 1998 um "programa para a promoção do acesso", com uma dotação financeira anual própria, havendo a convicção de que a reforma dos hospitais públicos permitiria que a recuperação das listas de espera fosse internalizada pelos hospitais[67].

Este foi o primeiro e mais longo período nas políticas de saúde dos governos do Partido Socialista – de 1995 a 1999 –, no qual "o mandato do Ministério da Saúde pareceu ser o de tomar as medidas necessárias para melhorar progressivamente a situação e preparar uma "reforma da saúde" para ser implementada em condições políticas mais favoráveis (nova legislatura com eventual apoio parlamentar maioritário) [...]. No entanto, este cálculo político correspondia mal à situação efetiva do sistema de saúde, às crescentes expectativas dos cidadãos, ao grande interesse por parte da comunicação social pela área da saúde, à necessidade amplamente sentida de reformas na saúde" (OPSS, 2002).

O segundo período – de 1999 a 2001 – inicia-se com uma nova legislatura, com o mesmo primeiro-ministro, mantendo-se a ausência de apoio maioritário no Parlamento, mas com um diferente titular da pasta da Saúde – Manuela Arcanjo – que gere a saúde agora considerada com uma prioridade do Governo.

Porém, apesar do programa do XIV Governo manter a continuidade de propósitos anteriores – separação das entidades financiadoras e

---

[67] Já em 1992, a Direção-Geral dos Hospitais afirmava a necessidade de "aniquilar as listas de espera, criando níveis de atendimento compatíveis com o conforto, segurança e direitos dos nossos doentes, aumentando por esta via a acessibilidade ao sistema" e, posteriormente, o último governo do PSD aprovou o Programa Específico de Recuperação das Listas de Espera (PERLE), que permitia a utilização de unidades privadas de hospitalização. A este programa não foi dada continuidade pelo governo do Partido Socialista que iniciou funções no ano seguinte, porque entendia "...incentivar a recuperação das listas de espera nos hospitais que pretendam, eles próprios, fazê-lo" (entrevista da Ministra Maria de Belém Roseira à revista Gestão Hospitalar, nº 33, Ano XI, Dez. 96/Jan.97, pp. 16-23).

O *sistema de saúde português*

prestadoras, autonomia de gestão das unidades públicas, estímulo a regimes de trabalho a tempo inteiro e à exclusividade, introdução da concorrência dentro do setor público prestador, as expectativas criadas não se confirmaram durante o ano de 2000, pois "estabelecem-se metas desnecessariamente excessivas em aspetos de grande visibilidade, como são o financiamento da saúde e as listas de espera; tomam-se medidas de intervenção, sem qualquer quadro de referência explícito; acentua-se o clima de centralização e de diminuição da transparência informativa; consuma-se a quase completa descontinuidade nas principais medidas de reforma antes preparadas" (OPSS, 2001).

Um terceiro período, de cerca de nove meses, decorre entre julho de 2001 e março de 2002, tendo como titular da pasta da Saúde António Correia de Campos, limitado, a partir de dezembro de 2001, às funções num governo de gestão, por força da demissão do primeiro-ministro António Guterres.

Anunciando um rol aparentemente vago de intervenções – ampliar os ganhos em saúde, aumentar a confiança dos cidadãos e a autoestima dos profissionais, melhorar a qualidade da despesa, promover a modernização administrativa do Ministério da Saúde e da gestão – as suas consequências não deixaram de se sentir, em especial na área hospitalar, com o anúncio de nova concessão de gestão de um hospital público a uma entidade privada; a criação da estrutura de missão "parcerias saúde" pela resolução do Conselho de Ministros nº 162/2001, que preparava o lançamento de parcerias público-públicas e público-privadas; a resolução do Conselho de Ministros nº 41/2002 que anunciava o novo estatuto tipo de hospital, com a natureza formal de entidade pública empresarial, a ser adotado casuisticamente mediante decreto-lei; e o Decreto-lei nº 39/2002 que alterou a forma de designação dos diretores clínicos e dos enfermeiros diretores dos hospitais, pondo fim à eleição prévia introduzida em 1996, e da direção técnica dos centros de saúde; no mesmo diploma fez aplicar aos hospitais as normas de direito privado na contratação de bens e serviços.

A referência às principais inovações introduzidas neste período, de 1995 a 2001, não deve fazer esquecer, a exemplo do acontecido no período anterior, a forte descontinuidade da governação da saúde. Selecionam-se, porém, seis intervenções consideradas mais significativas:

1. o incentivo a maior produtividade e satisfação dos clínicos gerais, através de um novo regime remuneratório experimental, que tinha em consideração as condições do desempenho profissional;

142   *O Percurso da Saúde: Portugal na Europa*

2. a maior desconcentração no planeamento e controlo das unidades de saúde, através da criação das agências de contratualização, no âmbito das ARS;
3. a tentativa de clarificação das prestações pública e privada com o regime das incompatibilidades nas convenções estabelecidas pelo SNS;
4. a tentativa de contenção de custos nos medicamentos com os diplomas sobre genéricos e sobre a comparticipação nos preços e de limitação contratual com a indústria do ritmo de crescimento da factura com medicamentos;
5. a criação de um *tertium genus* na gestão hospitalar, com o novo estatuto jurídico do Hospital de São Sebastião, em Santa Maria da Feira, a que se seguiram a Unidade Local de Saúde de Matosinhos e o Hospital do Barlavento Algarvio, adotando regras privadas na gestão de recursos humanos e na contratação de bens e de serviços, mas mantendo, o Hospital, estatuto e gestão públicos;
6. a criação da estrutura de missão "Parcerias Saúde", que constituiria a base para a celebração de acordos no âmbito do setor público e com o setor privado, para o financiamento, planeamento, construção e gestão de unidades de saúde.

Identificam-se, de seguida, os principais resultados observados nesta fase: as taxas de mortalidade infantil e perinatal traduzem uma melhoria significativa a exemplo do que aconteceu com a economia e com a evolução social em Portugal. Ou seja, esta constatação de bons resultados, em simultâneo na economia e nos indicadores sociais, parece dar razão à tese de que os determinantes da saúde se devem encontrar para além do sistema de saúde, mas não o excluindo, naturalmente. O emprego, o combate à pobreza, a formação, o crescimento económico constituem motores de desenvolvimento dos níveis de saúde (Capucha, 2002).

Portugal consegue uma melhoria significativa, em todos os anos deste período, e em relação à mortalidade infantil, na comparação internacional, aproxima-se da média comunitária e, no final do período, ultrapassa os resultados da Grécia (o que já acontecia desde 1995), Países Baixos, Reino Unido, Irlanda e Luxemburgo.

Em relação à mortalidade perinatal, Portugal apresentava já em 1996 melhores resultados do que a Grécia e a Irlanda, e, em 2001, só a Finlândia e a Itália apresentam melhores valores.

O sistema de saúde português 143

Em relação à esperança de vida à nascença, Portugal apresenta sempre os piores resultados em relação aos outros países da UE.[68] No respeitante às mulheres, ao longo deste período, Portugal tem valores melhores do que a Dinamarca e do que a Irlanda (exceto em 1998).

O *World Health Repport 2000* traça um retrato mais alargado e pouco homogéneo da situação portuguesa: assim, é atribuído o 29º lugar a Portugal, em relação ao estado de saúde dos Portugueses, o 34º lugar em relação à distribuição da saúde, o 38º lugar quanto à resposta dos serviços de saúde, entre o 53º e o 57º lugares quanto à distribuição da resposta e entre o 58º e o 60º lugares no que respeita à justiça na contribuição financeira, correspondendo sempre ao pior resultado de entre os países da União Europeia.

Porém, quando o mesmo Relatório avalia o grau de eficiência do sistema, relacionando os recursos atribuídos à saúde com o nível do estado de saúde ou com a realização global dos cinco objetivos (nível global de saúde, distribuição da saúde na população, nível global de resposta, distribuição da resposta e justiça na contribuição financeira) Portugal ocupa o 13º lugar no primeiro caso e o 12º lugar na segunda situação referida (WHO, 2000).

Quanto à responsabilidade financeira, nos cinco anos em análise é possível observar um crescimento da fatia do PIB afeta à saúde, superior ao da média comunitária, em especial a partir do ano 2000. Esse crescimento faz-se sentir nos gastos públicos, em especial após 1999, enquanto os gastos privados registam um decréscimo percentual.

Da mesma forma que no período anterior, verifica-se um aumento do pessoal, mantendo, porém Portugal um dos mais baixos níveis de emprego geral na saúde, embora com uma percentagem de médicos quase coincidente com a média comunitária.

Porém, se o número de médicos em Portugal não se afasta da média europeia,[69] a distribuição destes profissionais apresenta duas condicionantes

---

[68] Em 2001, a média comunitária era de 78,4 anos e o país com melhor resultado – a Suécia – apresentava um valor de 79,9 anos, ou seja, mais três anos do que em Portugal.

[69] Estes valores devem ser lidos com cautela, atendendo às diferentes formas de organização do trabalho médico, nomeadamente no serviço de urgência, e porque a capacidade da oferta responder à procura é manifestamente insuficiente: "...não é preciso ser economista para ver que existe um claro défice na oferta. Há dois indicadores evidentes: por um lado, o crescente número de médicos espanhóis em atividade entre nós [...]; por

144 *O Percurso da Saúde: Portugal na Europa*

importantes: uma distribuição regional desequilibrada e uma deficiente distribuição por especialidades.

O número de enfermeiros também teve uma pequena evolução positiva, de cerca de 2,4% em quatro anos. A evolução proposta pelas escolas públicas para o *numerus clausus* do curso de licenciatura em Enfermagem, entre os anos letivos de 2000-2001 e 2005-2006, regista um aumento de 1 506 para 3 059 vagas, ou seja de 103%. A previsão do número de novos licenciados entre aqueles períodos será de 9 550, contando apenas com o ensino público e de cerca de 13 900, incluindo já o ensino privado. Esta situação permite ao Grupo de Missão que elaborou o Plano estratégico para a formação nas áreas da saúde afirmar que "... com este plano de formação se atingirão os níveis europeus dentro de 8 a 9 anos, ao passo que a atual situação de carência será progressivamente resolvida ao longo deste período" (Grupo de Missão criado pela Resolução do Conselho de Ministros nº 140/98, de 4 de dezembro, 2001).

A utilização dos serviços entre 1995 e 1999 cresceu mais moderadamente do que no período anterior, mas ainda com um valor muito elevado nas urgências hospitalares e dos centros de saúde.

8. As políticas de saúde dos governos da coligação PSD/PP, de 2002 a 2005

O programa eleitoral do PSD, para as eleições legislativas de 2002, era pouco inovador quanto aos grandes objetivos no setor da saúde: garantir a liberdade de escolha a cada português, garantir a articulação dos prestadores de serviços, promover a separação entre as funções de financiamento e de prestação, aumentar a prescrição de medicamentos genéricos, garantir que todos os portugueses disporiam de um médico de família, continuar o processo de empresarialização dos hospitais, criar uma Entidade Reguladora independente.

---

outro lado, as remunerações comparativamente muito elevadas que os médicos auferem em Portugal [...]. O malthusianismo profissional [...] verifica-se[...] no estrangulamento do acesso à formação académica necessária para o exercício da profissão. O caso mais escandaloso em Portugal sucedeu com o caso dos médicos, que durante quase vinte anos impediram a criação de novas escolas de medicina e forçaram um "numerus clausus" extremamente baixo no acesso às faculdades existentes" (Marques e Moreira, 2003).

A relativa indefinição ideológica do período pré-eleitoral foi ultrapassada no programa do XV Governo de coligação PSD/PP, que preconizava, com clareza, um sistema misto assente numa ideia de complementaridade entre o sector público, setor social e setor privado. Este "novo Sistema Nacional de Saúde" baseava a sua organização e funcionamento na articulação de redes de cuidados primários, de cuidados diferenciados e de cuidados continuados.

Era a consagração de uma ideia de Sistema Nacional de Saúde, "onde coexistem as iniciativas pública, social e privada e regulado por uma entidade independente e autónoma" (Pereira, 2005), sem que o Serviço Nacional de Saúde se constitua em referência preferencial.

Este diferente entendimento do sistema de saúde teve tradução na criação normativa das redes de cuidados hospitalares, primários e continuados.

O novo regime jurídico da gestão hospitalar é publicado em 2002[70], revoga o diploma de 1988[71], e procede à alteração da Lei de Bases da Saúde, no sentido de permitir duas importantes realizações: o contrato individual de trabalho como regime laboral aplicável aos profissionais que trabalham no SNS e a criação de unidades de saúde com a natureza de sociedades anónimas de capitais públicos.

O mesmo diploma elenca a natureza jurídica dos hospitais integrados na rede:

a) estabelecimentos públicos, dotados de personalidade jurídica, autonomia administrativa e financeira, com ou sem autonomia patrimonial, ou seja, os hospitais do setor público administrativo (SPA);

b) estabelecimentos públicos, dotados de personalidade jurídica, autonomia administrativa, financeira e patrimonial, ou seja, os hospitais entidades públicas empresariais (EPE);

c) sociedades anónimas de capitais exclusivamente públicos (SA);

d) hospitais do SNS geridos por outras entidades públicas ou privadas, mediante contrato de gestão ou em regime de convenção por grupos de médicos;

e) estabelecimentos privados, com os quais o SNS celebre contratos ou acordos.

---

[70] Lei nº 27/2002, de 8 de novembro.
[71] Decreto-Lei nº 19/88, de 21 de janeiro.

146 *O Percurso da Saúde: Portugal na Europa*

Em 2002 e 2003, o Governo regulamentou, em diplomas próprios, os hospitais com modelos jurídicos SA e SPA.

Assim, em 2002 foram publicados, os decretos-leis[72] que criaram trinta e um hospitais com o modelo de sociedade anónima de capital exclusivamente público.

O regime jurídico destes hospitais decorria dos diplomas próprios do setor empresarial do Estado e das sociedades anónimas, prevendo:

- a responsabilidade acionista do Estado assegurada conjuntamente pelos Ministros das Finanças e da Saúde;
- a fixação de uma dotação de capital social inicial integralmente subscrito e realizado pelo Estado;
- o estabelecimento de um teto de endividamento, que não podia ser superior a 30% do seu capital inicial;
- a sujeição dos trabalhadores do hospital às normas do regime jurídico do contrato individual de trabalho, sem prejuízo da manutenção da relação jurídica de emprego público aos trabalhadores que não optassem pelo regime de contrato individual de trabalho;
- o elenco dos órgãos sociais do hospital, composto pela assembleia geral, o conselho de administração e o fiscal único, apoiados pelo conselho consultivo e por órgãos de apoio técnico;
- a fixação de um máximo de cinco membros para o conselho de administração, do qual faziam parte, por inerência, os membros da direção técnica (diretor clínico e enfermeiro diretor), mas como membros não executivos.

Em 2003 é publicado o diploma[73] que regula o funcionamento dos hospitais do setor público administrativo. A organização interna é distinta da dos hospitais SA, compreendendo órgãos de administração, de apoio técnico, de fiscalização e de consulta, clarifica as competências do diretor de serviço e fixa a estrutura interna dos hospitais em serviços, departamentos e unidades funcionais.

Durante este período, os hospitais do SNS assumiam, pois, um de três modelos:

1. hospitais sociedades anónimas de capitais exclusivamente públicos (em número de trinta e um);

---

[72] Decretos-Leis nºs 272 a 302/2002, de 9, 10 e 11 de dezembro.
[73] Decreto-lei nº 188/2003, de 20 de agosto.

2. hospital com contrato de gestão (apenas o Hospital Fernando Fonseca, na Amadora);
3. hospitais do setor público administrativo (todos os outros).

Criada em 2003, a Unidade de Missão Hospitais SA[74] publicou resultados sobre a atividade e a despesa dos hospitais SA, que provocaram forte polémica, pelos rápidos e pouco justificados desenvolvimentos positivos da atividade destes hospitais, em comparação com os verificados nos hospitais do SPA.

Ainda em 2002 é publicado o diploma[75] que define os princípios e os instrumentos para o estabelecimento de parcerias em saúde, em regime de gestão e financiamento privados, entre o Ministério da Saúde ou outras instituições e serviços integrados no SNS e outras entidades, e que dispõe:
- as parcerias tem por objeto a associação duradoura de entidades dos setores privado e social para a realização direta de prestações de saúde no âmbito do SNS;
- o âmbito das prestações pode englobar os cuidados de saúde primários, os diferenciados e os continuados;
- as parcerias envolvem uma ou mais das atividades de conceção, construção, financiamento, conservação e exploração dos estabelecimentos integrados ou a integrar no SNS;
- os instrumentos para o estabelecimento de parcerias são, entre outros, o contrato de gestão, o contrato de prestação de serviços e o contrato de colaboração;
- o contrato de gestão não pode exceder o prazo de trinta anos.

Em 2004 estavam anunciados os concursos para a construção dos hospitais, em parceria público-privada, de Loures, Cascais e Braga, devendo seguir-se os de Vila Franca de Xira, Sintra, Guarda, Algarve, Póvoa/Vila do Conde, Vila Nova de Gaia e Évora.

O segundo setor que sofreu profundas alterações foi o dos cuidados primários, com a criação de uma rede[76] constituída pelos centros de saúde integrados no SNS, por entidades do setor privado que prestem cuidados de saúde primários a utentes do SNS e, ainda, por profissionais e agrupa-

---

[74] Resolução do Conselho de Ministros nº 15/2003, de 17 de janeiro.
[75] Decreto-lei nº 185/2002, de 20 de agosto.
[76] Decreto-lei nº 60/2003, de 1 de abril.

mentos de profissionais em regime liberal, com quem sejam celebrados contratos. Tal significa que a rede integrava:

- centros de saúde;
- unidades públicas geridas por entidades privadas mediante contratos de gestão;
- entidades privadas com quem sejam celebrados contratos;
- médicos e outros profissionais de saúde contratados pelos conselhos de administração das ARS para a prestação de cuidados de saúde primários.

Os centros de saúde, com reduzida autonomia jurídica, eram dirigidos por um diretor, preferencialmente médico, e organizavam-se em quatro unidades: cuidados médicos, apoio à comunidade e de enfermagem, saúde pública, e gestão administrativa.

Era um modelo que dispersava a prestação de cuidados de saúde primários por um conjunto diverso de entidades, públicas e privadas, singulares e coletivas, com maior ou menor diferenciação profissional, com o risco de se perderem intervenções fundamentais para a promoção da saúde.

Este diploma, para além de ter sido mal recebido pelos médicos de família[77], e outros setores da sociedade[78], só foi promulgado pelo Presidente da República com a menção, no próprio diploma, que só entraria em vigor "em simultâneo com o diploma que aprove a criação de uma entidade reguladora que enquadre a participação e atuação dos operadores privados e sociais no âmbito da prestação de serviços públicos de saúde". Em nota à comunicação social, em 28 de fevereiro de 2003, que acompanhou a notícia da promulgação do diploma, era referido que "o Presidente da República tem afirmado a necessidade da criação ou do aperfeiçoamento dos mecanismos técnicos de regulação de forma a que, sobretudo em áreas sensíveis como a saúde ou a segurança social, o recuo do Estado na prestação de serviços públicos não se faça com prejuízo dos

---

[77] Os médicos dos centros de saúde realizaram três dias de greve no final de janeiro de 2003, sempre com valores de adesão superiores a 60%, de acordo com o Ministério da Saúde.

[78] Paulo Mendo destacou-se na crítica ao modelo proposto, chegando a afirmar que se tratava do "regresso do médico da Caixa" (Jornal de Notícias, de 31 de janeiro de 2003).

O sistema de saúde português 149

direitos e das justas expectativas dos cidadãos, e não perdendo de vista as suas missões enquanto "estado-estratega" e "estado de bem estar"[79]. Finalmente, o conceito de rede aplicou-se, ainda, aos cuidados continuados de saúde[80]. Os estabelecimentos que prestariam cuidados de saúde continuados podiam revestir, em coerência com o previsto para os cuidados hospitalares e os cuidados primários, as seguintes figuras jurídicas: estabelecimentos públicos, instituições particulares de solidariedade social e estabelecimentos privados com ou sem fins lucrativos. A tipologia de serviços previa a existência de unidades de internamento, unidades de recuperação global e unidades móveis domiciliárias.

Esta rede de cuidados continuados de saúde poucos resultados apresentou, em relação à situação pré-existente, não se verificando a integração de cuidados na saúde, nem se estabelecendo pontes sólidas com as estruturas prestadoras de cuidados da responsabilidade da Segurança Social.

A política do medicamento, pelo contrário, apresentou resultados positivos no curto prazo, com a promoção dos genéricos[81] e o estabelecimento dos preços de referência[82]. Enquanto o primeiro diploma indicava que "a prescrição de medicamentos contendo substâncias ativas para as quais existem medicamentos genéricos autorizados é efetuada mediante a indicação da denominação comum internacional (DCI) ou do nome genérico...", o segundo diploma previa que os medicamentos cujos preços de venda ao público (PVP) excedam o preço de referência seriam objeto de comparticipação do Estado, tendo como base o respectivo preço de referência. Ora, este corresponde ao PVP do medicamento genérico existente no mercado que tenha o PVP mais elevado.

Estas medidas permitiram, juntamente com outras menos relevantes, o crescimento da quota de genéricos de 1,8% em 2002 para 9,7% em

---

[79] Era, pois, uma preocupação que o Presidente da República estendia a todo o campo da saúde, como atesta a entrevista que concedeu ao Diário Económico, em 25 de fevereiro do mesmo ano: "a minha principal preocupação é que o princípio da universalidade seja observado [...] e que sejam observados os mecanismos técnicos da regulação. Quero ver o que acontece nos hospitais se os responsáveis forem tentados a rejeitar o tratamento das patologias difíceis e não rentáveis. Temos, de facto, de ter instrumentos de regulação rigorosos e activos em nome do interesse público".

[80] Decreto-lei nº 281/2003, de 8 de novembro

[81] Decreto-lei nº 271/2002, de 2 de dezembro.

[82] Decreto-lei nº 270/2002, de 2 de dezembro.

150 O Percurso da Saúde: Portugal na Europa

2004 e o controlo do crescimento dos encargos do SNS com medicamentos de 6,9% em 2002 para 3,6% em 2003 (Pereira, 2005).

Dando continuidade a documentos anteriores[83], foi publicado o Plano Nacional de Saúde 2004-2010, que obteve um significativo consenso na sociedade portuguesa, pela clareza nos seus objetivos e na sua metodologia e pela participação, na sua elaboração, de dezenas de peritos nacionais.

Os resultados em saúde, traduzidos pelas taxas de mortalidade infantil e perinatal revelam uma melhoria significativa. Em relação à mortalidade infantil, na comparação internacional, Portugal ultrapassa a média comunitária em 2004, e apenas a Suécia e a Finlândia apresentam melhores resultados, e em relação à mortalidade perinatal, a situação em Portugal aproxima-se do melhor valor comunitário e claramente acima da média UE15.

Em relação à esperança de vida à nascença, Portugal apresenta sempre os piores resultados até 2004; neste ano e no seguinte, a Dinamarca é o país da UE15 com o pior valor.[84]

Nos cinco anos em análise constata-se, quanto à responsabilidade financeira, um crescimento da fatia do PIB afeta à saúde, superior à média comunitária, e com uma forte subida em 2003.

Esse crescimento faz-se sentir nos gastos públicos – mais 0,9 pp – enquanto os gastos privados registam uma pequena subida percentual.

O emprego na saúde, de 2002 a 2005, registou um pequeno crescimento nos médicos (3,3 em 2002, para 3,4 em 2005, por 1 000 habitantes) e um aumento importante nos enfermeiros (4 em 2002 para 4,6 em 2005, por 1 000 habitantes).

9. As políticas de saúde do governo PS, de 2005 a 2011[85]

Os objectivos, na área da saúde, do Programa do XVII Governo do Partido Socialista, saído da vitória com maioria absoluta nas eleições de

---

[83] "Saúde em Portugal – Uma Estratégia para o Virar do Século (1996)", "Saúde, um Compromisso. A Estratégia da Saúde para o Virar do Século (1998-2002)", "Ganhos de Saúde em Portugal. Relatório de 2001 do Director-Geral e Alto Comissário da Saúde (2002)".

[84] Em 2005, a média comunitária era de 79,4 anos e o melhor país – a Espanha – tinha uma esperança de vida à nascença de 80,7 anos.

[85] Segue-se de perto, nesta secção, o livro de António Correia de Campos *Reformas da Saúde – O Fio Condutor*. Almedina, 2008.

2005, pretendiam conciliar princípios de afirmação ideológica do Serviço Nacional de Saúde com a necessidade de introduzir medidas para o modernizar e tornar financeiramente sustentável. Assim afirmava-se a necessidade de:

- cumprir a Constituição que determina o SNS como o modelo de serviço público de saúde;
- valorizar os cuidados de saúde primários, os cuidados de primeiro contacto do cidadão com o sistema de saúde, o que focava a parte mais importante da reforma no centro de saúde e nos cuidados de saúde familiares;
- alargar o SNS aos cuidados continuados a idosos e a cidadãos com dependência e a outras áreas pouco ou nada cobertas, reforçando o atributo da generalidade;
- promover a equidade vertical nos resultados em saúde, atribuindo especial atenção a patologias mais relevantes (doenças cardio e cérebrovasculares, cancro, SIDA, diabetes, saúde mental, tóxico-dependências e doenças respiratórias), reforçando práticas de prevenção primária e secundária;
- procurar manter a tendência crescente para o financiamento público da saúde, mas admitir, sem preconceitos ideológicos, o papel complementar do setor privado prestador, regulado nas suas práticas;
- conferir prioridade aos esforços de modernização da administração da saúde na luta contra a ineficiência, o desperdício e a fraude;
- afirmar a independência e o sentido de serviço público através do reforço das condições de governabilidade do setor, prevenindo conflitos de interesse, exigindo cumprimento dos deveres básicos associados ao desempenho como a assiduidade e a pontualidade.

Uma das questões centrais advinha da constatação de que, nos últimos dez anos do século XX, a despesa em saúde aumentara, em termos reais, a um ritmo médio anual de 5,3%. No mesmo período, o crescimento médio anual da economia portuguesa fora de 2,4%. A despesa em saúde crescera, pois, em termos reais, cerca de três pontos percentuais acima da economia.

Constatava-se, também que, ao longo de muitos anos, a despesa pública em saúde não fora decidida de forma voluntária, racional, baseada em prioridades comummente sufragadas. Pelo contrário, ela fora arrastada por forças internas e externas do sistema, colocando os decisores perante atos consumados (Campos e Ramos, 2005).

O processo de tomada de decisão política nacional seria insuficientemente planeado, e mostrava ser errático, incompleto, talvez mesmo incoerente. A evolução do crescimento da despesa dependia mais de fatores exógenos (regime remuneratório e garantias de carreira da função pública, tecnologias, *marketing* de consumíveis, serviços adquiridos ao exterior, ritmos de formação de especialistas, pressão de autarquias em matéria de investimento), do que de fatores endógenos, como seria o volume e orientação do investimento público no setor, corretamente planeados. A margem de liberdade decisória em relação aos grandes agregados de despesa, era praticamente nula, na saúde. Não havendo preparação da decisão política sobre o gasto público do setor, baseada em objetivos, metas, programas e resultados esperados, em Portugal, durante muitos anos, a política da saúde foi arrastada pela despesa, muitas vezes decidida fora do "locus" governamental.

E os exemplos não faltavam.

Em primeiro lugar, a prescrição em excesso de medicamentos e meios de diagnóstico por força de um agressivo *marketing* farmacêutico e por falta de informação própria e dos doentes.

Em segundo lugar, o *numerus clausus* dos prestadores de meios complementares de diagnóstico e terapêutica, no âmbito das convenções do SNS com privados, não permitiu a concorrência de novos operadores que trouxessem inovação e mais eficiência. A existência de tabelas fixas para todo o território, qualquer que fosse a dimensão do operador, beneficiou os grandes prestadores que podiam facilmente recorrer a tecnologia que gere economias de escala e incentivou a concentração de operadores, muitos dos quais passaram a ser empresas multinacionais.

Em terceiro lugar, nos cuidados de saúde primários, os regimes de trabalho dos médicos de família não os incentivavam a práticas eficientes; pelo contrário, induziam-nos a recorrerem desnecessariamente a horários extraordinários, para atender utentes que poderiam ser atendidos no horário normal. A criação de um mau sucedâneo do correto conceito de medicina familiar levou à proliferação, muitas vezes redundante e desnecessária, de serviços de atendimento permanente (SAP), de baixa resolutividade e escassa procura noturna, com enorme despesa em trabalho extraordinário. Foi assim que o País se encontrou a braços com uma rede de supostos cuidados de urgência sem correspondência com as reais necessidades, tanto em dimensão, como sobretudo em qualidade.

Em quarto lugar, as despesas com pessoal foram crescendo sempre a ritmo superior ao do crescimento da economia: entre 1998 e 2002 o seu crescimento médio anual, a preços constantes, foi de 5,7%.

Parte desse crescimento deveu-se ao aumento de efetivos do SNS. Mas nem sempre os acréscimos de efetivos eram apenas determinados por necessidades reais de alargamento dos serviços e aumento da sua produção. Nas principais categorias, os acréscimos de pessoal correspondiam, quase sempre, a uma preocupação implícita de garantir emprego a todos os novos diplomados, na assunção acrítica de que continuava a escassear pessoal em todas as profissões, em todos os serviços e em todas as regiões. Uma parte considerável desses acréscimos deveu-se a pagamentos extra-salariais, sob a forma de horas extraordinárias, horários prolongados, serviços noturnos ou mesmo simples majoração das regras de cálculo do trabalho extraordinário.

Em quinto lugar, no setor hospitalar as situações de ineficiência eram reconhecidas, desde logo pela atomização dos estabelecimentos. Cada hospital, grande ou pequeno tinha um conselho de administração e uma estrutura funcional independente dos restantes. A intervenção política concentrara-se em dotar os hospitais de modelos jurídicos (hospitais sociedades anónimas de capitais exclusivamente públicos, hospitais entidades públicas empresarias, hospitais do setor público administrativo), descurando a sua organização interna com modelos de governação que permitisse perseguir consequentemente objetivos de eficiência.

Em sexto lugar, a força dos *lobbies* organizados no setor do transporte de doentes criara um foco de irracionalidade difícil de combater, gerando graves implicações financeiras. Em estudo elaborado em 2006 sobre o setor de transporte terrestre de doentes, a Entidade Reguladora da Saúde estimava que o total da despesa nacional em transporte de doentes, em 2005, terá rondado os 135 milhões de euros, dos quais 73% foram suportados pelo SNS. Mas não existia, na prática, uma fiscalização eficaz no transporte de doentes (Entidade Reguladora da Saúde, 2006).

Em sétimo lugar, a construção de novos hospitais e a ampliação dos já existentes havia perdido a racionalidade do planeamento cuidadoso da primeira vaga dos hospitais distritais nos anos setenta e oitenta do século passado. O dimensionamento não tinha em conta as mudanças demográficas e tecnológicas entretanto observadas, continuando a incluir maternidades por mera rotina, mesmo quando o número de partos já não o justificava, dedicando uma dimensão excessiva aos casos pediátricos de doentes acima de um ano, cujo perfil epidemiológico há muito havia mudado, ignorava quase por completo a revolução organizativa da cirurgia ambulatória, tendia a não considerar os problemas da infeção hospitalar e sobretudo omitia qualquer tipo de cuidados continuados, nomeadamente os paliativos.

O Percurso da Saúde: Portugal na Europa

Em síntese, o programa do XVII Governo descrevia a situação desta forma:

"A maior parte do sistema de saúde é de modelo público, o Serviço Nacional de Saúde (SNS). Tem o crédito extraordinário de, em trinta anos, ter conseguido harmonizar resultados em saúde entre Portugueses e restantes Europeus. Todavia, o SNS tornou-se pesado, pouco ágil, desarticulado, relutante em acolher a inovação, presa fácil de interesses particulares, gastador sem controlo útil. O SNS tem que ser reforçado na sua competência estratégica e para isso tem que ser modernizado, centrado em prioridades".

Os três objetivos centrais do programa do Governo traduziam-se na criação das Unidades de Saúde Familiar, a criação da Rede de Cuidados Continuados Integrados e assegurar boas contas no SNS.

Quanto ao primeiro objetivo, a Unidade de Saúde Familiar (USF) teria por missão e responsabilidade manter e melhorar o estado de saúde das pessoas por ela abrangidas, através da prestação de cuidados de saúde gerais, de forma personalizada, com boa acessibilidade e continuidade, abrangendo os contextos sócio-familiares dos utentes.

A USF obedecia aos seguintes princípios:

- pequenas equipas multiprofissionais e auto-organizadas;
- autonomia organizativa funcional e técnica;
- contratualização de uma carteira básica de serviços;
- sistema retributivo que premiasse a produtividade, acessibilidade e qualidade.

O modelo remunera os médicos e enfermeiros em função da capitação e por alguns atos específicos, o que permite que se possam rapidamente mudar as prioridades na saúde pública. Recompensa melhor os profissionais que mantiverem a população com melhores níveis de saúde, porque não retribui apenas segundo o número de consultas, mas premeia a satisfação das pessoas, que tenderão a querer estar inscritas onde se sintam melhor. Significa que tudo aquilo que esteja associado à produtividade dos médicos, como a atividade que desenvolvam além do horário normal de 35 horas semanais, o número de doentes que atendam sobre a sua própria lista, a quantidade de grávidas e doentes crónicos que sigam, entre outras variáveis, corresponderão a valores integrados na remuneração regular de cada médico.

O sistema de saúde português 155

Outra alteração importante na organização dos cuidados primários de saúde traduziu-se na criação dos agrupamentos de centros de saúde (ACES) visando criar uma nova autonomia gestionária assente num modelo de contratualização promovido pelas administrações regionais de saúde.

Quanto ao segundo objetivo central do programa do Governo, em 2006 é aprovado o diploma que criou a Rede Nacional de Cuidados Continuados de Saúde a Idosos e Dependentes (RNCCI)[86].

Procurava-se encontrar uma resposta ao grave problema de milhares de idosos doentes, já sem condições de tratamento em hospitais de agudos e ainda sem poderem ser acolhidos na família ou na comunidade, e que constituía uma lacuna do Serviço Nacional de Saúde.

A rede consubstancia uma lógica de continuidade de cuidados e de promoção da autonomia, em desfavor de outras lógicas que assentam na pressão para a libertação de camas nos hospitais de agudos e consequente contratação de outras, quase sempre indiferenciadas, nomeadamente camas ditas de "retaguarda". A rede evitaria o internamento, na mesma unidade, de cidadãos com situações clínicas muito distintas, obrigando à co-habitação e tratamento indiferenciado, no mesmo espaço físico, de doentes com patologias de grande dependência com os que têm ainda um razoável grau de autonomia ou que a perderam transitoriamente.

As respostas de cuidados continuados ou de longa duração para os idosos e cidadãos em situação de dependência, assentam:

- em primeiro lugar, na intersectorialidade: saúde e apoio social;
- em segundo lugar, na multidisciplinariedade, com grande envolvimento de profissionais de variadas especialidades;
- em terceiro lugar, nas alianças com outros parceiros, especialmente com os tradicionais: as instituições privadas de solidariedade social (IPSS), as misericórdias, as ordens religiosas.

A rede de cuidados continuados cruza todo o sistema público de saúde, sendo articulada, de modo intersectorial, com o setor social como parceiro de excelência. O modelo assenta em distintas tipologias de respostas, a utilizar consoante a fase da própria evolução da dependência. Compreende cuidados de natureza preventiva, recuperadora e paliativa, e constitui um novo nível intermédio de cuidados de saúde e de apoio

---

[86] Decreto-Lei nº 101/2006, de 6 de junho.

social, entre o internamento hospitalar e os cuidados de base comunitária. Ao nível hospitalar, são parte do novo modelo:

- as equipas de gestão de altas – equipas hospitalares multidisciplinares para a preparação e gestão das altas hospitalares dos doentes que requerem seguimento dos seus problemas de saúde e sociais, quer no domicílio quer em articulação com as unidades de internamento da rede;
- unidades de aconselhamento e internamento de cuidados paliativos dentro do hospital para acompanhamento, tratamento e supervisão clínica de doentes em situação clínica complexa e de sofrimento decorrente de doença severa e ou avançada, incurável e progressiva.

Apesar de ter por objetivo, sempre que possível, a manutenção do doente no seu domicílio, o modelo define três linhas de internamento distintas para darem resposta às diferentes necessidades:

- unidades de convalescença, independentes ou integradas num hospital de agudos. Têm como objetivo o tratamento e supervisão clínicas e de enfermagem de forma continuada e intensiva, bem como de cuidados de reabilitação, na sequência do internamento hospitalar. A duração prevista de internamento não deverá exceder os 30 dias;
- unidades de média duração e reabilitação que se destinam à reabilitação e ao apoio social por situação clínica decorrente de recuperação de um processo agudo ou descompensação de processo patológico crónico a pessoas com perda transitória de autonomia potencialmente recuperável. Estão previstas para internamentos com duração entre 30 e 90 dias;
- unidades de longa duração que prestam apoio social e cuidados de manutenção a pessoas com doença crónica, em diferentes níveis de dependência e que não reúnam condições para serem cuidadas no domicílio. Estão concebidas para períodos de internamento superior a 90 dias.

O terceiro objetivo central do programa do Governo consistia em assegurar boas contas no SNS.

As medidas de consolidação orçamental concentraram-se em dois capítulos da despesa que representam mais de um terço do respetivo gasto público: os medicamentos, tanto os vendidos nas farmácias, como os dispensados em hospitais e as convenções com meios complementares de diagnóstico e terapêutica celebradas entre o SNS e prestadores privados.

Na política de comparticipação em medicamentos, o Programa de Estabilidade e Crescimento (PEC) de 2005 previa a redução em 6% do preço de venda a público, distribuída em 50% a cargo do produtor, 20% a cargo do distribuidor e 30% a cargo da farmácia, a redução em 5% do escalão máximo de comparticipação (de 100 para 95%, mantendo em cobertura integral os medicamentos de sustentação de vida e os indispensáveis ao controlo de doença crónica) e a eliminação da majoração de 10% sobre os medicamentos genéricos, com o objetivo de incentivar a respetiva baixa de preços.

Nas convenções celebradas pelo SNS para meios de diagnóstico e terapêutica foram revistos os preços em vigor para algumas áreas convencionadas e reduzidos em cerca de 4%, com efeitos a partir de 1 de novembro de 2005.

O Orçamento de Estado para 2006, na parte relativa ao SNS, manteve-se nos mesmos valores de 2005 (final), ou seja, a dotação subiu 3,7 milhões, dos 7.634.0, de 2005, para 7.637.7, em 2006.

A Lei Orçamental para 2007 incluiu também um articulado desenvolvido do conjunto de medidas de contenção de gastos em medicamentos e serviços prestados ao SNS em regime de convenção: nova redução de 6% no preço de venda a público dos medicamentos comparticipados; criação de novas taxas moderadoras de 5 euros por dia no internamento até dez dias e de 10 euros na cirurgia de ambulatório, mantendo-se todas as isenções anteriores; fixação em 0% do crescimento em 2007 sobre a despesa com convenções verificada em 2006, adotando-se mecanismos de variação de preços em relação inversamente proporcional ao crescimento da quantidade; redução dos escalões de comparticipação do SNS no preço dos medicamentos comparticipados, de um ponto percentual na anterior comparticipação de 70%, de três pontos na anterior comparticipação de 40% e de cinco pontos na anterior comparticipação de 25%; finalmente, fixação de preço máximo de menos 6% dos preços praticados em 2006, nos produtos farmacêuticos e bens de consumo clínico, a adquirir pelos hospitais do SNS, medidas válidas para todos os procedimentos concursais.

A dotação orçamental final do SNS para 2005 permaneceu imutável de 2005 a 2007, só vindo a crescer em 225 milhões para o ano de 2008.

O Governo estabeleceu, ainda, a perda da exclusividade da propriedade das farmácias pelos farmacêuticos, visando a melhoria de acessibilidade e a promoção de um ambiente mais competitivo.

Outras mudanças ocorreram na saúde oral: o Programa Nacional de Promoção da Saúde Oral assenta na execução de um conjunto de actividades de promoção, prevenção e tratamento das doenças orais, realizadas através da contratualização simplificada destes serviços, com a emissão nos centros de saúde de cheques dentista pagos pelo SNS com consultas realizadas por médicos dentistas e estomatologistas, em regime liberal, que tenham aderido ao Projeto. No que respeita às mulheres grávidas, foi definido que o valor máximo contratualizado para as consultas e tratamentos seria de 120 €, distribuídos em três cheques dentista. Quanto aos idosos, o valor máximo das consultas e tratamentos contratualizados para os idosos beneficiários do complemento solidário é de 80€ distribuídos em dois cheques dentista por ano.

10. Conclusão

A reforma de 1971 marcou as opções doutrinárias no sistema de saúde para as décadas seguintes e a ausência de ruturas significativas depois da Revolução de 1974 ter-se-á devido ao reforço, em 1971, da intervenção do Estado nas políticas de saúde, à orientação desse novo papel do Estado no sentido de conferir prioridade à promoção da saúde e à prevenção da doença e, ainda, à particularidade de muitos dos principais obreiros desta política terem mantido o desempenho de funções relevantes depois de 1974. O facto de estas soluções, surgidas em 1971, assentarem em pressupostos políticos e técnicos avançados para a sua época e distantes da prática política do regime autoritário anterior explica, em parte, a ausência de visível rutura no desenvolvimento do sistema a seguir à Revolução de 1974. O consenso foi conseguido, também, pela conjugação de resultados e de interesses. Resultados positivos na cobertura de cuidados às populações, na modernização e na qualidade dos meios, e menos positivos na gratuitidade anunciada pela Constituição de 1976, que o SNS nunca alcançou, bem como na eficiência, que a evidência progressivamente demonstrou como deficitária. Interesses dos fornecedores de bens e serviços mas, em especial, das profissões, que vieram a assumir um papel de crescente importância.

Portugal aproximou-se das médias comunitárias em importantes indicadores de saúde, resultado do processo de desenvolvimento económico e social do País, mas também da eficácia do sistema de saúde; a densidade total do pessoal de saúde aumentou, embora com desequilíbrios; os gastos totais em saúde cresceram consideravelmente e as famílias gastaram mais do que seria esperado atendendo ao rendimento *per capita* dos Portugueses. O SNS, ao longo do tempo, viu crescer os seus custos para além do que em cada ano económico estava inicialmente previsto, dando lugar ao avolumar das suas dívidas; viu agravadas, ou mais bem conhecidas, as suas ineficiências e a falta de qualidade, traduzidas em longas listas de espera para cirurgias e consultas de algumas especialidades.

Porém, o SNS nunca esteve em sério risco de desaparecer, embora tenha sido a Constituição da República a impor, no início da década de oitenta, limites aos projetos de mudança substantiva do SNS através da lei ordinária. Houve, no seu percurso, alterações de princípios importantes mas não constitucionais, mas os consensos foram-se construindo nos *fora* de economistas da saúde, gestores e políticos de saúde, no sentido da manutenção do SNS como mecanismo de proteção social na saúde, carecido, porém, de reformas que o tornassem mais eficiente, mais equitativo e mais controlado nos gastos.

O sistema de saúde português caracterizou-se, pois, por caminhar, ao longo das últimas três décadas, num percurso sem significativas descontinuidades ideológicas, apesar da existência de naturais oscilações políticas e de governos de diferentes partidos. Assistiu-se, aliás, a um curioso transvase ideológico: num primeiro momento, os setores mais à direita do espetro político acabaram por aceitar o modelo do SNS e, num segundo momento, os setores mais à esquerda acabaram por aceitar modelos ou soluções de privatização, ainda que parcial, do mesmo SNS.

CAPÍTULO 5

Temas das políticas de saúde[87]

1. Os limites constitucionais

O direito à proteção da saúde apenas teve consagração constitucional expressa no nosso ordenamento jurídico na Constituição da República Portuguesa (CRP) de 1976[88].

O legislador constituinte veio estabelecer que todos têm direito à proteção da saúde e o dever de a defender e promover e que o direito à proteção da saúde seria realizado, desde logo, através de um "serviço nacional de saúde universal e geral e, tendo em conta as condições económicas e sociais dos cidadãos, tendencialmente gratuito[89]."

---

[87] Este capítulo foi escrito com a colaboração de Ana Sofia Silva, César Carneiro, José Pedro Liberal, Marta Temido e Nuno Marques. Naturalmente, todos os erros e omissões são da responsabilidade dos autores do livro.

[88] Aparece consagrado no art. 64º que faz parte integrante do Título III da CRP, sob a epígrafe "direitos e deveres económicos sociais e culturais", estando incluído no seu capítulo II ("dos direitos e deveres sociais"), em parceria com outros direitos sociais, como o direito à segurança social (art. 63º da CRP), o direito à habitação (art. 65º da CRP), o direito à proteção da família (art. 67º da CRP), o direito dos pais e mães à proteção da sociedade e do Estado na paternidade e maternidade (art. 68º da CRP), direito das crianças a uma proteção especial da parte da sociedade e do Estado (art. 69º da CRP), o direito dos jovens a uma proteção especial para a efetivação dos direitos económicos, sociais e culturais (art. 70º da CRP), os direitos dos cidadãos portadores de deficiência (art. 71º da CRP) e o direito especial de proteção das pessoas idosas (art. 72º da CRP).

[89] A Constituição de 1976 caracterizava o Serviço Nacional de Saúde como «universal, geral e gratuito». Esta norma foi alterada na segunda revisão constitucional (1989) introduzindo a expressão "serviço nacional de saúde universal e geral e, tendo em conta as condições económicas e sociais dos cidadãos, tendencialmente gratuito."

O legislador constituinte não se limitou a consagrar um direito à proteção da saúde, tendo igualmente indicado ao legislador ordinário o caminho que deveria ser seguido para a sua realização efetiva. Nesse sentido, teria de ser criado um serviço nacional de saúde com as características referidas, mas também deveriam ser criadas as "condições económicas, sociais, culturais e ambientais que garantam, designadamente, a proteção da infância, da juventude e da velhice, e pela melhoria sistemática das condições de vida e de trabalho, bem como pela promoção da cultura física e desportiva, escolar e popular, e ainda pelo desenvolvimento da educação sanitária do povo e de práticas de vida saudável" (art. 64° n° 2 al. b) da CRP).

Por último, a Constituição não se limita a impor que a proteção da saúde seja realizada através de um serviço nacional de saúde, acrescentando no seu n° 4 que esse serviço deve ter gestão descentralizada e participada[90].

O Tribunal Constitucional (TC) apreciou o pedido de declaração da inconstitucionalidade do artigo 17° do Decreto-Lei n° 254/82, de 29 de junho, pelo qual se revogava grande parte da Lei n° 56/79, de 15 de setembro (Lei que criou o Serviço Nacional de Saúde)[91], e foi chamado

---

[90] Este preceito não existia na versão originária da Constituição, tendo sido introduzido, pela Revisão Constitucional de 1982.

[91] No Acórdão n° 39/84, o TC explica a questão da revogação de grande parte da Lei n° 56/79 da seguinte forma: "É, pois, desta forma ultradiscreta – dir-se-ia que através de uma disposição mais ou menos «clandestina» e a despropósito (é de referir que o, aliás longo, preâmbulo do decreto-lei nem sequer menciona tal revogação) – que a lei do Serviço Nacional de Saúde, aprovada pela Assembleia da República ao fim de intenso debate (dentro e fora dela), se vê amputada da maior parte (e, também, da parte principal) do seu conteúdo legislativo.

Qual é o efeito da revogação desses artigos sobre a lei do Serviço Nacional de Saúde? É fácil verificar que foi revogada toda a parte institucional e organizatória da lei, a qual ficou reduzida a um pequeno conjunto de princípios materiais orientadores da política de saúde e dos serviços de saúde em geral, mas não do Serviço Nacional de Saúde, pois esse deixou de existir. Uma leitura da Lei n° 56/79 que se limite aos artigos que não foram revogados mostra imediatamente que o Serviço Nacional de Saúde, enquanto tal, foi efetivamente revogado e que, das disposições subsistentes, algumas (como as dos artigos 1°, 2° e 3°, n° 2) deixaram de ter qualquer conteúdo e as restantes apenas continuam a valer como normas aplicáveis aos serviços públicos de saúde em sentido genérico ou às prestações públicas de saúde em geral, mas não a uma realidade caracterizada como era o Serviço Nacional de Saúde. A instituição Serviço Nacional de Saúde,

a responder a dois problemas concretos: se podia o Governo alterar ou revogar a Lei nº 56/79 e se podia o Serviço Nacional de Saúde, criado pela Lei nº 56/79, ser pura e simplesmente extinto.

Depois de qualificar o direito à saúde, a exemplo da generalidade dos direitos sociais, como consistindo fundamentalmente num direito dos cidadãos a determinadas ações ou prestações estaduais, com a contrapartida da obrigação do Estado em praticá-las ou prestá-las, o TC assentou que "a Constituição da República Portuguesa não se bastou com estabelecer o direito à saúde. Avançou no sentido de enunciar um conjunto de tarefas estaduais destinadas a realizá-lo. À frente delas a lei fundamental colocou a «criação de um serviço nacional de saúde*" (artigo 64º, nº 2).

O TC assenta este pressuposto igualmente no cotejo que fez entre a redação do nº 2 do art. 64º da CRP e aquelas de outros direitos sociais, para concluir que a CRP "não se bastou com a consagração genérica do direito à saúde, antes impôs a criação de um serviço próprio, de uma estrutura específica, que, assim, se torna em condição imprescindível e garantia necessária do direito à saúde." E daqui extrai a sua apreciação de que "ao extinguir o Serviço Nacional de Saúde, o Governo coloca o Estado, de novo, na situação de incumprimento da tarefa constitucional que lhe é cometida pelo artigo 64º, nº 2, da Constituição da República Portuguesa", considerando, ainda, que quando "o Estado não dê a devida realização às tarefas constitucionais, concretas e determinadas, que lhe estão cometidas, isso só poderá ser objeto de censura constitucional, em sede de inconstitucionalidade por omissão. Mas, quando desfaz o que já havia sido realizado para cumprir essa tarefa, e com isso atinge uma garantia de um direito fundamental, então a censura constitucional já se coloca no plano da própria inconstitucionalidade por ação".

Ou seja, o TC considera que "a partir do momento em que o Estado cumpre (total ou parcialmente) as tarefas constitucionalmente impostas para realizar um direito social, o respeito constitucional deixa de consistir (ou deixa de consistir apenas) numa obrigação, positiva, para se transformar (ou passar também a ser) uma obrigação negativa. O Estado, que estava obrigado a atuar para dar satisfação ao direito social, passa a estar obrigado a abster-se de atentar contra a realização dada ao direito social",

---

essa, foi extinta. Sintomaticamente, o Orçamento Geral do Estado, que incluía uma rubrica especial no orçamento das despesas do ministério competente dedicado ao Serviço Nacional de Saúde, deixou de a mencionar a partir de 1983."

164   *O Percurso da Saúde: Portugal na Europa*

assentando este seu entendimento numa conceção da teoria constitucional que considera que quando seja escasso o elenco constitucional de direitos sociais eles têm de ser extraídos de cláusulas gerais, como a cláusula do "Estado Social".

No seguimento do previsto na Lei nº 56/79, o Governo aprovou o Decreto-lei nº 57/86, de 20 de março, que regulamentou as condições de exercício do direito de acesso aos cuidados de saúde. Nesse diploma eram fixadas taxas moderadoras no acesso aos cuidados de saúde, as quais tinham como principal objetivo racionalizar a procura de cuidados de saúde, procurando evitar a sua utilização para além do razoável. Previa ainda o estabelecimento de isenções genéricas de pagamento dessas taxas relativamente a determinadas categorias de utentes, as quais foram estabelecidas, tal como o valor das taxas, através da Portaria nº 344-A/86.

Em face da aprovação e publicação do Decreto-lei nº 57/86, o Provedor de Justiça requereu ao TC a apreciação e declaração da inconstitucionalidade material desse diploma, por violação do princípio da gratuitidade do SNS previsto no artigo 64º, nº 2 da CRP.

O TC começou por analisar o conceito de gratuitidade do SNS e verificar se o mesmo seria ou não compatível com a fixação de taxas moderadoras, tendo recorrido a uma "aceção normativa" do conceito de gratuitidade, afastando ou rejeitando o seu conceito objetivo ou etimológico, segundo o qual um serviço gratuito será aquele que para ser obtido, não tem que se pagar qualquer preço[92]. Segundo essa aceção normativa, o conceito de gratuitidade seria compatível com a fixação de uma prestação financeira a pagar pelos utentes e destinada à moderação do consumo de cuidados de saúde. Assim sendo, se os valores cobrados correspondessem à transferência para o utente de parte ou da totalidade do "preço" do custo da prestação de cuidados de saúde, e por muito baixo que fosse o seu valor, a prestação nunca seria gratuita e portanto seria inconstitucional. Se, pelo contrário, a intenção fosse a de dissuadir os utentes à utilização abusiva dos serviços de saúde, mediante a cobrança de uma

---

[92] A favor do conceito objetivo de gratuitidade e, como tal discordando da constitucionalidade das taxas moderadoras face ao texto constitucional anterior à Revisão Constitucional de 1989, *vd.* votos de vencido no Acórdão nº 330/89, de 11 de abril, dos Conselheiros Mário de Brito, Martins da Fonseca e Vital Moreira e, ainda, Jorge Reis Novais, em "Os limites constitucionais à alteração do modelo de financiamento do Serviço Nacional de Saúde", em Simões, J., Pedro Barros e João Pereira (Coord.), 2008.

quantia razoável, a prestação continuava a ser gratuita e, portanto, constitucionalmente admissível.

O que resultava desta interpretação do artigo 64º nº 2 da CRP, feita pelo Tribunal Constitucional, era a de que o legislador ordinário dispunha de alguma liberdade constitutiva na concretização do direito à proteção da saúde, nomeadamente em relação à imposição constitucional de criação de um SNS gratuito, podendo deste modo estabelecer taxas moderadoras no acesso ao SNS, desde que as mesmas, por um lado não correspondessem ao pagamento, ainda que parcial, dos serviços prestados aos cidadãos e, por outro lado, cumprissem o seu objetivo de racionalizar ou moderar o uso dos serviços públicos de saúde, mas sem que isso pudesse significar o impedimento ou restrição do direito de acesso àquelas pessoas que, em virtude das suas condições económicas, não pudessem suportar essas taxas.

Para ultrapassar estas fragilidades, a Lei Constitucional nº 1/89 alterou a redação do artigo 64º nº 2 da CRP, passando a prever na sua al. a), que a realização do direito à proteção da saúde é feita "através de um serviço nacional de saúde universal, geral e, tendo em conta as condições económicas e sociais dos cidadãos, tendencialmente gratuito".

Na sequência da aprovação da Lei de Bases da Saúde (Lei nº 48/90, de 24 de agosto), na qual incluiu, na base XXIV, al. c), entre as características essenciais do SNS, o ser tendencialmente gratuito para os utentes, tendo em conta as condições económicas e sociais dos cidadãos, o TC foi mais uma vez chamado a pronunciar-se sobre o cumprimento, pelo legislador ordinário, das imposições constitucionais relativas às características do Serviço Nacional de Saúde.

Em face da clarificação resultante da alteração ao preceito constitucional, que deixou de impor a gratuidade do SNS, em favor de uma gratuidade tendencial, o legislador estabeleceu, na Base XXXIV, nº 1 da LBS, a possibilidade de, "com o objetivo de completar as medidas reguladoras do uso dos serviços de saúde", poderem ser cobradas taxas moderadoras, as quais constituiriam "receita do Serviço Nacional de Saúde". No decurso da apreciação do diploma, o TC teve oportunidade de interpretar o conceito e o sentido em que foi empregue a expressão "tendencialmente gratuito" pelo legislador da revisão constitucional.

A expressão "tendencialmente gratuito" não é entendida pelo Tribunal Constitucional, neste Acórdão nº 731/95, como tendo invertido o princípio da gratuidade, mas antes como estabelecendo a possibilidade de existirem exceções àquele princípio, nomeadamente quando o objetivo seja o de racionalizar a procura de cuidados de saúde (*in casu* através da aplicação de taxas moderadoras). Como refere o Tribunal, a introdução da expressão "tendencialmente gratuito" teve "o efeito de «flexibilizar» a fórmula constitucional anterior (a da gratuitidade *tout court*), atribuindo, assim, ao legislador ordinário uma maior discricionariedade na definição dos contornos da gratuitidade do Serviço Nacional de Saúde".

Mas na realidade, o TC veio, mais uma vez, reiterar que "o Serviço Nacional de Saúde, cuja criação a Constituição determina, não é apenas um conjunto de prestações e uma estrutura organizatória; não é apenas um conjunto mais ou menos avulso de serviços (hospitais, etc.) –, é um serviço em sentido próprio. É, por isso, uma estrutura *a se*, um complexo de serviços, articulado e integrado". Embora da alínea a) do nº 2 do artigo 64º da Constituição não se possa retirar um modelo único de organização do Serviço Nacional de Saúde, cuja criação aí se prescreve (cfr. o Acórdão nº 330/89), certo é que a «liberdade» deferida ao legislador para a sua conformação sofre dos limites estabelecidos nesse mesmo preceito e que são a universalidade do Serviço Nacional de Saúde, a sua generalidade e a sua gratuitidade tendencial, tendo em conta as condições económicas e sociais dos cidadãos.

Ou seja, e apesar de o TC ter reconhecido o direito à proteção da saúde como um direito social, a verdade é que, pela terceira vez, impôs limites claros, concretos e rígidos quanto à liberdade de conformação, pelo legislador ordinário, do direito à proteção da saúde.

Esta última jurisprudência não tem deixado, porém, de ser criticada. Efetivamente, pode defender-se, como faz Jorge Reis Novais[93], que "o Tribunal Constitucional mantém, afinal, inalterada a anterior jurisprudência, como se a revisão constitucional de 1989 não introduzisse qualquer alteração de fundo, e que com a revisão constitucional de 1989 muda verdadeiramente a natureza da norma constitucional de garantia do SNS, o art. 64º, nº 2, alínea a). Onde antes tínhamos uma regra, a regra da gratuitidade, temos agora um princípio, o princípio da tendencial gratuitidade. Não há apenas, como afirmava o Tribunal Constitucional, uma maior flexibilidade – que, de facto, também existe –, mas uma alteração qualitativa decorrente da transformação da estrutura da norma constitucional."

---

[93] Jorge Reis Novais, em "Os limites constitucionais à alteração do modelo de financiamento do Serviço Nacional de Saúde", em Simões, J., Pedro Barros e João Pereira (Coord.), 2008.

2. O público e o privado em saúde

Despesa pública e despesa privada

A despesa total em saúde tem apresentado uma tendência claramente crescente desde os anos setenta do século passado. Entre 1970 e 2008, a despesa total cresceu a uma taxa anual média da ordem dos 7%. Esta dinâmica de crescimento da despesa total foi acompanhada de perto pela despesa *per capita*, que cresceu a uma taxa anual de 6,43%.

Quando se compara esta dinâmica de crescimento da despesa em saúde com um crescimento mais modesto do produto (cerca de 3,08% ao ano) neste mesmo período, é possível observar o aumento da importância desta despesa no consumo total de recursos na economia. Com efeito, o peso das despesas em saúde no PIB passou de 2,4% em 1970 para 10,1% em 2008, bastante acima da média da OCDE (8,8%).

Verifica-se, também, uma tendência de aumento do setor público para o total da despesa em saúde, em termos de financiamento (de 59% em 1970 para 65,1% em 2008).

A despesa corrente na saúde é aplicada em bens e serviços prestados em hospitais – 37,5% – e na prestação de cuidados de saúde em ambulatório (onde se incluem os centros de saúde do SNS e os consultórios médicos privados) – 31,5%. A venda a retalho e outros fornecedores de artigos médicos (onde as vendas nas farmácias são o principal elemento) representam perto de 26% da despesa corrente em saúde.

Em termos de financiamento, as administrações públicas suportavam, em 2008, 65,6% da despesa corrente na saúde, sendo os restantes 34,4% financiados pelo setor privado. Dentro das administrações públicas, assume maior relevo o SNS, representando 51,1% da despesa corrente em saúde. No sector privado são os pagamentos diretos efetuados pelas famílias que representam a maior parcela das despesas (28,7% do total da despesa, ou 83,4% da despesa privada, em 2008) (quadro 1).

Quadro 1
Despesa corrente na saúde por fonte de financiamento, em Portugal, em 2008 a preços correntes

Fontes de financiamento	Milhares de euros	Percentagem
Administrações públicas	10.728.398	65,6%
• SNS	8.351.802	51,1%
• Subsistemas de saúde públicos	1.167.410	7,1%
• Outras Unidades da Administração Pública (excepto Fundos de Segurança Social)	1.001.345	6,1%
• Fundos de segurança social	207.841	1,3%
Sector Privado	5.631.254	34,4%
• Subsistemas de saúde privados	367.642	2,2%
• Outros seguros privados	474.579	2,9%
• Despesa privada familiar	4.695.886	28,7%
• Instituições sem fins lucrativos ao serviço das famílias (excepto as de seguros sociais)	14.319	0,1%
• Outras corporações (excepto as de seguros de saúde)	78.828	0,5%
Despesa corrente total em saúde	16.359.652	100,0%

Fonte: Instituto Nacional de Estatística, 2011

Analisando a execução económico-financeira do SNS, constata-se que 56% dos custos são decorrentes da atividade hospitalar, que na sua maioria acontece em hospitais empresa (EPE). Por seu turno, as administrações regionais de saúde, onde se inclui a atividade dos centros de saúde, representam 42% dos custos.

As rubricas mais importantes na conta de custos do SNS são os fornecimentos e serviços externos e os custos com pessoal. Verifica-se, todavia, uma marcada diferença no peso de cada uma destas rubricas nas diferentes áreas de atividade do SNS. Com efeito, os pagamentos de salários e outras remunerações aos recursos humanos são a mais relevante rubrica na atividade hospitalar (50% nos hospitais EPE e 49% nos hospitais SPA). No caso das ARS, a mais importante parcela é a dos fornecimentos e serviços externos (72%) (quadro 2).

Quadro 2
Execução económico-financeira do SNS de 2010

Serviços	Custos	%
Administrações Regionais de Saúde		
Custos totais	4.358.345.170 €	42%
Custos com o pessoal	*924.104.943 €*	*21%*
Fornecimentos e serviços externos	*3.141.028.513 €*	*72%*
Hospitais EPE		
Custos totais	5.517.142.351 €	53%
Custos com o pessoal	*2.782.028.564 €*	*50%*
Materiais de consumo	*1.531.249.194 €*	*28%*
Hospitais SPA		
Custos totais	352.315.517 €	3%
Custos com o pessoal	*174.348.976 €*	*49%*
Fornecimentos e serviços externos	*84.105.252 €*	*24%*
Serviços autónomos		
Custos totais	193.898.369 €	2%
Custos com o pessoal	*41.916.206 €*	*22%*
Fornecimentos e serviços externos	*86.889.012 €*	*45%*

Fonte: ACSS, 2011, "Execução Económico-Financeira do SNS, dezembro de 2010"

Relevância do sector privado

O setor privado tem entre nós uma existência que a Constituição determina como complementar do SNS[94], mas que na realidade se torna dominante, ou pelo menos importante, em algumas especialidades, nomeadamente em diálise renal (70%), imagiologia (55%), fisioterapia (60%),

---

[94] Segundo o artigo 64° n° 3, da CRP, incumbe prioritariamente ao Estado "d) disciplinar e fiscalizar as formas empresariais e privadas de medicina, articulando-as com o SNS, por forma a assegurar, nas instituições de saúde, públicas e privadas, adequados padrões de eficiência e de qualidade".

170 *O Percurso da Saúde: Portugal na Europa*

patologia clínica (55%), saúde oral (92%) e em muitas consultas médicas de especialidade, como cardiologia (54%), ginecologia (68%), oftalmologia (67%), ortopedia (45%), e até mesmo em pediatria (31%) e clínica geral (17%). Estamos perante valores médios nacionais[95] que são mais elevados nos grandes centros urbanos e no litoral, que no interior mais rural, onde a quase totalidade dos serviços de saúde está a cargo do SNS.

Nos últimos cinquenta anos, desde que a tecnologia começou a ganhar peso nos meios de diagnóstico e de terapêutica, sempre que era possível o seu uso em ambulatório, o que acontecia de forma quase generalizada, suscitava a apetência dos profissionais organizados em pequenas empresas, em prática privada, mesmo quando acumulavam funções com o setor hospitalar público (Campos, 1987).

Esta tolerância de acumulações foi ampliada pela separação dos dois grandes subsistemas, até 1978, os Serviços Médico-Sociais da Previdência e o setor hospitalar público ou particular (privado não-lucrativo). O regime de convenção adotado pela Previdência para o ambulatório favoreceu um rápido crescimento de consultórios e laboratórios privados, usando tecnologia moderna, especialmente em patologia clínica, imagiologia, fisioterapia, diálise e cardiologia de exames não-invasivos. Dada a prática do pagamento por ato[96], à medida que a tecnologia fazia baixar os custos fixos, aumentavam implicitamente os incentivos à prática privada. Esta evolução foi realizada ao longo dos anos sessenta do século passado, até aos anos noventa, isto é, até ao reequilíbrio da oferta entre os dois setores, fruto da construção dos novos hospitais distritais e da modernização dos estabelecimentos centrais. O facto de a maior parte das unidades privadas serem de propriedade, direção, ou de intervenção de médicos do SNS, ou simplesmente dotadas com pessoal especializado com ocupação principal permanente no setor público, gerava óbvios conflitos de interesse que muitas vezes prejudicavam a produtividade e até a qualidade, pelo menos de acolhimento, no sector público. Na verdade, para que o sector privado florescesse, era necessário que o setor público se mantivesse pouco desenvolvido ou desorganizado.

---

[95] Inquérito Nacional de Saúde, 2005, referidos em Simões, J., Pedro Barros e João Pereira (Coord.), 2008.

[96] Com base em tabelas atualizadas de tempos a tempos, por pressão dos prestadores.

O privado, complementar do SNS

Permanece, certamente, no espírito do leitor a questão de saber por que razão, tendo o SNS sido criado em 1979 e regulamentado, na primeira metade dos anos oitenta, um sistema de acumulação de funções públicas e privadas, que claramente o prejudicava prevaleceu até aos nossos dias. Como em todas as questões complexas não existe uma explicação única, mas existem algumas razões que são óbvias. A mais imediatamente percetível reside na incapacidade política de os governos separarem os dois setores, pelo menos na prática médica. Os vencimentos médicos, mesmo com horários prolongados e urgências eram tidos como baixos, não permitindo aos profissionais resistir aos incentivos da prática privada. Nos baixos ordenados dos médicos assentou, durante décadas, a legitimidade para encontrarem compensação financeira na prática privada.

As organizações de representação profissional, com exclusão de um dos sindicatos (FNAM), opunham-se e opõem-se à separação do trabalho nos dois setores. Por outro lado, o controlo que as organizações profissionais exerciam sobre a oferta médica, incluindo sobre as comissões de internato que decidiam da orientação para especialidades, enfraquecia o planeamento racional das vagas, conduzindo a um excesso de profissionais nos grandes centros urbanos do litoral e a grandes carências no interior. Com quadros sobrelotados nos grandes hospitais, quase se não notava a acumulação da prática de alguns deles, em muitos casos, os de melhor reputação profissional, com o exercício privado em consultórios e pequenas clínicas. No interior do país, a prática privada apenas perpetuava uma longa tradição de separação por classes socioeconómicas: quem não tinha recursos usava apenas o setor público, quem os tinha recorria ao privado em tudo o que fosse trivial e eletivo.

O aparecimento dos grandes grupos na saúde

Esta situação altera-se com a apetência pela saúde demonstrada pelo setor privado empresarial, através de grandes grupos económicos, a partir da última década do século passado. A adjudicação da gestão de um grande hospital a um desses importantes grupos, em 1995[97], permitiu-lhe ganhar experiência, ensaiar modernos modelos de gestão, atrair bons profissionais em regime permanente e obter volantes de tesouraria em

---

[97] Hospital Fernando Fonseca, servindo os concelhos de Amadora e de Sintra.

172 *O Percurso da Saúde: Portugal na Europa*

valores elevados. O exemplo foi seguido por mais três grupos, um deles, entretanto gravemente atingido pela crise financeira de 2008-2009. Com base na experiência que vinham acumulando desde há anos, décadas em alguns casos, apesar de nunca o SNS ter manifestado qualquer intenção de celebrar convenções para internamento, esses grupos resolveram investir em novos estabelecimentos, construídos de raiz, com dimensões semelhantes às de pequenos hospitais distritais mas com mais pesada tecnologia e grande panóplia de ambulatório, quer de consultas, quer de diagnóstico.

A totalidade dos novos leitos já em funcionamento ou em termo de construção alcança 677 lugares, em quatro hospitais, três em Lisboa e um no Porto, cidade onde de resto outros se anunciam (Campos, 2008). Estes novos estabelecimentos têm em comum o recurso a um núcleo central de profissionais em tempo inteiro, e outros em regime tradicional de acumulação com o SNS. Os critérios de recrutamento são exigentes em qualidade e experiência de organização. Dispõem da flexibilidade laboral do setor privado, a qual permite rápidas e silenciosas substituições quando metas e resultados não sejam alcançados. Estamos perante um novo setor privado, que vive não já das sobras e incapacidades do SNS, mas do atendimento de uma clientela própria, segurada, do setor privado e do sector público, incluindo a ADSE. O mercado potencial pode ir facilmente até 2,5 milhões de Portugueses.

Todavia, identifica-se a desnatação que um subsistema prestador orientado para cuidados agudos a populações e grupos em idade ativa vai tentar criar, abandonando tacitamente os casos difíceis ao SNS. Entre eles, naturalmente se encontrarão as doenças agudas de elevada letalidade ou grave desconforto (cancro, cardiovasculares, infectocontagiosas, infeção nosocomial aguda, artrite reumatoide, doenças neuro-degenerativas, bem como outras patologias da idade avançada). Doenças que implicam diagnóstico e tratamento dispendioso, bem como prolongados períodos de hospitalização.

Profissionalização crescente do pessoal no privado

O recrutamento pelo setor privado de profissionais na força da idade ativa, com elevada reputação de qualidade, retirando-os às suas funções de prática e formação dos mais novos, depois de o SNS ter investido pesadamente na sua formação, pode não ser uma fatalidade, nem um fator de deterioração do setor público. Não será uma fatalidade se forem mudadas as condições retributivas do pessoal dos hospitais, a exemplo do que aconteceu nas unidades de saúde familiar (USF), tornando mais atraente a continuação do seu trabalho no hospital público. Não será motivo para redução da qualidade média da medicina hospitalar pública se forem dadas possibilidades às segundas linhas de profissionais para ocuparem com qualidade e competência os lugares dos seniores que vierem a vagar. Finalmente, nada de dramático existirá na dotação de um setor privado ativo e pleno de força, com pessoal médico de boa qualidade em regime de exclusividade, desde que, em contrapartida, se reduzam também as ambiguidades e conflitos de interesse que hoje tanto ferem a produtividade dos hospitais públicos.

Por outro lado, nenhum setor tem contornos imutáveis. O setor privado hospitalar que obviamente cresceu na primeira década do século XXI, tem a sua dinâmica dependente da qualidade e da eficiência de gestão do setor público. Quanto mais baixos forem estes padrões, mais rapidamente cresce o setor privado. E não será com manifestações retóricas de entranhado amor ao SNS que este último se pode desenvolver. Será com gestão rigorosa e sentido de inovação permanente.

Sistema público ou sistema convencionado?

O que diferencia o SNS de um sistema convencionado são as suas duas características essenciais de *universalidade* e *generalidade*. Se hospitais e centros de saúde fossem privatizados, ou geridos de forma puramente competitiva com o setor privado lucrativo, como a cobertura financeira da população tem outras fontes para além do SNS, nos serviços anteriormente públicos assistiríamos à discriminação dos utentes no ponto do tratamento, em função da capacidade de financiamento dos terceiros pagadores e do valor relativo do cofinanciamento a cargo do próprio utente. Nos serviços que sempre haviam sido privados, alargar-se-ia a diferença de acolhimento que já hoje se verifica, entre doentes a cargo do SNS e doentes a cargo de terceiros ou pagando a totalidade da despesa. Se bem que existisse uma universalidade teórica, as diferenças de equidade originadas pelo estatuto de proteção social marcariam um pesado retrocesso no SNS.

No que respeita ao atributo da generalidade, ou obrigação de o sistema de saúde integrar progressivamente todos os serviços e tratamentos que a ciência vai descobrindo – certamente com as limitações financeiras de um orçamento de Estado – a transferência de uma boa parte das

174 *O Percurso da Saúde: Portugal na Europa*

prestações para actores privados de fim lucrativo, para além de não garantir a cobertura dos riscos e serviços de saúde pública, para os quais não existe mercado privado, levaria, no caso dos cuidados individuais, à retração do investimento nas regiões de menor clientela e nas áreas de maior risco e mais elevado custo de produção. Assistiríamos também, à concentração do investimento em equipamentos que geram grandes ganhos de produtividade e enormes transferências rentistas para os seus produtores, se os serviços forem pagos à peça por tabelas rígidas e universais, como acontece nos sistemas convencionados. Não seria demais admitir que, como se demonstrou em outros países, aumentassem as redundâncias, quer de cobertura, quer de acesso, com o correspondente disparar da despesa. Sem que o Estado dispusesse de eficazes meios de controlo, como a história da medicina convencionada tem demonstrado.

Comprimido entre o pagamento a prestadores convencionados e o peso herdado das suas próprias estruturas, o SNS tenderia a deixar degradar a qualidade dos seus próprios serviços, mesmo daqueles que só o setor público assume, pelo facto de ter que partilhar o seu precário orçamento com novos atores dotados de elevado poder negocial e reivindicativo, os quais tenderiam a impor um estatuto de credor privilegiado.

Convenções

O acesso aos cuidados de saúde é garantido aos utentes do SNS quer pelos estabelecimentos integrados no SNS, quer pelos estabelecimentos prestadores de cuidados de saúde privados, por via da celebração de convenções entre estes e o Estado. Efetivamente, o SNS, desde o inicio da década de oitenta do século passado, confrontou-se com a escassez ou limitação dos recursos do setor público, o que motivou uma clara opção política no sentido de a oferta pública ser complementada, em concreto, mediante a celebração de convenções e acordos em áreas cuja capacidade de resposta do SNS era deficitária.

Tal ocorreu, em especial, na área dos meios complementares de diagnóstico e terapêutica (MCDT), mas também, ainda que residualmente, em algumas consultas de especialidades médico-cirúrgicas.

A possibilidade de celebração de convenções no SNS pode ser dividida em quatro períodos distintos: um primeiro período em que as convenções podiam ser celebradas sem restrições legais, e que perdurou até 1993; um segundo período, que se situa entre 1994 e 1996, durante o qual

Temas das políticas de saúde 175

a celebração de novas convenções não era possível[98]; um terceiro período, de 1997 a 1999, caracterizado pela "abertura" de convenções possibilitada pelo Decreto-Lei nº 112/97, de 10 de maio, e que terminou após o período de transição previsto no Decreto-Lei nº 97/98, de 18 de abril; um quarto período, por fim, existente a partir do início de 1999, em que não é possível a adesão a novas convenções – com exceção das áreas de diálise, cirurgia e Sistema Integrado de Gestão de Inscritos para Cirurgia (SIGIC).

No ano de 2006, a Entidade Reguladora da Saúde elaborou um estudo no qual concluiu que o modelo de celebração de convenções é potencialmente causador de problemas sérios, designadamente, para os utentes (em termos de acesso, liberdade de escolha e qualidade dos serviços de saúde), e para os próprios prestadores de cuidados de saúde privados (pela impossibilidade de celebração de novas convenções, com exceção das áreas acima referidas). Em consequência foi recomendada ao Governo a reformulação do "modelo de celebração de convenções, garantindo o acesso às convenções de todos os prestadores, desde que preencham os requisitos legalmente estabelecidos, em igualdade de circunstâncias, e através de um processo transparente e objetivo" (ERS, 2006).

Em 2008, foi colocado em discussão pública o anteprojeto de legislação para o setor das convenções, sendo que no seu preâmbulo era referido que "dez anos volvidos, é necessário definir um novo modelo de convenções, que permita, com respeito pelos princípios da complementaridade, da liberdade de escolha, da transparência, da igualdade e da concorrência, a efetiva prestação de serviços de saúde, por entidades públicas e privadas, aos beneficiários do Serviço Nacional de Saúde (SNS)."

Desde essa data, e com exceção da área de diálise, não se têm verificado quaisquer alterações legislativas no setor das convenções.

Para além da celebração de convenções com entidades privadas com fins lucrativos, o Estado tem igualmente recorrido às Misericórdias e a outras IPSS para a prestação de cuidados de saúde aos utentes do SNS.

---

[98] Na sequência da aprovação em 1993 do Estatuto do SNS, pelo Decreto-Lei nº 11/93, de 15 de janeiro, resultou uma impossibilidade de adesão de novos prestadores às convenções, que durou até à entrada em vigor do Decreto-Lei nº 112/97, de 10 de maio.

176   *O Percurso da Saúde: Portugal na Europa*

Nesse caso, a celebração de acordos entre as ARS e as Misericórdias e outras IPSS foi regulamentada por Portaria do Ministério da Saúde, em 1988[99].

O próprio Estatuto do SNS, e especificamente o seu artigo 37º, previa a "articulação do SNS com as atividades particulares de saúde" a qual seria efetuada mediante a celebração de convenções entre as ARS e as entidades privadas, com ou sem fins lucrativos.

Posteriormente, o Protocolo de cooperação celebrado entre o Ministério da Saúde e a União das Misericórdias Portuguesas[100], serviu de base a um conjunto vasto de acordos de cooperação específicos celebrados entre as ARS e as Misericórdias e destinados à prestação de cuidados de saúde aos utentes do SNS. Em 2010, o Protocolo foi revisto, tendo sido celebrados, em março de 2011, doze acordos de cooperação para a prestação de cuidados de saúde aos utentes do SNS, tendo por base o regime jurídico ali previsto.

A combinação público-privada revisitada

O debate político dos últimos anos, estando a ser marcado por argumentos a favor de uma menor intervenção do Estado em todas as áreas da economia, incluindo as áreas sociais, veio questionar o consenso interpartidário sobre o SNS, estabelecido ao longo de décadas e consagrado no ano em que aquele serviço celebrou os seus trinta anos de existência (2009).

Centram-se em quatro áreas as principais temáticas de crítica ao SNS, a partir do argumento da sua difícil sustentabilidade financeira. Cada um destes argumentos assenta num preconceito, conclusão jamais demonstrada e, quando alimentada por investigação empírica, leva a conclusões opostas. Vejamos os preconceitos:

(a) a gestão privada seria sempre melhor que a pública;

---

[99] A Portaria sem número, do Ministério da Saúde, de 7 de julho de 1988, aprovou o Regulamento dos Acordos a estabelecer entre as ARS e as Misericórdias e outras IPSS. A referida Portaria veio regulamentar o disposto no nº 2, do artigo 4º do Estatuto das IPSS, tendo sido alterada pela Portaria nº 143/91, publicada na II série do DR, de 2 de maio de 1991. Este Regulamento estabelece as normas a que devem obedecer os acordos bilaterais a celebrar entre as ARS e as Misericórdias e outras IPSS (artigo 1º da Portaria de 1988).

[100] Protocolo de Cooperação de 11 de setembro de 1995, publicado no DR, II Série, nº 228, de 2-10-1995.

(b) na impossibilidade da total privatização, a segunda melhor solução seria a livre concorrência entre a gestão pública e a gestão privada;

(c) a gratuitidade na saúde seria sempre perniciosa para a eficiência, devendo ser deixada apenas para os muito pobres;

(d) os demais cidadãos deveriam pagar uma parte dos cuidados no ponto de utilização, sendo compensados por subsídios fiscais, para evitar dupla tributação.

Vejamos cada um destes argumentos:

(a) o preconceito da superioridade da gestão privada sobre a pública releva de duas ficções: a primeira, que a gestão pública é menos eficiente que a privada, o que está longe de ser demonstrado na história da saúde em Portugal. A segunda, baseia-se numa visão atomística dos hospitais, desligados de uma rede, sem hierarquização e com liberdade indisciplinada de ação, permitindo todas as redundâncias, conduzindo ao florescimento de unidades implantadas em locais de maior procura e à asfixia das restantes, impedindo a criação de centros hospitalares integrados. Quem, numa rede privada, seria responsável pelo encaminhamento do doente mais grave? Como garantir que ele ascenderia no sistema de referência, sem discriminação, apenas com base na severidade da sua doença? Quem garantiria a equidade vertical, o acesso diferente para diferentes necessidades? Cada um a esbracejar por si, como seria possível obter ganhos de qualidade? Finalmente, seria este sistema mais eficiente que o atual? Custaria menos ou mais recursos ao Estado?

(b) a tese da superioridade da livre concorrência sobre a complementaridade entre público e privado na saúde (modelo atualmente consagrado na Constituição) assenta na ideia de que os dois setores podem ter iguais direitos e obrigações. Mas o setor público tem servidões de que o privado está isento: urgência de 24 horas, em quase todas as disciplinas médicas e cirúrgicas, diversificação da oferta em tantas especialidades quantas as cientificamente diferenciadas, pesados encargos com o ensino médico, de enfermagem e de técnicos, disponibilidade para investigação, suportando os seus encargos, impossibilidade de encerrar unidades por mero critério de rentabilidade, impossibilidade de despedir pessoal por reconversão tecnológica produtiva, servidão de implantação em zonas deprimidas onde será mais difícil encaminhar doentes e recrutar pessoal qualificado, entre muitas outras. A estas desigualdades de partida, acrescem as possibilidades de o setor privado selecionar a sua clientela entre as patologias menos graves, com menores sequelas, menor despesa hospitalar e mais alta rotação de internamento. Esta desnatação, já hoje tolerada aqui e ali, provocaria o reenvio do doente grave para o SNS no final da sua exploração rentável pelo setor privado, para beneficiar dos últimos e solidários recursos do SNS. Pagar estas situações pela mesma ou semelhante tabela equivaleria a degradar em poucos anos o setor público, enriquecer ilegitimamente o privado, desperdiçar recursos escassos, atacar a equidade e prejudicar de forma irreversível a saúde de milhares de cidadãos. Com a possibilidade de os operadores privados gerarem a sua própria procura, mesmo desnecessária, não haveria orçamento que resistisse.

(c) a relutância à gratuitidade do SNS, limitada por taxas moderadoras leva a inverter a lógica do acesso universal, para acesso condicionado à capacidade de pagar, com pagamento excecionado para os muito pobres. Esta inversão ignora o resultado de todos os estudos comparados, onde a quase gratuitidade no acesso, sem barreiras de preço na procura, garante maior equidade, anula o estigma da desigualdade, evita a filtragem inquisitiva no acesso e reduz a margem de fraude que lhe anda associada. A ideia de que os doentes devem pagar para usar serviços de saúde em proporção dos seus rendimentos assenta na ficção de que a justiça distributiva se pode ensaiar em todos os lugares e momentos, mesmo naqueles onde a pressão social da doença torna impossível o exame objetivo da condição de recursos do assistido. Ora o *locus* da redistribuição é o sistema fiscal, não o sistema prestador de saúde. Instalar neste uma suposta engenharia social seria duplamente errado: nem os cidadãos tolerariam um novo escrutínio fiscal, nem o SNS o saberia fazer, nem os seus profissionais aceitariam que a seleção financeira fosse praticada, pelos efeitos discriminatórios que abriria dentro do sistema.

(d) a quarta proposta, da compensação por subsídio fiscal do contribuinte que recorre ao setor privado pagando a totalidade, ou ao setor público pagando uma parte, concentra uma das mais injusta desigualdades do atual sistema, que urge corrigir. A atual dedução à coleta dos encargos privados com saúde (subsídio fiscal) até ao limite de 30% do seu total, aplicando-se apenas aos contribuintes de IRS, não só discrimina negativamente os cidadãos consumidores isentos desse imposto (44% dos agregados familiares), como beneficia proporcionalmente mais os de rendimentos e coleta mais elevados. O estudo da Comissão para a Sustentabilidade Financeira do SNS, com base em dados de 2004 (Simões, J., Pedro Barros e João Pereira (Coord.), 2008) veio demonstrar que, através dos benefícios fiscais, os 30% mais pobres recuperaram em média, apenas 8%, os 30% mais ricos recuperaram em média 24% das respetivas despesas de saúde. Sabendo-se que a importância relativa dos gastos privados em saúde é muito mais elevada nos primeiros que nos últimos, estamos perante uma injustificada e internacionalmente isolada injustiça fiscal que urge corrigir, ainda que progressivamente.

Este subsídio fiscal desproporcionalmente utilizado pelos Portugueses que mais recorrem ao setor privado acaba por se materializar como o mais significativo apoio fiscal indireto à proteção e crescimento do sector privado da saúde.

Não é difícil encontrar na argumentação a favor da continuidade das isenções uma agenda assente no *opting-out* ou possibilidade de os cidadãos interessados renunciarem à proteção do SNS em troca de um benefício ou subsídio fiscal adicional, no valor correspondente à capitação das suas despesas a cargo do setor público. Os que abandonassem o SNS passariam então a ser assistidos apenas no setor privado. Mesmo que o subsídio por *opting-out* fosse modulado em função do consumo público evitado, por idade, sexo e dominante epidemiológica, a solução teria sempre dois graves inconvenientes, para além dos associados à sua complexa engenharia social: o primeiro inconveniente seria a comprovada ausência e já manifestado desinteresse em o setor segurador intervir, apresentando produtos nesta área. As seguradoras sabem bem quanto lhes custa assegurar os encargos totais e reais da saúde, mesmo de um grupo altamente selecionado de cidadãos saudáveis e ativos. O segundo inconveniente é de ordem constitucional e prática também: a universalidade imposta na Constituição não se compadece de soluções fictícias que a todo o momento a podem fazer claudicar. Bastaria para tal a insolvência

180 *O Percurso da Saúde: Portugal na Europa*

do segurado, deixando de pagar os prémios regulares, ou a insolvência do próprio segurador, tão plausível nos tempos que correm. Nessa circunstância, quem senão o SNS, teria as suas portas permanentemente abertas, gerando sobrecustos a pagar por todos os contribuintes. Estaríamos perante uma dupla carga fiscal sobre a classe média, em benefício das classes média-alta e alta, clientes mais facilmente seduzíveis por um sistema de *opting-out*.

O Memorando de Entendimento e o modelo de sistema de saúde

Em maio de 2011 o Governo Português e os dois principais partidos da então Oposição celebraram um Memorando de Entendimento (ME) com a Comissão Europeia, o Banco Central Europeu e o Fundo Monetário Internacional sobre as medidas específicas de política económica que condicionavam a atribuição de ajuda externa a Portugal, no valor total de 78 mil milhões de euros, ao longo dos próximos três anos. O ME especifica a data de execução para cada medida de política e, dada a importância financeira do gasto público em saúde, determina as medidas que se espera venham a ser adotadas em Portugal, em cada trimestre, como condição para cada desembolso trimestral. O ME dedica à saúde quatro das suas trinta e três páginas.

O ME respeita escrupulosamente o princípio da subsidiariedade em que se baseiam as relações entre Estados-membros e a União Europeia. Não contém nenhuma determinação sobre o modelo de organização dos serviços de saúde, a qual permanece responsabilidade plena do país. Mas não se limita a uma mera descrição das rubricas da atual despesa onde seja necessário gastar menos recursos públicos. Vai mais além, recomendando a prossecução de políticas já iniciadas, como a criação de unidades de saúde familiar, a atualização e alargamento das taxas moderadoras, a empresarialização de pequenos e médios hospitais em centros hospitalares de gestão integrada ou mesmo única, e a prossecução da política de genéricos e de redução dos custos de distribuição dos medicamentos nas farmácias de venda a público, a criação de tetos às deduções fiscais dos gastos privados em Saúde, tal como era proposto no Relatório sobre a Sustentabilidade Financeira do SNS, bem como a reconversão da ADSE em uma entidade financiadora auto-sustentada (recomendada também no referido Relatório).

O ME assinado entre Portugal e os três organismos internacionais que prestam ajuda externa ao nosso País, no setor da saúde, revela um conhecimento aprofundado do nosso sistema, elevado respeito pelas linhas orientadoras passadas de racionalização, sensibilidade política às dificuldades de implementação, visão de futuro sem destruição dos principais valores do modelo social europeu e realismo na maior parte das metas. Certamente não será fácil alcançar todos estes objetivos, sobretudo os do setor hospitalar, onde a rigidez estrutural e as tradições de má gestão de recursos humanos são mais fortes e radicadas.

O ME assenta nos conceitos de transparência da informação e sua disseminação pelos atores do sistema. Para que haja transparência será necessário produzir e tratar a informação, parte da qual já existe, mas é perdida. O ME insiste muito na criação de normas (descrição de bens médicos, protocolos de prática clínica), na recolha sistemática de informação (tratamento centralizado das compras públicas, registo central de recursos humanos, gestão financeira integrada com resultados mensais) e na comparabilidade constante dos resultados de desempenho (*benchmarking*). A persuasão pelo exemplo é no ME bem mais importante que o exercício da autoridade. O ME não se intromete nas regras de escolha dos dirigentes, apenas recomenda que elas sejam objetivas e transparentes, leia-se imunes à influência partidária, permanecendo uma vasta margem de decisão nas autoridades que governam o SNS.

O sector que irá ser mais abalado e mais reações provocará deverá ser o setor farmacêutico, tanto na produção como na distribuição. Estamos perante uma grave e persistente distorção de recursos, onde o nosso País se situa claramente acima da média europeia na importância relativa dos encargos farmacêuticos em relação ao PIB. A margem de manobra para compressão existe, os grupos de pressão são fortes e com elevada proximidade ao aparelho do Estado. Tem faltado a coragem em levar até ao fim as reformas aprovadas, faltando aos executantes muitas vezes o conhecimento do setor e a convicção.

O ME não modifica os pressupostos políticos em que assenta o SNS: universalidade, generalidade, tendencial gratuitidade no ponto de utilização, qualidade, financiamento por impostos e natureza complementar do setor privado.

O documento não fundamenta qualquer mudança do paradigma do acesso universal, devendo as referências aos aumentos de taxas moderadoras ser consideradas instrumentos normais de moderação e reorientação do acesso aos serviços, sem constituir uma fonte alternativa ao financiamento por via orçamental. Daí que as medidas propostas visem essencialmente a racionalização da oferta, a retirada de rendas de privilégio, a criação de concorrência entre prestadores para ganhos de eficiência, a redução do trabalho ineficiente, a redução das redundâncias entre subsistemas e no setor público hospitalar.

O Programa do XIX Governo

O Programa do Governo configura um ajustamento ideológico do PSD, face ao que era apresentado antes das eleições legislativas: revisão das bases em que assenta o SNS, ou seja, a sua universalidade, generalidade e tendencial gratuitidade; o acesso aos cuidados de saúde deveria ser, em geral, pago, podendo ser isentos de pagamento os cidadãos com dificuldades; o pagamento era a regra, a isenção a exceção; defendia-se que os pequenos hospitais distritais deveriam ser privatizados, como forma de se ganhar experiência para a eventual privatização de hospitais de maior dimensão; as deduções de despesas com a saúde no IRS, sob o pretexto de que elas beneficiavam sobretudo a classe média (quando na realidade servem sobretudo aos mais afluentes e em nada beneficiam 45% da população que não contribui para o IRS) seriam para manter. O aspeto mais importante para a modificação do modelo consistiria na pretendida competição entre público e privado, através do pagamento a ambos os setores pela mesma ou análoga tabela. Uma parte crescentemente importante dos recursos financeiros da saúde seria inevitavelmente encaminhada para o pagamento da hospitalização e das consultas de medicina convencionada, seja ao setor privado seja ao setor social.

O programa do XIX Governo recuou para um "sistema" onde universalidade e tendencial gratuitidade regressaram aos limites constitucionais. As privatizações são omitidas e apenas se refere a continuação do processo de concessão da gestão de hospitais ao setor privado, quer sob a forma de contrato de gestão, já experimentada no Hospital Fernando Fonseca, quer sob a forma de parceria para a construção e gestão clínica, em vigor nos novos hospitais de Cascais, Braga, em breve em Loures e depois em Vila Franca de Xira. O modelo convencionado, arrastando despesa sempre aditiva, nunca substitutiva, foi limitado à fase de estudos ou de projetos limitados. A livre escolha de médico de família, reconhecida na lei que criou as unidades de saúde familiar, seria agora estimulada e as USF modelo C, também já previstas na lei, mas ainda por regulamentar, poderiam ser concessionadas aos setores privado e social.

A política de saúde do PSD reaproximou-se do paradigma anterior cujo consenso havia sido celebrado em 2009, quando o SNS perfez trinta anos.

As limitações do Memorando da "troika" são essenciais para o cumprimento do Programa do Governo. A necessidade de conter despesa e ampliar receita impõe a rápida aplicação da revisão das taxas moderadoras, a implementação de serviços partilhados para ganhar eficiência, a mobilidade de recursos humanos para seu melhor aproveitamento, a fusão de hospitais para melhorar a qualidade dos existentes e anular despesa redundante, a prescrição por DCI como forma de gastar menos para obter o mesmo efeito terapêutico, a alteração da base dos preços de referência, para que o preço dos novos medicamentos genéricos baixe para níveis mais razoáveis, as aquisições centralizadas de medicamentos e dispositivos médicos por concurso público para permitir economias de escala, a desmaterialização da receita médica para evitar fraudes, a contratualização das convenções de meios complementares de diagnóstico e terapêutica, por concurso público, como forma de reduzir preços.

O programa confere importância à Saúde Pública, ao desenvolvimento da investigação clínica como essencial à qualidade, à cooperação internacional, quer na Europa quer com os países de língua portuguesa, à acreditação e regulação independentes como forma de supervisão de um mercado misto e complexo, às normas e orientações clínicas que reduzam as margens de discricionariedade e desperdício, à fatura virtual que alerte o cidadão para a importância financeira dos gastos públicos envolvidos no seu tratamento. O ponto menos explícito respeita aos hospitais, onde se poderia ter ido bem mais além na proposta de uma orgânica interna que promovesse a eficiência.

3. Os recursos humanos da saúde

O Plano Nacional de Saúde 2004-2010, no capítulo relativo à política de recursos humanos, refere-se à "informação incompleta e desatualizada sobre as características e a distribuição dos recursos humanos", ao "défice de profissionais de saúde e assimetrias na sua distribuição regional", à "necessidade de revisão do elenco de profissões de saúde em relação à evolução das necessidades de saúde", definindo, como orientações estratégicas e intervenções necessárias, o desenvolvimento de um "sistema de informação integrado" e de um "plano estratégico para adequar a oferta, em quantidade e qualidade, de profissionais de saúde às necessidades dos cidadãos e do sistema" (Ministério da Saúde, 2004).

Anos volvidos, a análise especializada encomendada no âmbito dos trabalhos de preparação do Plano Nacional de Saúde 2011-2016, repetia o diagnóstico mencionando que "na ausência de um sistema de informação integrado e de padrões relativos à recolha de dados sobre os recursos humanos da saúde, é difícil apresentar um panorama abrangente dos profissionais de saúde no país" e que "existe falta de determinadas categorias de pessoal no SNS, as zonas rurais e remotas apresentam o maior risco de falta de pessoal, existem desequilíbrios na distribuição, existe espaço para rotatividade de tarefas, existe igualmente uma necessidade de observar as sobreposições entre as profissões" (Dussault e Fronteira, 2010).

Esta mesma análise tinha já sido realizada pelo *World Health Organization Regional Office for Europe* que, no contexto de um documento produzido em 2009 sobre a avaliação do Plano Nacional de Saúde 2004--2010, sublinhava: *The Plan has a limited strategic focus on sustainable human resources for health. The problems pertaining to human resources for health reflect a relative lack of long-term policy and planning in the past. This is certainly one of the biggest challenges that the Portuguese health system will have to face in the years ahead* (WHO, 2010).

A questão da necessidade de definição de uma estratégia formal para a área dos recursos humanos da saúde tem permanecido praticamente ausente das agendas políticas. Uma releitura dos programas, para o setor, dos governos constitucionais, dos programas dos partidos políticos para as eleições legislativas de 2011, ou do Memorando de Entendimento FMI/BCE/CE/Portugal, revela que as questões dos profissionais de saúde são apenas objeto de abordagens genéricas.

A desatenção que lhe é conferida em termos de prioridade política, é apenas uma das dificuldades com que o planeamento de recursos humanos em saúde se confronta, uma vez que, quando é desenvolvido, frequentemente se reconduz a aspetos quantitativos da força de trabalho em saúde (por exemplo, entrada e saída de efetivos). O planeamento de recursos humanos em saúde envolve, para além de aspetos de densidade e distribuição, considerações sobre os níveis de desempenho profissional, em que se refletem a influência de fatores como o absentismo, o designado "trabalho fantasma" ou o duplo emprego.

Esse planeamento terá que responder aos novos problemas trazidos pela globalização do mercado de trabalho da saúde. Nos anos mais recentes, Portugal evoluiu de país, quase exclusivamente de destino de profissionais de saúde, para país de emigração.

Temas das políticas de saúde 185

O mercado de trabalho da saúde assume características particulares, de entre as quais se destaca a autorregulação profissional, as questões de género e o potencial poder de monopsónio dos hospitais (Zurn, P. et al, 2002), das quais decorrem desequilíbrios de mercado.

A força de trabalho presente no mercado de trabalho da saúde, em Portugal, caracteriza-se pelos seguintes aspetos:

1. O país registou um aumento significativo da dimensão da força de trabalho dos serviços de saúde, que passou de 2%, em 1974, para 3,76%, em 2001.

2. A partir do ano 2000, registou-se um crescimento contínuo do número de médicos, enfermeiros, médicos-dentistas e farmacêuticos por 1.000 habitantes, com uma taxa de crescimento particularmente elevada entre os médicos-dentistas (Dussault e Fronteira, 2010).

3. Em 2010, o número de médicos por 1.000 habitantes era de 3,9, valor ligeiramente superior ao da média dos países da região europeia da OMS, situado em 3,3 (OCDE, 2011). Este indicador oculta profundas assimetrias geográficas (com os distritos de Coimbra, Lisboa e Porto a registarem, respetivamente, 9,19, 6,26 e 4,84 médicos por 1.000 habitantes e os distritos de Beja, Bragança, Guarda, Leiria e Santarém a registarem menos de 2 médicos por 1.000 habitantes) e setoriais (com os especialistas hospitalares a representarem mais de 70% do total de médicos). Portugal tem vindo a sentir um rápido processo de feminização da profissão médica, pese embora o ainda predomínio do género masculino, de 51,7%, no global dos efetivos e, também, um acentuado envelhecimento da população médica, pese embora o recente esforço da capacidade formativa.

4. Inversamente, Portugal tinha, em 2010, um número de enfermeiros por 1.000 habitantes, situado em 5,9, bastante inferior ao da média dos países da região europeia da OMS, situado em 9,8 (OCDE, 2011). Também neste grupo profissional há relevantes assimetrias geográficas (com o distrito de Coimbra a registar 10,93 enfermeiros por 1.000 habitantes e, por contraste, os distritos de Aveiro, Leiria, Santarém e Setúbal a contarem com menos de 4,5 enfermeiros por 1.000 habitantes) e setoriais (a percentagem de enfermeiros nos cuidados de saúde primários não atinge os 20%). A profissão de enfermagem apresenta-se como eminentemente jovem (em 2009, 49,3% dos enfermeiros tinha uma idade

186   *O Percurso da Saúde: Portugal na Europa*

inferior a 40 anos) e feminina (mais de 80% do total de enfermeiros), ainda que se denote uma percentagem, em lento crescimento, de indivíduos do género masculino a aceder à profissão.

5. O rácio de enfermeiros por médico, de 1,5 em 2010, era dos mais baixos dos países da região europeia da OMS, onde a média era de 2,6 (OCDE 2011), sendo mais desfavorável apenas na Grécia, Turquia, Itália, Bulgária e Espanha. Este valor indicia uma combinação ineficiente de recursos, constituindo um alerta para a utilidade de uma revisão do *skill mix* das profissões médica e de enfermagem.

6. Entre 2000 e 2008, o número de admissões para a formação de médicos, enfermeiros, farmacêuticos e médicos-dentistas registou uma taxa média de crescimento positiva. A mais baixa taxa de crescimento nas admissões foi registada nos médicos-dentistas e a mais elevada para os médicos (em 2011 existem oito escolas médicas em Portugal, com um total de 1.661 de vagas no ano inicial de formação).

4. Os cuidados de saúde primários

A Declaração de Alma-Ata, de setembro de 1978, caracteriza os cuidados de saúde primários como "os cuidados essenciais de saúde baseados em métodos e tecnologias práticas, cientificamente bem fundamentadas e socialmente aceitáveis, colocadas ao alcance universal de indivíduos e famílias da comunidade, mediante a sua plena participação e a um custo que a comunidade e o país podem manter em cada fase do seu desenvolvimento, no espírito de autoconfiança e autodeterminação. Representam o primeiro nível de contacto dos indivíduos, da família e da comunidade com o sistema nacional de saúde, pelo qual os cuidados são levados mais proximamente possível aos lugares onde pessoas vivem e trabalham, e constituem o primeiro elemento de um continuado processo de assistência à saúde"[101].

No plano nacional, o sistema de saúde assenta "nos cuidados de saúde primários, que devem situar-se junto das comunidades", devendo ser "promovida a intensa circulação entre os vários níveis de cuidados de

---

[101] § VI da Declaração de Alma-Ata, resultante da Conferência Internacional sobre Cuidados de Saúde Primários, realizada em 12 de setembro de 1978, na cidade de Alma-Ata, Cazaquistão.

Temas das políticas de saúde 187

saúde, reservando a intervenção dos mais diferenciados para as situações deles carecidas e garantindo permanentemente a circulação recíproca e confidencial da informação clínica relevante sobre os utentes"[102].

Ao longo das últimas décadas existiu uma querela latente entre as conceções "hospitalocêntrica" e "sanitarista". Se até ao início da década de setenta do século passado, o hospital foi considerado o elemento central do sistema, a partir desta época reforça-se o papel da promoção da saúde e da prevenção da doença, no quadro de uma organização dos cuidados de saúde primários.

Os cuidados de saúde primários são entendidos, então, como a base do sistema de saúde e primeiro nível de contacto dos indivíduos e das famílias com os serviços de saúde e incluem atividades que se classificam em duas grandes vertentes: medicina geral e familiar e saúde pública.

A especialidade de medicina geral e familiar presta cuidados personalizados, primários e continuados a um conjunto de indivíduos e famílias no seu próprio ambiente e comunidade, enquanto a saúde pública está vocacionada para diagnosticar, tratar e intervir sobre fatores que condicionam a saúde das populações. Neste quadro, e atendendo à obrigação constitucionalmente imputada ao Estado, de garantia da efectivação do direito à proteção da saúde, as unidades constitutivas dos cuidados de saúde primários integram o conjunto das "instituições e serviços oficiais prestadores de cuidados de saúde dependentes do Ministério da Saúde", integrando, assim, o SNS[103].

De acordo com o Regime Jurídico dos Centros de Saúde, de 1999[104], todos os utentes podem inscrever-se num centro de saúde por si livremente escolhido – com prioridade, no caso de carência de recursos, para os residentes na respetiva área – bem como indicar o médico de família.

Actualmente, e no que toca à prestação de cuidados primários personalizados "são utentes de um centro de saúde todos os cidadãos que nele queiram inscrever-se, com prioridade, havendo carência de recursos, para os residentes na respetiva área geográfica."[105].

---

[102] Ver nº 1 e nº 2 da Base XIII da LBS.

[103] Cf. nº 2 da Base XII da LBS.

[104] Cf. nºs 3 e nº 4 do Decreto-Lei nº 157/99, de 10 de maio.

[105] Cf. nº 3 do artigo 5º da Lei nº 28/2008, de 22 de fevereiro. Assim, a liberdade de escolha dos utentes, ainda que pautada como um dos princípios basilares do sistema de saúde, poderá sofrer restrições motivadas por limitações dos recursos humanos, técnicos e financeiros disponíveis, como é estabelecido até na alínea a) do nº 1 da Base XIV da LBS.

Os centros de saúde são, pois, unidades que se responsabilizam pela prestação de cuidados de saúde primários a uma comunidade geograficamente definida e foram criados pelo Decreto-lei nº 413/71, de 27 de setembro, e reformulados, sucessivamente, em 1983[106], em 1999[107], em 2003[108], em 2007[109] e ainda em 2008.[110]

É possível, ao longo do tempo, identificar cinco modelos de organização dos cuidados de saúde primários e, em particular, de centros de saúde.

O primeiro nasce em 1971 e integra diversas entidades vocacionadas para a prevenção da doença e para a saúde pública, com os cuidados curativos entregues aos postos clínicos dos Serviços Médico-Sociais das Caixas de Previdência. Os centros de saúde estavam associados a programas de vacinação, vigilância de saúde da grávida e da criança, saúde escolar e atividades de autoridade sanitária.

Assim, durante alguns anos coexistiram separadas duas diferentes intervenções:

- uma intervenção de saúde comunitária com objetivos de promoção da saúde e atuação programada por valências ou programas verticais normalizados centralmente e com preocupações explícitas de qualidade nos processos;
- uma intervenção fornecedora de cuidados imediatos, de resposta à procura expressa dos doentes, traduzida em elevado número de consultas, visitas domiciliárias e tratamentos de enfermagem, sem planeamento por objetivos de saúde e sem preocupações explícitas de natureza qualitativa (Branco e Ramos, 2001).

O segundo modelo nasce em 1983[111] após a criação da nova carreira médica de clínica geral[112], e com a integração dos primeiros centros de saúde com os postos dos Serviços Médico-Sociais das Caixas de Previdência, mas é ainda o resultado dos recursos e das culturas das organizações precedentes.

---

[106] Despacho Normativo nº 97/83, de 22 de abril.

[107] Decreto-lei nº 157/99, de 10 de maio.

[108] Decreto-lei nº 60/2003, de 1 de abril.

[109] Decreto-lei nº 298/2007, de 22 de agosto.

[110] Decreto-Lei nº 28/2008, de 22 de fevereiro.

[111] O Regulamento dos centros de saúde é aprovado por Despacho normativo nº 97/83, de 22 de abril.

[112] Decreto-lei nº 310/82, de 3 de agosto.

Temas das políticas de saúde   189

O modelo organizativo dos centros de saúde de segunda geração permitiu a afirmação da identidade das diversas linhas profissionais, em especial da carreira médica de clínica geral, mas logo se mostrou desajustado em relação às necessidades e expectativas dos utentes e das comunidades. "A prazo, este modelo organizativo, somado ao normativismo e tutela centralista distante das "sub-regiões" e administrações regionais de saúde, contribuiu para a insatisfação, exaustão e desmotivação de muitos dos seus profissionais de saúde" (Branco e Ramos, 2001).

O terceiro modelo de centros de saúde – que foi pouco além do diploma que os criou[113] – atribuía personalidade jurídica, autonomia administrativa, técnica e financeira aos centros de saúde de maiores dimensões e a organização por equipas em unidades tecnicamente autónomas mas interligadas. O funcionamento por pequenas equipas multidisciplinares permitiria, de acordo com o legislador, que as remunerações dos profissionais, em especial as dos médicos, pudessem tomar em consideração critérios explícitos de desempenho, aliás, já previstos no regime remuneratório experimental dos médicos de clínica geral baseada numa capitação ajustada aos doentes inscritos na sua lista, ponderada por um número selecionado de fatores de desempenho[114]. O objetivo seria o de permitir que pequenos grupos de profissionais criassem novos modelos de trabalho, com formas de retribuição mais justas, ligadas ao desempenho e à complexidade das situações cobertas e com a responsabilidade de responder personalizadamente à procura dos utentes inscritos.

O quarto modelo nasce em 2003[115], com o propósito da criação de uma rede de cuidados de saúde primários, que introduziu um diferente entendimento de centro de saúde, no qual o diretor não é necessariamente um médico, e comportando quatro diferentes unidades: cuidados médicos; apoio à comunidade e de enfermagem; saúde pública; e gestão administrativa. A gestão do centro de saúde podia caber a uma entidade privada mediante contrato de gestão e a dispersão de cuidados era visível na possibilidade de se estabelecerem contratos de prestação de serviços com médicos, outros profissionais de saúde e entidades privadas para a prestação de cuidados de saúde primários.

---

[113] Decreto-lei nº 157/99, de 10 de maio.
[114] Decreto-lei nº 117/98, de 5 de maio.
[115] Decreto-lei nº 60/2003, de 1 de abril.

190   *O Percurso da Saúde: Portugal na Europa*

O quinto modelo de organização dos cuidados de saúde primários nasce, após as eleições de 2005, com a revogação do diploma de 2003[116], com a criação da Missão para os Cuidados de Saúde Primários[117], com o regulamento das Unidades de Saúde Familiar (USF)[118] e, posteriormente, com o regime jurídico da organização e do funcionamento das USF[119]. Já em 2008 é publicado o diploma que cria os agrupamentos de centros de saúde,[120] que são serviços com autonomia administrativa, constituídos por várias unidades funcionais, que integram um ou mais centros de saúde.

As USF são estruturas elementares de prestação de cuidados de saúde a uma população determinada, constituídas por uma equipa multiprofissional, num quadro de contratualização interna, dotadas de autonomia organizativa, funcional e técnica e integradas em rede com outras unidades dos centros de saúde. Tal como previstas, estas novas estruturas visam a garantia de maior acessibilidade, continuidade, globalidade, efetividade, eficiência e qualidade na prestação de cuidados de saúde primários.

Em 2007, o Decreto-Lei nº 298/2007, de 22 de agosto veio estabelecer o Regime Jurídico da Organização e Funcionamento das USF[121]. Neste contexto, as USF caracterizam-se por possuírem uma carteira básica de serviços ou compromisso assistencial nuclear[122], garantindo a realização de actos de vigilância, promoção da saúde e prevenção da doença nas diversas fases da vida, cuidados em situação de doença aguda, acompanhamento clínico das situações de doença crónica, cuidados no domicílio e interligação e colaboração com outros serviços, setores e níveis de diferenciação.

De acordo com as características geodemográficas e visando satisfazer as necessidades da população abrangida por cada USF, poderá variar a dimensão da lista de utentes (que corresponde a uma média de 1550 utentes por médico), o número de elementos que integram a equipa multiprofissional e os horários disponibilizados, bem como poderá ser contratualizada, adicionalmente, a carteira complementar de serviços.

---

[116] Através do Decreto-lei nº 88/2005, de 3 de junho.

[117] Resolução do Conselho de Ministros nº 157/2005, de 12 de outubro.

[118] Despacho nº 9/2006, de 16 de fevereiro.

[119] Decreto-lei nº 298/2007, de 22 de agosto.

[120] Decreto-lei nº 28/2008, de 22 de fevereiro.

[121] Revogando então o quadro normativo acabado de mencionar *supra* e que havia sido aprovado à luz do artigo 12º do Decreto-Lei nº 157/99, de 10 de maio.

[122] Cf. Portaria nº 1368/2007, de 18 de outubro.

Estas estruturas distinguem-se dos centros de saúde por assentarem, essencialmente, na contratualização de um compromisso assistencial – traduzido num conjunto de serviços prestados à população abrangida – e na autonomia organizativa, funcional e técnica.

Em 2008, o Decreto-Lei nº 28/2008, de 22 de fevereiro, introduziu uma modificação dos modelos de gestão ao nível da prestação de cuidados de saúde primários e gestão hospitalar, procedendo à consagração da figura dos agrupamentos de centros de saúde (ACES).

Prevê-se a possibilidade de constituição, no âmbito dos ACES, de diversas unidades funcionais, designadamente:
* unidades de saúde familiar;
* unidades de cuidados de saúde personalizados;
* unidades de cuidados na comunidade;
* unidades de saúde pública;
* unidades de recursos assistenciais partilhados.

Os atuais 363 centros de saúde estão organizados em 74 ACES, 8 dos quais integrados numa das 6 ULS. Segundo dados do Ministério da Saúde, no início de 2011 existiam 298 USF, 158 unidades de cuidados de saúde personalizados, 18 unidades de saúde na comunidade e 84 unidades de cuidados na comunidade.

Um estudo da Entidade Reguladora da Saúde, constatou que a acessibilidade geográfica à rede pública de cuidados primários é bastante elevada, com a percentagem de população de Portugal continental residente a mais de 30 minutos de um ponto de oferta a não chegar a 1% (ERS, 2010).

5. Os hospitais públicos

Tradicionalmente, os hospitais eram entendidos como "serviços de interesse público, instituídos, organizados e administrados com o objetivo de prestar à população assistência médica curativa e de reabilitação e compete-lhes, também, colaborar na prevenção da doença, no ensino e na investigação científica"[123].

---

[123] Nos termos do artigo 1º do Regulamento Geral dos Hospitais, constante do Decreto nº 48 358, de 27 de abril de 1968.

192 *O Percurso da Saúde: Portugal na Europa*

No que toca aos hospitais EPE – modelo hoje predominante – estes visam a prestação de cuidados de saúde a todos os utentes, independentemente da sua entidade financiadora, bem como o desenvolvimento de investigação, formação e ensino[124].

A cada hospital deve corresponder uma área de influência e deve atuar de forma articulada com os demais níveis de cuidados de saúde, designadamente os cuidados primários e os cuidados continuados.

Em 2009 existiam 86 hospitais no Serviço Nacional de Saúde. Cerca de 88% da população tinha boa acessibilidade geográfica aos hospitais, por residir a menos de trinta minutos daquelas unidades. A população que residia a mais de 60 minutos de um hospital não chega a 1%, localizando--se, principalmente nos concelhos do interior do país.

O modelo tradicional de instituto público

Do ponto de vista jurídico, todos os hospitais, até ao final do ano de 2002, eram pessoas coletivas de direito público, dotadas de autonomia administrativa e financeira, mas deveriam organizar-se e ser administrados em termos de gestão empresarial[125] [126].

Com efeito, segundo previam o Decreto-Lei nº 19/88, de 21 de janeiro e o Decreto-Regulamentar nº 3/88, de 22 de janeiro, que continham na altura o estatuto jurídico relevante, os hospitais do SNS integravam a administração indireta do Estado, estando assim sujeitos à tutela e superintendência do Governo. A sua autonomia administrativa e financeira era, contudo, bastante limitada, porquanto os mesmos estavam dependentes do Ministério da Saúde – e mais concretamente das ARS –, não só em matéria de financiamento, mas também de gestão e recrutamento de recursos humanos[127].

Os principais constrangimentos do hospital público português estavam identificados desde o final da década de noventa do século passado:

---

[124] Cf. artigo 2º do Decreto-Lei nº 233/2005, de 29 de dezembro.

[125] De acordo com o artigo 7º do Decreto-lei nº 19/88, de 21 de janeiro.

[126] O relatório final da Auditoria ao Serviço Nacional de Saúde, realizada, em 1999, pelo Tribunal de Contas identifica, porém, uma "incompatibilidade" jurídico-formal entre a qualificação dos hospitais como estabelecimentos públicos de carácter social e a exigência de um funcionamento empresarial.

[127] Atualmente, mesmo os Hospitais com natureza EPE continuam a ser dependentes do Ministério da Saúde – e das ARS – no que respeita ao financiamento.

Temas das políticas de saúde 193

- na área dos recursos humanos, constatava-se a inadequação do quadro legal da função pública a um tipo de organização, como o hospital, que exige prontidão de resposta aos problemas e que tem nos recursos humanos a sua expressão qualitativa e quantitativamente mais significativa;
- nas aquisições, era reconhecido, também, a inadequação do regime jurídico geral ao tipo de atividade que o hospital desenvolve e às características do mercado da saúde;
- na administração e organização interna, era consensual a necessidade de se atribuir uma autonomia e responsabilidade superiores, com um diferente estatuto;
- no plano externo, a existência de uma única entidade que presta a maior parte dos cuidados e os financia foi apontada como fator relevante de algumas das ineficiências existentes (Grupo de Trabalho sobre o Estatuto Jurídico do Hospital, 1997).

A alteração do estatuto dos hospitais, no sentido de o aproximar do modo de funcionamento de uma empresa pública, constituía uma proposta partilhada, desde a década de 1990, por muitos peritos e investigadores, que preconizavam a necessidade de maior flexibilidade e descentralização do setor público, a par da entrada de prestadores privados no sistema, quer concedendo a gestão de unidades públicas a entidades privadas, quer privatizando mesmo algumas unidades (Ministério da Saúde, 1995).

Outros defendiam a competição gerida entre hospitais públicos, com o entendimento que, na saúde, o Estado devia ser menos empresário e cada vez mais regulador. Propunha-se, também, o modelo de empresa pública para os hospitais centrais e, para os hospitais distritais, a transferência da propriedade para as autarquias, misericórdias, ou outras organizações não-governamentais, bem como a possibilidade de atribuição da concessão de exploração de alguns hospitais ao setor privado (Campos, 1994).

Os modelos experimentais

O modelo de hospital público sofreu, entre 1995 e 2002, dois diferentes desenvolvimentos, com a adoção de modelos alternativos de gestão.

O primeiro correspondeu à experiência pioneira de gestão privada de um hospital público, ocorrido em 1995 com a celebração de um con-

194 *O Percurso da Saúde: Portugal na Europa*

trato de gestão para o Hospital Fernando Fonseca, que permitiu que o Hospital fosse gerido, de 1995 até ao final de 2008, por uma entidade privada[128] [129].

O segundo desenvolvimento resultou da aplicação de novos estatutos – que preconizaram a introdução de mecanismos de gestão privada em estabelecimentos públicos – conferidos, em 1998, ao Hospital de São Sebastião, em Santa Maria da Feira[130], alargado à Unidade Local de Saúde de Matosinhos[131] (que integrou o Hospital Pedro Hispano e os centros de saúde do concelho de Matosinhos), em 1999, e ao Hospital do Barlavento Algarvio[132], em 2001, e que deu início ao que se convencionou chamar de "empresarialização" dos hospitais públicos.

Um estudo publicado em 2004 permitiu concluir que "o modelo tradicional de hospital público não satisfaz o paradigma de serviço público no que respeita aos objetivos de economia, eficiência, equidade e qualidade e os modelos inovadores permitem melhorar o desempenho em alguns daqueles atributos. É legítimo também afirmar que um dos modelos inovadores – o da gestão "empresarializada" do Hospital de São Sebastião – apresenta globalmente melhores resultados do que o outro modelo inovador – o da concessão de gestão do Hospital Fernando Fonseca" (Simões, 2004).

A gestão hospitalar dos governos do PS, até 2001, procurou o aperfeiçoamento do estatuto e da organização hospitalar, a definir e a estabilizar em função dos resultados das experiências herdadas – caso do Hospital Fernando Fonseca – ou encetadas – caso do Hospital de São

---

[128] A gestão do Hospital Fernando Fonseca foi concessionada, mediante contrato, a uma sociedade gestora (sociedade anónima) constituída pela Companhia de Seguros Império, SA (do Grupo Mello) com 30%, Farmacoop – Cooperativa Nacional de Farmácias com 15%, ISU – Estabelecimentos de Saúde e Assistência, SA com 5%, HLC – Engenharia e Gestão de Projectos, SA com 25% e Générale de Santé Internationale com 25%. Posteriormente, a entretanto criada José de Mello Saúde SGPS, SA, veio a tomar a totalidade do capital social da Sociedade Gestora (diretamente ou através de participadas suas) (Vaz, 2010).

[129] Em sintonia, aliás, com o disposto no nº 2 da Base XXXVI da LBS, que estabelece que "pode ser autorizada a entrega, através de contrato de gestão, de hospitais ou centros de saúde do Serviço Nacional de Saúde a outras entidades ou, em regime de convenção, a grupos de médicos", nos termos a estabelecer em lei.

[130] Cf. Decreto-Lei nº 151/98, de 5 de junho.

[131] Cf. Decreto-Lei nº 207/99, de 9 de junho.

[132] Cf. Decreto-Lei nº 76/2001, de 27 de fevereiro.

Sebastião e dos centros de responsabilidade integrados nos hospitais públicos tradicionais.

Em fevereiro de 2002, no último governo do Partido Socialista, foi dado corpo, pela primeira vez, a um modelo que abandonava a figura do instituto público para adotar a tipologia de estabelecimento público de natureza empresarial, no contexto do setor empresarial do Estado. Com a aprovação da Resolução do Conselho de Ministros nº 41/2002, de 7 de março, estavam reunidas as condições para se dar início à criação de empresas públicas hospitalares. Começar-se-ia por uma fase de manifestação de interesse por parte das unidades, a que se seguiria a apresentação de candidatura, coordenada pelas administrações regionais de saúde e a decisão do Ministro da Saúde[133] [134].

A Lei nº 27/2002, de 8 de novembro

Já na vigência do XV Governo, de aliança PSD/CDS-PP, a Lei nº 27/2002, de 8 de novembro, para além de ter procedido a alterações à Lei nº 48/90, de 24 de agosto (Lei de Bases da Saúde), veio institucionalizar a empresarialização, através da aprovação, em anexo, do novo regime jurídico da gestão hospitalar (tendo revogado o Decreto-lei nº 19/88). Este novo regime jurídico previa expressamente, no estatuto dos profissionais de saúde do SNS, o regime do contrato individual de trabalho, o financiamento do SNS através do pagamento dos atos e atividades efectivamente realizados, e a criação de unidades de saúde com a natureza de sociedades anónimas de capitais públicos.

---

[133] As condições básicas de elegibilidade consideravam a dimensão média, uma dívida acumulada não superior a 35% da despesa total do ano anterior e capacidade demonstrada de gestão; o projeto deveria conter um estudo prévio de viabilidade económico-financeira, a estrutura de gestão proposta, um contrato-programa plurianual de gestão e o regulamento interno.

[134] Ainda foi aprovado em Conselho de Ministros o diploma que criava o Hospital Padre Américo – Vale de Sousa, EPE, tomando em consideração "os patentes sinais de sucesso" da experiência de "empresarialização" do Hospital de São Sebastião e referindo que "...mesmo antes da publicação de um "estatuto-tipo" de aplicação gradual e não obrigatória [...] é imperioso em termos de eficiência e de racionalidade não permitir o início da atividade de novas unidades hospitalares sem lhes conferir condições para que a sua gestão possa ser prosseguida com a flexibilidade e elasticidade que a sua importância social e económica exigem". O capital estatutário foi fixado em 2.500.000 euros, integralmente realizado pelo Estado e o Hospital ficava sujeito à tutela dos Ministros da Saúde e das Finanças.

196 *O Percurso da Saúde: Portugal na Europa*

Este mesmo diploma permite tipificar a natureza jurídica dos hospitais integrados na rede de prestação de cuidados de saúde da seguinte forma:

1. estabelecimentos públicos, dotados de personalidade jurídica, autonomia administrativa e financeira, com ou sem autonomia patrimonial, ou seja, os hospitais do setor público administrativo (SPA);
2. estabelecimentos públicos, dotados de personalidade jurídica, autonomia administrativa, financeira e patrimonial e natureza empresarial, ou seja, os hospitais entidades públicas empresariais (EPE);
3. sociedades anónimas de capitais exclusivamente públicos (SA);
4. hospitais do SNS geridos por outras entidades públicas ou privadas, mediante contrato de gestão, ou em regime de convenção por grupos de médicos e os estabelecimentos privados, com os quais o SNS celebre contratos ou acordos[135].

Hospitais SA, em 2002

Em 2002 e 2003, o Governo regulamentou, em diplomas próprios, os hospitais com modelos jurídicos SA e SPA.

Em dezembro de 2002 foram publicados 31 decretos-lei que transformaram 31 unidades hospitalares em sociedades anónimas de capitais exclusivamente públicos, que deram tradução ao estatuído na Lei nº 27/2002 e estabeleceram, também, uma linha de continuidade em relação às intenções manifestadas em fevereiro desse ano pelo Governo anterior.

Em agosto de 2003 foi publicado o Decreto-lei nº 188/2003, de 20 de agosto, que revogou o Decreto Regulamentar nº 3/88, de 22 de janeiro, e estabeleceu para os hospitais do setor público administrativo, uma nova estrutura e organização. A organização interna é distinta da dos hospitais SA, compreendendo órgãos de administração, de apoio técnico, de fiscalização e de consulta, clarifica as competências do diretor de serviço e fixa a estrutura interna dos hospitais em serviços, departamentos e unidades funcionais. Do ponto de vista jurídico, estes hospitais permanecem como pessoas coletivas públicas, dotadas de personalidade jurídica, de autonomia administrativa e financeira, com ou sem autonomia patrimonial.

---

[135] Cf. artigo 2º e nº 2 do artigo 1º do Regime jurídico da gestão hospitalar.

Hospitais EPE, a partir de 2005

O governo do Partido Socialista, saído das eleições de 2005, mantendo em vigor o diploma da gestão hospitalar de 2002 (a Lei nº 27/2002), determinou a transformação em entidades públicas empresariais das 31 unidades de saúde com o estatuto de sociedade anónima de capitais exclusivamente públicos[136] e, depois, alargou este modelo a outros hospitais e aprovou um regime jurídico e estatutos para todas estas unidades[137].

Durante o período de 2005 a 2011, verificou-se paulatinamente um aumento do número de hospitais com a natureza de EPE, com a consequente diminuição do número de hospitais com o modelo jurídico SPA, acompanhado da implementação de mecanismos de integração de cuidados de saúde, já experimentados em períodos anteriores.

Assim, o Decreto-Lei nº 233/2005, de 29 de dezembro, alargou o modelo EPE a outros hospitais até aí integrados nos modelos SA ou SPA.

Em 2007, e no mesmo sentido, o Decreto-lei nº 50-A/2007, de 28 de fevereiro, atribuiu o estatuto de EPE a vários hospitais até aí integrados no modelo SPA, no ano de 2008, o Decreto-Lei nº 180/2008, de 26 de agosto, transformou em EPE diversos hospitais SPA e, em 2011, o Decreto-lei nº 30/2011, de 2 de março, alargou novamente o modelo EPE a outras unidades hospitalares.

A integração de cuidados

À articulação dos diversos níveis de cuidados de saúde – em particular dos cuidados primários e dos cuidados hospitalares – está subjacente a necessidade de se assegurar uma mais eficaz e eficiente interligação entre esses dois níveis de cuidados, com o objetivo de se atingir uma melhor orientação dos utentes dos cuidados primários para o ambiente hospitalar, uma melhor resposta dos cuidados hospitalares e subsequente retorno para os cuidados primários.

A Unidade Local de Saúde (ULS) de Matosinhos assentou nestes pressupostos, tendo o diploma que procedeu à respetiva criação, em 1999, salientado a necessidade de "proceder a uma reengenharia do sistema de saúde numa perspetiva organizacional, criando as condições de

---

[136] Decreto-lei nº 93/2005, de 7 de junho.
[137] Decreto-lei nº 233/2005, de 29 de dezembro.

integração dos cuidados, coletivizando os problemas que hoje cada nível de cuidados enfrenta sozinho, partilhando responsabilidades e recursos"[138].

A noção de "integração de cuidados de saúde" surge assim no contexto desta reestruturação do esquema organizacional do sistema de saúde, visando uma melhor interligação dos diversos níveis de cuidados, podendo identificar-se dois tipos de integração: a integração vertical e a integração horizontal.

A integração vertical – da qual é exemplo o modelo das ULS – consiste na agregação numa única entidade da prestação e gestão dos serviços, de todas as atividades relacionadas com a prevenção, promoção, restabelecimento ou manutenção da saúde.

A integração horizontal existe quando se aglutina numa única entidade a responsabilidade pela gestão de várias organizações que visam a prestação de um mesmo nível de cuidados de saúde, por exemplo cuidados hospitalares. O exemplo deste tipo de integração verifica-se com a criação de centros hospitalares, quando os mesmos resultam da fusão, numa única entidade jurídica, de anteriores unidades hospitalares autónomas.

A ULS pode definir-se como "aquela entidade (única) que se apresenta como responsável pelo estado de saúde de uma determinada população, visando garantir uma prestação integrada de cuidados de saúde, com elevado grau de eficiência, qualidade e satisfação do utente, através da gestão dos vários níveis de prestação de cuidados (designadamente, cuidados primários, cuidados hospitalares e cuidados continuados) e da coordenação em rede de todos elementos que fazem parte integrante do mesmo." (ERS, 2011).

Já no Estatuto do SNS[139] era manifestado que "a tradicional dicotomia entre cuidados primários e cuidados diferenciados revelou-se não só incorreta do ponto de vista médico mas também geradora de disfunções sob o ponto de vista organizativo. Daí a criação de unidades integradas de cuidados de saúde – unidade de saúde –, que hão-de viabilizar a imprescindível articulação entre grupos personalizados de centros de saúde e hospitais. A indivisibilidade da saúde, por um lado, e a criteriosa gestão de recursos, por outro lado, impõem a consagração de tal modelo, em que radica um dos aspetos essenciais da nova orgânica do Serviço Nacional de Saúde".

---

[138] Cf. preâmbulo do Decreto-Lei n° 207/99, de 9 de junho.
[139] Cf. preâmbulo do Decreto-Lei n° 11/93, de 15 de janeiro.

Temas das políticas de saúde 199

Por outro lado, o artigo 14º do Estatuto do SNS, sob epígrafe "Unidades de Saúde", estabelecia que "os hospitais e os grupos personalizados de centros de saúde agrupam-se em unidades de saúde, de dimensão a definir, caso a caso, em despacho do Ministro da Saúde, sob proposta do conselho de administração das ARS", cabendo a tais unidades "assegurar a continuidade da prestação de cuidados, com respeito das atribuições das instituições que as integram".

Posteriormente, e atendendo a que o modelo de unidades de saúde "só muito dificilmente poder[ia] dar resposta à necessária flexibilidade de articulação entre hospitais, centros de saúde e outras instituições da mesma área geográfica, com vista à partilha de recursos e maior disponibilidade de oferta de serviços, de acordo com as necessidades dos cidadãos", o legislador quis instituir, e fê-lo em 1999 por decreto-lei, um modelo de articulação/integração de cuidados de saúde, que designou de sistemas locais de saúde, e que consistiam em "conjuntos de recursos articulados na base da complementaridade e organizados segundo critérios geográfico-populacionais, que se pretendem facilitadores da participação social que, em articulação com a rede de referenciação hospitalar concorram para o efetivo desenvolvimento e fortalecimento do Serviço Nacional de Saúde e do sistema de saúde português."[140].

A criação, pelo Decreto-Lei nº 207/99, de 9 de junho, da ULS de Matosinhos (que integrou o Hospital Pedro Hispano e os centros de saúde existentes no concelho – Matosinhos, Senhora da Hora, São Mamede de Infesta e Leça da Palmeira), representou uma clara opção do legislador pela introdução de um modelo inovador de organização dos serviços prestadores de cuidados de saúde primários e diferenciados e que "pretendia otimizar a resposta dos serviços através de uma gestão integrada das várias unidades de saúde de uma região".

Este modelo de organização dos serviços era inovador pelo carácter integrador dos serviços que são prestados aos cidadãos, não fraccionando, ao nível da gestão, os cuidados primários e hospitalares. E replicava, ainda, a natureza empresarial de organismo público que, cerca de um ano antes, fora atribuído ao Hospital de São Sebastião, em Santa Maria da Feira.

---

[140] Cf. preâmbulo do Decreto-Lei nº 156/99, de 10 de maio.

Tratava-se de um dos modelos possíveis de integração de serviços e diferente do modelo de sistemas locais de saúde[141], no qual as diversas instituições do sistema de saúde mantinham os seus órgãos e competências próprias, limitados apenas pela existência de um órgão de definição estratégica (o conselho coordenador).

A ULS de Matosinhos (ULSM) constituiu, até 2007, o exemplo solitário de um modelo de integração de cuidados primários e hospitalares, apesar da avaliação, com resultados positivos, realizada em 2001/2 por uma equipa de trabalho, no âmbito do INA, a pedido do Ministério da Saúde[142].

Só em 2007 o governo criou, através do Decreto-Lei nº 50-B/2007, de 28 de fevereiro, a Unidade Local de Saúde do Norte Alentejano, EPE, (que integra os hospitais de Portalegre e de Elvas e os centros de saúde do distrito de Portalegre). Em 2008, através do Decreto-Lei nº 183/2008, de 4 de setembro, procedeu à criação de mais três ULS[143]. Refira-se que no preâmbulo de tal diploma legal era mencionado que "o tempo entretanto decorrido veio a demonstrar que, nos casos em que é possível adotá-lo, aquele é um dos modelos organizacionais mais adequados de prestação de cuidados de saúde à população, cujos interesses e necessidades importa, em primeiro lugar, salvaguardar".

O conselho de administração destas recentes unidades locais de saúde traduz, na sua composição, a exemplo do que se referiu quanto à

---

[141] Uma vez que neste modelo as diversas instituições (hospitais, centros de saúde e outros) mantêm os seus órgãos e competências próprias, limitados apenas pela existência de um órgão de definição estratégica, o Conselho Coordenador, ao qual compete delinear estratégias de gestão e atuação que permitam um funcionamento articulado de todos os serviços e instituições que integrem um dado sistema local de saúde. De referir que tal modelo visa, potencialmente, integrar não só os hospitais e centros de saúde, mas também entidades privadas com ou sem fins lucrativos.

[142] A equipa era constituída pelos seguintes consultores permanentes: Jorge Simões (coordenador), Anabela Ferreira da Costa, Manuel Schiappa Mendes, Pedro Lopes Ferreira e Suzete Gonçalves.

[143] A Unidade Local de Saúde do Alto Minho, EPE, por integração do Centro Hospitalar do Alto Minho, EPE e dos centros de saúde do distrito de Viana do Castelo; a Unidade Local de Saúde do Baixo Alentejo, EPE, por integração do Centro Hospitalar do Baixo Alentejo, EPE e dos centros de saúde do distrito de Beja; e a Unidade Local de Saúde da Guarda, EPE, por integração dos hospitais de Guarda e de Seia e dos centros de saúde do distrito da Guarda.

ULSM, a participação dos dois níveis de cuidados[144] e a possível intervenção dos municípios[145].

Em 2009, o Decreto-Lei nº 318/2009, de 2 de novembro, procedeu à criação da Unidade Local de Saúde de Castelo Branco, EPE, mais uma vez com igual regime jurídico e, por último, o Decreto-Lei nº 67/2011, de 2 de junho criou, com a natureza de entidade pública empresarial, a Unidade Local de Saúde do Nordeste, EPE, por integração do Centro Hospitalar do Nordeste, EPE e do Agrupamento dos Centros de Saúde do Alto Trás-os-Montes I – Nordeste.

No âmbito hospitalar merece uma referência a criação de centros hospitalares, enquanto forma de concretização da integração horizontal de cuidados de saúde, colocando dois (ou mais) hospitais vizinhos sob a mesma equipa de gestão.

Em 1999, o Decreto-Lei nº 284/99, de 26 de julho[146], estabeleceu o regime atinente à criação e funcionamento dos centros hospitalares (CH), estabelecendo no seu preâmbulo que "no âmbito da definição de objetivos e estratégias de saúde de base populacional, centrada em unidades funcionais que permitam a efetiva interligação entre serviços e instituições que, na mesma área geográfica, prestam cuidados de saúde ou desenvolvem atividades conexas, designadamente do setor social, torna-se prioritária a identificação de situações em que é possível reforçar a articulação e complementaridade dos estabelecimentos hospitalares do

---

[144] Diz o artº 6º, nº 2 dos Estatutos publicados pelo Decreto-Lei nº 183/2008, de 4 de Setembro, que "os membros do conselho de administração são nomeados...de entre individualidades de reconhecido mérito e perfil adequado, sendo, pelo menos, dois deles médicos, um da especialidade de medicina geral e familiar e outro de uma especialidade hospitalar...".

[145] O artº 6º, nº 5, do diploma acima citado, diz que "pode ainda integrar o conselho de administração da ULS um vogal não executivo a nomear por despacho conjunto dos Ministros das Finanças e da Saúde, sob proposta das associações que integrem a correspondente unidade territorial definida com base nas NUTS III".

[146] Este diploma previu igualmente a possibilidade de criação de grupos de hospitais, que fez distinguir dos CH, por os estabelecimentos integrados nos grupos de hospitais manterem a sua autonomia e ficarem tão somente sujeitos a coordenação ou administração comum. Recentemente, foi criado ao abrigo daquele diploma, pela Portaria nº 172/2011, de 27 de abril, o Grupo Hospitalar do Centro de Lisboa (GHCL) que integra o Centro Hospitalar Lisboa Central, EPE, o Hospital de Curry Cabral, EPE e a Maternidade de Alfredo da Costa. O GHCL ficou sujeito a coordenação comum mantendo as unidades hospitalares nele integradas os respetivos órgãos de administração.

202 *O Percurso da Saúde: Portugal na Europa*

Serviço Nacional de Saúde, através de melhor aproveitamento da capacidade neles instalada.".

O CH é uma pessoa coletiva pública, dotada de autonomia administrativa e financeira, património próprio e do esquema de órgãos legalmente estabelecido para os hospitais públicos, que integra vários estabelecimentos hospitalares destituídos de personalidade jurídica[147].

A atual designação de centro hospitalar não mantém, em termos concetuais, a clareza anteriormente existente, quando "centro hospitalar" correspondia a um conjunto complementar de hospitais de natureza diversa (como o Centro Hospitalar de Coimbra, que congregava um hospital geral, um pediátrico e uma maternidade) e "grupo hospitalar" correspondia a um conjunto de hospitais eventualmente de natureza semelhante (como os antigos Hospitais Civis de Lisboa). De facto, atualmente, a designação de centro hospitalar engloba ambos os conceitos de forma indiscriminada (Vaz, 2010).

A organização interna dos hospitais

O Decreto-Lei n° 19/88 previa a organização dos hospitais por centros de responsabilidade, e fê-lo "em consonância com o princípio de que os hospitais devem organizar-se e ser administrados em termos de gestão empresarial para assim alcançar-se uma maior eficiência técnica e social, caracterizando estas estruturas como níveis intermédios de administração, dotados da necessária autonomia com vista à desconcentração de tomada de decisões e correspondente repartição de responsabilidades." Previu ainda este diploma que os centros de responsabilidade deveriam "agrupar vários centros de custos com atividades homogéneas ou afins".

Por sua vez, o Decreto-Lei n° 374/99 de 18 de setembro veio estabelecer o regime geral a que deveria obedecer a criação dos centros de

---

[147] A respetiva criação – e igualmente a criação de grupos de hospitais – faz-se por portaria do Ministro da Saúde, sob proposta do conselho de administração da administração regional de saúde territorialmente competente. Esta proposta deve ser devidamente fundamentada em razões de interesse público, designadamente a otimização dos serviços prestados por dois ou mais estabelecimentos hospitalares e o reforço da respetiva articulação e complementaridade, técnica ou assistencial (n°s 1 e 2 do artigo 3° do Decreto-Lei n° 284/99, de 26 de julho).

Temas das políticas de saúde 203

responsabilidade integrados (CRI) nos hospitais e centros hospitalares do Serviço Nacional de Saúde[148].

Já em 2002, o diploma da gestão hospitalar de 2002 (Lei nº 27/2002), especificou relativamente aos hospitais do setor público administrativo (SPA), que estes deveriam organizar-se e desenvolver a sua ação por centros de responsabilidade e de custos.

A regulamentação deste normativo surgiu depois por via do Decreto--Lei nº 188/2003, de 20 de agosto, que desde logo revogou o acima referido Decreto-Lei nº 374/99, de 18 de setembro[149], ressalvando no entanto que tal revogação não prejudicava a manutenção das estruturas já constituídas ao abrigo do diploma revogado.

Em 2005, o Decreto-Lei nº 233/2005, de 29 de dezembro, consagrou, já no âmbito da estrutura organizacional dos hospitais EPE, que os "mesmos se organizam de acordo com as normas e critérios genéricos definidos pela tutela em função das suas atribuições e áreas de atuação específicas, devendo os respetivos regulamentos internos prever a estrutura orgânica com base em serviços agregados em departamentos e englobando unidades funcionais, sendo que as estruturas orgânicas devem desenvolver a sua ação por centros de responsabilidade que permitam a realização, internamente contratualizada, dos respetivos programas de atividade com autonomia e responsabilidade, de modo a possibilitar formas de trabalho centradas prioritariamente no doente, de acordo com as boas práticas de gestão clínica".

Feito este enquadramento, importa salientar que esta tipologia organizacional não está implementada em muitas unidades hospitalares, devendo destacar-se somente duas experiências efetivamente implementadas.

Em 1999, pelo Despacho nº 1745/99, da Ministra da Saúde[150] foi criado o Centro de Responsabilidade de Cirurgia Cárdio-Torácica dos

---

[148] Realçando, à semelhança do diploma anterior, a complexidade organizacional dos hospitais, que a sua gestão "implica uma forte componente empresarial, cuja dinâmica não é compatível com a concentração do processo da tomada de decisão, do planeamento e do controlo dos recursos no sistema organizacional atualmente vigente e que a lei de gestão hospitalar em vigor manteve, como células básicas da organização dos hospitais, os serviços, posteriormente agrupáveis em departamentos, numa visão organizativa essencialmente técnica e desligada da visão global da gestão dos recursos disponíveis."

[149] Cf. alínea c) do artigo 42º do Decreto-Lei nº 188/2003, de 20 de agosto.

[150] Publicado no Diário da República, II Série, de 2 de fevereiro de 1999.

Hospitais da Universidade de Coimbra – agora Centro Hospitalar e Universitário de Coimbra, EPE –, e aprovado o respetivo regulamento interno, definindo-se o mesmo enquanto "estrutura de nível intermédio de gestão, caracterizada como uma unidade funcional com objetivos próprios integrados na orgânica e na estratégia definidas para os HUC".

Por outro lado, as unidades autónomas de gestão foram criadas ao abrigo do Decreto-Lei nº 233/2005, de 29 de dezembro e na sequência da criação e aprovação dos Estatutos do Hospital de São João, EPE – agora Centro Hospitalar de São João, EPE –. As mesmas encontram-se em funcionamento, e são qualificadas, de modo similar, como estruturas de nível intermédio de gestão, destinadas à adoção de regras próprias de planeamento, programação, coordenação de atividades e controlo de recursos, com orçamento e mapa de pessoal próprio.

O relatório "A Organização Interna e a Governação dos Hospitais", (Ministério da Saúde, 2011), pelo qual se pretendia a apresentação de uma "proposta de uma nova matriz organizacional para os hospitais do SNS" considera imprescindível a "criação de estruturas intermédias e periféricas de gestão, com conteúdo funcional e autonomia real", para assim "colocar a responsabilidade nas áreas nevrálgicas, onde se processa e decide a qualidade dos cuidados prestados e onde, simultaneamente, se gera o essencial da despesa e do desperdício."

É igualmente referido que as mesmas, sendo dotadas de "... autonomia funcional e organizacional, contratualizam com o Conselho de Administração do Hospital o seu contrato-programa anual e poderão ser geridas por um órgão constituído por um médico, um enfermeiro e um gestor, nomeados pelo Conselho de Administração a quem o respetivo coordenador deste órgão presta contas."

Finalmente, nas considerações finais ali emitidas, destaca-se aquelas que enunciam que deverá promover-se "o desenvolvimento de "Unidades Integradas Multidisciplinares", em detrimento da organização tradicional em serviços monovalentes", e que "estas Unidades, com a designação de "Unidades Autónomas de Gestão" (UAG) ou "Centros de Responsabilidade Integrados" (CRI) ou outra, devem ter autonomia funcional, organizativa e de gestão, para poderem ser avaliadas e responsabilizadas pelo respetivo Conselho de Administração, com quem contratualizam, anualmente, o seu contrato-programa e sobre o qual lhe prestam contas".

Hospitais públicos e hospitais privados

Um hospital pode ser definido como um "estabelecimento de saúde dotado de internamento, ambulatório e meios de diagnóstico e terapêutica, com o objetivo de prestar à população assistência médica curativa e de reabilitação, competindo-lhe também colaborar na prevenção da doença, no ensino e na investigação científica".[151]

Adotando esta mesma definição de hospital, o Instituto Nacional de Estatística registava, em 2009, a existência de 100 hospitais de natureza privada, dos quais 89 se localizam no continente. No entanto, se adotarmos uma definição mais lata, assente apenas na característica distintiva de oferecer cuidados em internamento, a dimensão de operadores privados sobe para mais do dobro, concretamente, para 213 estabelecimentos.[152]

No quadro 3 apresentam-se os dados publicados sobre a rede hospitalar em Portugal, entre 2002 e 2009.

QUADRO 3
Número de estabelecimentos hospitalares em Portugal

	Públicos				Privados				Total
Ano	Continente	Madeira	Açores	Portugal	Continente	Madeira	Açores	Portugal	
2009	82	1	3	86	89	6	5	100	186
2008	88	1	3	92	86	6	5	97	189
2007	95	1	3	99	88	6	5	99	198
2006	103	1	3	107	82	6	5	93	200
2005	108	1	3	112	81	6	5	92	204
2004	113	1	3	117	81	6	5	92	209
2003	110	1	3	114	79	6	5	90	204
2002	115	1	3	119	82	7	5	94	213

Fonte: Instituto Nacional de Estatística, 2011

A tendência no número de hospitais tem sido, em Portugal, semelhante à de outros países europeus. Tem havido um decréscimo significativo no número de hospitais nas últimas décadas, de 634 em 1970

---

[151] Circular Informativa nº 19/DSIA de 17 de setembro de 2001, da Direção-Geral da Saúde.

[152] Dados constantes do registo público de prestadores de cuidados de saúde da Entidade Reguladora da Saúde, em abril de 2010.

até 186 em 2009 (uma redução de 73%). Para esta tendência tem contribuído o setor público, com um decréscimo acentuado no número de hospitais. Em sentido inverso, o número de estabelecimentos de natureza privada tem crescido nos últimos anos, embora a taxas menos acentuadas que o declínio na rede hospitalar pública, não contrariando, por isso, a tendência global de encurtamento da rede hospitalar. Destas duas tendências divergentes resulta o crescimento do setor privado face ao setor público em termos de peso na oferta total de cuidados hospitalares, pelo menos em número de pontos de oferta, com os privados a deterem, em 2009, 54% dos hospitais (face a 44% em 2002). A dimensão da rede hospitalar em termos de outras variáveis ligadas à capacidade produtiva instalada é, todavia, consideravelmente maior no setor público do que no privado.

6. Os cuidados continuados integrados

O Decreto-Lei nº 281/2003, de 8 de novembro visou dotar os cuidados continuados com legislação própria, no âmbito das alterações legislativas empreendidas pelo XV Governo Constitucional.

Mas foi o Governo seguinte que procedeu à criação da Rede Nacional de Cuidados Continuados Integrados (RNCCI), a funcionar no âmbito dos Ministérios da Saúde e do Trabalho e da Solidariedade Social[153].

Por "cuidados continuados" entende-se "o conjunto de intervenções sequenciais de saúde e ou de apoio social, decorrente de avaliação conjunta, centrado na recuperação global entendida como o processo terapêutico e de apoio social, ativo e contínuo, que visa promover a autonomia melhorando a funcionalidade da pessoa em situação de dependência, através da sua reabilitação, readaptação e reinserção familiar e social"[154].

---

[153] O Decreto-Lei nº 101/2006, de 6 de junho revogou a Resolução do Conselho de Ministros nº 59/2002, de 22 de março, bem como o Decreto-Lei nº 281/2003, de 8 de novembro, e surgiu na senda de trabalhos anteriores desenvolvidos pela Comissão para o Desenvolvimento dos Cuidados de Saúde às Pessoas Idosas e aos Cidadãos em situação de Dependência, criada pela Resolução do Conselho de Ministros nº 84/2005, de 27 de abril, bem como pela sucessora desta Comissão, a Coordenação Nacional para a Saúde das Pessoas Idosas e dos Cidadãos em Situação de Dependência, criada pelo despacho nº 23 035/2005, de 8 de novembro.

[154] Cf. alínea a) do artigo 3º do Decreto-Lei nº 101/2006, de 6 de junho.

Com a criação da RNCCI pretendeu-se "dinamizar a implementação de unidades e equipas de cuidados, financeiramente sustentáveis, dirigidos às pessoas em situação de dependência, com base numa tipologia de respostas adequadas, assentes em parcerias públicas, sociais e privadas, visando contribuir para a melhoria do acesso do cidadão com perda de funcionalidade ou em situação de risco de a perder, através da prestação de cuidados técnica e humanamente adequados"[155].

A RNCCI abrange não só unidades integradas no SNS (em especial em hospitais e centros de saúde), mas também unidades privadas, com ou sem fins lucrativos, que acordarem com o SNS a prestação desses cuidados continuados a utentes do SNS.

Em concreto, a prestação dos cuidados de saúde e de apoio social é assegurada pela RNCCI através de unidades com diferentes tipologias, designadamente:

- unidades de internamento;
- unidades de ambulatório;
- equipas hospitalares;
- equipas domiciliárias.

As unidades de internamento são constituídas pelas unidades de convalescença, unidades de média duração e reabilitação, unidades de longa duração e manutenção e unidades de cuidados paliativos. Já em ambulatório existem as unidades de dia e de promoção da autonomia. Por outro lado, são equipas hospitalares as equipas de gestão de altas e as equipas intra-hospitalares de suporte em cuidados paliativos. Por fim, são respostas domiciliárias as equipas de cuidados continuados integrados e as equipas comunitárias de suporte em cuidados paliativos.

A ERS publicou o "Estudo do Acesso dos Utentes Aos Cuidados Continuados de Saúde", segundo o qual, em novembro de 2010, a Rede era constituída por 143 prestadores de cuidados de saúde públicos e não

---

[155] Acresce que, conforme resulta do "Guia da Rede Nacional de Cuidados Continuados Integrados", de setembro de 2009, elaborado pela Unidade de Missão para os Cuidados Continuados Integrados e disponibilizado no sítio electrónico da RNCCI, o planeamento estratégico da RNCCI está organizado em três fases de desenvolvimento ao longo de 10 anos. A fase 1, entre 2006 e 2008, teve em vista atingir a meta de 30% de cobertura das necessidades existentes. A segunda fase, de 2009 a 2012, tem como objetivo uma percentagem de cobertura de 60%. A terceira fase, de 2013 a 2016, visará atingir a meta de 100% de cobertura.

208 *O Percurso da Saúde: Portugal na Europa*

públicos e 214 unidades de internamento, verificando-se uma maior concentração de estabelecimentos prestadores de cuidados continuados de saúde e camas disponíveis para internamento na região Norte de Portugal continental, e também um número mais expressivo de estabelecimentos nas regiões de Lisboa e Vale do Tejo e Centro (ERS, 2011).

7. As parcerias público-privadas

O primeiro sinal no sentido do estabelecimento de um regime jurídico destinado a regular a criação e funcionamento de parcerias público-privadas (PPP) no setor da saúde – excluindo o já mencionado contrato de gestão celebrado com a Sociedade Gestora Amadora-Sintra, SA –, deu-se com a aprovação da Resolução do Conselho de Ministros nº 162/2001, de 16 de novembro, que criou a Estrutura de Missão Parcerias Saúde[156].

Nesse mesmo ano de 2001, ainda no âmbito do Governo liderado pelo Engenheiro António Guterres, é anunciado o lançamento da 1ª vaga de hospitais integrados no programa de PPP, incluindo os hospitais de Sintra e de Loures (enquanto novos hospitais[157]), bem como os hospitais de Cascais e Vila Franca de Xira (enquanto hospitais de substituição[158]), aos quais se juntou posteriormente o novo Hospital de Braga (também hospital de substituição).

---

[156] De acordo com o disposto em tal Resolução, seriam atribuições daquela Unidade de Missão, entre outras: "identificar projetos passíveis de serem realizados sob a forma de parceria, designadamente através de contratos de gestão", "conduzir análises de viabilidade e preparar a montagem de projetos em parceria"; "desenvolver metodologias e técnicas de identificação, lançamento e acompanhamento de parcerias no setor da saúde, incorporando a experiência nacional e internacional, tendo em vista assegurar ganhos de valor na aplicação de recursos orçamentais na ótica do erário público"; e, "elaborar linhas de orientação técnicas, económicas e de gestão no âmbito das parcerias público-públicas e público-privadas". O mandato da Estrutura de Missão Parcerias Saúde foi renovado pela Resolução do Conselho de Ministros nº 102/2004, de 21 de julho, tendo então sido incumbida da missão de estabelecer as metodologias específicas de execução das PPP no setor da saúde, com vista à concretização dos mecanismos necessários à implementação do programa de parcerias, centrado no desenvolvimento de dez novos hospitais. Já em 2010, e por via do Decreto-Lei nº 136/2010, de 27 de dezembro, foi alterado o Decreto-Lei nº 219/2007, de 27 de maio no sentido de concretizar o disposto no seu artigo 18º, sendo que passou assim a prever-se, como data de conclusão do processo de transmissão das atribuições da Estrutura de Missão Parcerias Saúde para a ACSS, I.P., bem como do respetivo processo de integração da primeira nesta última, o dia 31 de dezembro de 2010.

Posteriormente, o Governo de coligação PSD/CDS-PP anunciou uma segunda vaga de PPP, integrando os hospitais de Faro, Évora, Guarda, Póvoa do Varzim/Vila do Conde e Vila Nova de Gaia (todos eles enquanto hospitais de substituição)[159].

Em 2002 foi publicado o regime legal específico das parcerias em saúde, através do Decreto-Lei nº 185/2002, de 20 de Agosto (posteriormente alterado pelo regime geral de parcerias público-privadas estabelecido no Decreto-Lei nº 86/2003, de 26 de abril, e pelo Decreto-Lei nº 141/2006, de 27 de julho), que consignou os princípios e os instrumentos dirigidos ao estabelecimento de parcerias em saúde, em regime de gestão e financiamento privados, entre o Ministério da Saúde ou instituições e serviços integrados no SNS e outras entidades privadas, com ou sem fins lucrativos[160].

Foi, por outro lado, estipulado, como objeto das PPP, "[...] a associação duradoura de entidades dos setores privado e social à realização direta de prestações de saúde, ao nível dos cuidados de saúde primários, diferenciados e continuados ou o apoio direto ou indireto à sua realização, no âmbito do serviço público de saúde assegurado pelo Serviço Nacional de Saúde"[161], podendo aquelas "[...] envolver uma ou mais atividades de conceção, construção, financiamento, conservação e exploração dos estabelecimentos integrados ou a integrar no SNS, com transferência e partilha de riscos e recurso a financiamento de outras entidades"[162].

Assumem ainda relevo no quadro normativo destas estruturas, o Decreto-Regulamentar nº 10/2003, de 28 de abril e o Decreto-Regulamentar nº 14/2003, de 30 de junho, que aprovaram, respetivamente, as condições gerais dos procedimentos prévios à celebração dos contratos

---

[157] Por novos hospitais entende-se aquelas estruturas em relação às quais a PPP tem por objetivo a construção de uma unidade hospitalar de raiz (sem implicar o encerramento de uma outra previamente existente) e que visa servir uma população que estivesse integrada, até ali, na área de influência de uma outra unidade hospitalar.

[158] Por hospitais de substituição entende-se aqueles cujo âmbito de intervenção da PPP visa a construção de uma nova unidade hospitalar destinada à substituição de uma unidade já existente (e que nessa sequência será posteriormente encerrada).

[159] De notar, ainda, que se encontram atualmente em pleno funcionamento duas outras experiências de PPP integradas na saúde: o Centro de Atendimento do SNS (Linha Saúde 24) e o Centro de Medicina Física e de Reabilitação do Sul.

[160] Cf. artigo 1º da Lei nº 185/2002, de 20 de agosto.

[161] Cf. nº 1 do artigo 2º do Decreto-Lei nº 185/2002, de 20 de agosto.

[162] Cfr. nº 2 do artigo 2º do Decreto-Lei nº 185/2002, de 20 de agosto.

de gestão para o estabelecimento de parcerias em saúde e o caderno de encargos tipo dos contratos de gestão que envolvam as atividades de conceção, construção, financiamento, conservação e exploração de estabelecimentos hospitalares com responsabilidade pelas prestações de saúde.

Durante o ano de 2006, ainda que se mantivesse inalterado o quadro jurídico conformador das PPP, assistiu-se à redefinição dos projetos hospitalares da segunda vaga de PPP. No Despacho nº 12 891/2006, de 31 de maio, o Ministro de Saúde determinou, na sequência do reexame da pertinência e prioridade das unidades hospitalares a construir, uma nova orientação na implementação dos projetos de PPP, passando para primeiro lugar o Hospital de Todos os Santos, seguindo-se-lhe o Hospital de Faro, o Hospital do Seixal, o Hospital de Évora, o Centro Hospitalar de Vila Nova de Gaia e o Centro Hospitalar da Póvoa de Varzim/Vila do Conde.

O modelo adotado inicialmente envolvia a conceção, construção, financiamento, manutenção e exploração do edifício hospitalar e a prestação de cuidados de saúde por um consórcio que integrasse duas entidades gestoras – uma responsável pela gestão do estabelecimento, isto é, pela prestação de cuidados e outra que assumisse as restantes obrigações colocadas a concurso.

Uma característica importante do modelo de PPP no nosso ordenamento jurídico, em especial naquelas situações em que o contrato de gestão inclui a prestação de cuidados de saúde pelo parceiro privado, corresponde à autonomização da gestão do estabelecimento hospitalar face à gestão do edifício hospitalar, fazendo-lhes corresponder duas entidades gestoras específicas – a sociedade gestora do estabelecimento hospitalar e a sociedade gestora do edifício hospitalar. Assim, enquanto a entidade gestora do estabelecimento hospitalar assume a gestão geral do estabelecimento (incluindo as atividades de *soft facilities management,* como higiene e limpeza, lavandaria, alimentação, segurança e portaria) e a responsabilidade pela prestação de cuidados de saúde – dispondo por regra de um horizonte contratual mais curto (usualmente de 10 anos) para a prossecução de tais funções –, já a entidade gestora do edifício hospitalar é responsável pela conceção, construção, financiamento e manutenção do edifício hospitalar e assume a gestão dos serviços infraestruturais, bem como das atividades de *hard facillity management* (tais como estacionamento, jardinagem, manutenção do edifício e recolha de resíduos), dispondo por regra de um horizonte contratual mais longo (usualmente de 30 anos). Quanto ao mecanismo de pagamento adotado para cada uma das entidades gestoras, em relação à entidade gestora do estabelecimento hospitalar, o pagamento da entidade pública contratante baseia-se na produção efetuada, tendo em conta as linhas de produção clínica (urgência, consulta externa, internamento, cirurgia e hospital de dia), e de acordo com uma tabela de preços específica definida no contrato e que estabelece penalizações e deduções ao pagamento em caso de situações de incumprimento. Por seu turno, e relativamente à entidade gestora do edifício hospitalar, foi sendo adotado o mecanismo de pagamento baseado na disponibilidade do conjunto de serviços contratualizados, com penalizações e deduções com base em falhas de serviço e de qualidade[163].

O modelo assim adotado implica que o parceiro privado passe a integrar o SNS, ficando subordinado aos princípios constitucionais, às regras e princípios estabelecidos na LBS, no Estatuto do SNS e na Lei de Gestão Hospitalar. "Não se vê razão [no caso] para incompatibilidade [do modelo de PPP] com a Constituição, desde que essas unidades de saúde fiquem sujeitas às regras do SNS (universalidade do acesso, padrões de qualidade, quase gratuitidade, etc." (Canotilho, e Moreira, 2007).

O primeiro concurso efetivamente lançado ao abrigo do programa PPP foi o da gestão do Centro de Medicina Física e de Reabilitação do Sul, ao qual se apresentou apenas um concorrente (Grupo Português de Saúde), tendo o respetivo contrato sido assinado em junho de 2006, com início de atividade em abril de 2007[164].

Numa apreciação global das parcerias público-privadas para a construção de novos hospitais[165], conclui-se que o processo de lançamento das parcerias evidenciou grande morosidade e ajustamentos diversos ao longo do percurso e constatou-se que a capacidade técnica por parte do Estado, em especial as administrações regionais de saúde, não se encontra plenamente assegurada, apesar da criação da figura do gestor do contrato para realizar o acompanhamento da parceria.

---

[163] Cf., por exemplo, o contrato de gestão do Hospital de Braga, disponível para consulta no sítio eletrónico da ARS Norte.

[164] Este modelo foi avaliado, em 2009, por uma equipa composta por Jorge Simões (coordenador), Pedro Pita Barros, Sofia Nogueira da Silva e Sara Valente e a redação do texto ficou a cargo de Jorge Simões, Pedro Pita Barros, Sofia Nogueira da Silva e Marta Temido (ver Portal da Saúde).

[165] Para mais desenvolvimentos ver Barros, 2010 e Simões, J., Pedro Barros e Marta Temido, 2010.

212 *O Percurso da Saúde: Portugal na Europa*

Não obstante o esforço de elaboração de um contrato tão completo quanto possível, reconhece-se que é virtualmente impossível incluir no contrato todas as eventuais contingências que podem ocorrer no futuro. Tal significa que contratos de longo prazo, como os das parcerias em saúde, terão inevitavelmente incentivos para renegociação futura, quando alguma contingência não prevista expressamente no contrato ocorrer (sendo o principal exemplo o aparecimento de uma nova tecnologia ou a necessidade de um novo tratamento). O contrato deverá, por isso, prever quais as condições e os mecanismos de regulação que se encontram disponíveis, para evitar situações de renegociação contratual *ad-hoc*.

A escolha entre inclusão, ou não, da gestão clínica no âmbito privado da parceria deve tomar em consideração se os benefícios sociais resultantes são muito sensíveis a investimentos insuscetíveis de serem especificados contratualmente e o custo público de realização desses investimentos não tenha grandes diferenças entre o setor público e o setor privado. Neste caso, a gestão clínica deve ser retida pela parte pública da parceria. Sempre que os custos de realização desse investimento não contratável sejam substancialmente menores no setor privado e os benefícios sociais não sejam muito sensíveis a esse investimento não contratável, então a parceria deverá incluir a gestão clínica no âmbito privado.

Dada a importância dos aspetos de investimento não contratável e de renegociação futura que estão inevitavelmente presentes em parcerias público-privadas, é essencial a construção de um clima institucional de confiança mútua entre as partes envolvidas. Na ausência dessa confiança mútua, os custos de litigância e de conflito entre as partes serão elevados.

No que respeita à avaliação comparada do desempenho do Centro de Reabilitação do Sul, em São Brás de Alportel[166], a análise de indicadores realizada mostra que não há um Centro de Reabilitação que domina sistematicamente os restantes, existindo sempre uma dimensão em que cada Centro de Reabilitação é dominado pelo menos por um dos outros Centros de Reabilitação[167].

---

[166] A comparação fez-se com os outros dois centros de reabilitação existentes no País: o Centro de Medicina de Reabilitação da Região Centro – Rovisco Pais e o Centro de Medicina de Reabilitação do Alcoitão.

[167] Face a uma componente elevada de custos fixos, a ausência de um volume de atividade elevada, no CMR Sul, levou a que o custo de infra-estrutura tenha que ser

O modelo PPP foi utilizado, também, no Centro de Atendimento do SNS (Linha Saúde 24).

O primeiro concurso envolvendo o modelo PPP integral foi o concurso para o Hospital de Loures (650 camas), em dezembro de 2003, o qual viria entretanto a ser anulado em 2006, perante graves problemas de avaliação das propostas dos quatro concorrentes (consórcios liderados por Espírito Santo Saúde, Hospitais Privados de Portugal, José de Mello Saúde, e Misericórdia do Porto).

Seguiu-se, em meados de 2004, o do Hospital de Cascais (265 camas), também com quatro concorrentes (consórcios liderados por Espírito Santo Saúde, Grupo Português de Saúde, Hospitais Privados de Portugal e José de Mello Saúde), o qual foi ganho pelo consórcio liderado pelos HPP, tendo o contrato sido assinado apenas em fevereiro de 2008. O início da gestão do antigo Hospital de Cascais pela HPP Saúde verificou-se em janeiro de 2008, sendo que o novo Hospital entrou em funcionamento em fevereiro de 2008.

---

dividido por um número menor de doentes, gerando um valor especialmente elevado para o custo médio por doente.

Na componente de eficácia, o CMR Sul apresenta indicadores próximos dos objetivos de primeiras consultas e resolutividade. Contudo, tem um excesso de capacidade muito notório, no ano de 2008. Na componente de eficiência, o CMR Sul não apresenta em geral os melhores indicadores, embora a falta de utilização de capacidade seja novamente o principal fator penalizador. Nas dimensões de equidade e qualidade, o CMR Sul é o Centro que melhores resultados apresenta nos indicadores selecionados, de um modo geral. A vantagem do CMR Sul em termos de equidade decorre sobretudo do indicador associado com as listas de espera. A inexistência de listas de espera é resultado direto das disposições contratuais. Em termos de resultados de qualidade, a vantagem encontrada encontra-se associada com a presença de uma clara política organizacional de qualidade no CMR Sul. Essa política de qualidade é necessária para responder às exigências contratuais de indicadores de qualidade avaliados periodicamente (sendo as falhas de desempenho penalizadas financeiramente). Apesar de não se ter uma conclusão tão clara como se pretenderia, vale a pena realçar que o principal fator responsável pelo melhor posicionamento do CMR Sul em diversos indicadores é estrutural: o contrato "obriga" a um bom desempenho. Por outro lado, o principal fator penalizador do CMR Sul é a baixa utilização da capacidade instalada, o que sendo um aspeto conjuntural abre a perspetiva de melhoria significativa do CMR Sul num futuro próximo. É antecipável que as vantagens da parceria público-privada venham a ser realçadas se for resolvido o problema da procura do CMR Sul, e que é exterior, em grande medida, à gestão do Centro de Reabilitação.

O concurso para o Hospital de Braga (700 camas e ligação à Universidade do Minho) foi lançado no final de 2004, teve seis concorrentes (entre os quais os quatro consórcios presentes no concurso de Cascais), tendo vindo a ser ganho pelo consórcio liderado pela José de Mello Saúde, a qual iniciou a gestão do antigo Hospital em 1 de setembro de 2009. Também neste concurso os prazos previstos derraparam de forma substancial. A entrada em funcionamento do novo Hospital de Braga verificou-se em maio de 2011.

No final de 2005 foi lançado o concurso para o Hospital de Vila Franca de Xira (250 camas) com os mesmos quatro consórcios a apresentarem propostas.

No início de 2007 foi lançado novo concurso para o Hospital de Loures, entretanto reformatado para cerca de 400 camas de lotação, com apenas duas propostas concorrentes (consórcios liderados por Espírito Santo Saúde e José de Mello Saúde), estando a abertura prevista para janeiro de 2012, a cargo do consórcio liderado pela Espírito Santo Saúde.

Em março de 2008, o Governo anunciou o fim do modelo PPP integrando a gestão clínica dos estabelecimentos e a reversão da gestão do Amadora-Sintra para o setor público, pelo que o Programa PPP da Saúde, sob o seu modelo inicial, ficou limitado aos quatro hospitais com concursos já lançados, sendo as parcerias para os restantes hospitais projectados reduzidas no seu âmbito à conceção, construção, financiamento, conservação e exploração dos edifícios hospitalares. A opção política foi então a de que os projetos PPP integrados adotassem um novo modelo, segundo o qual se excluiria a gestão dos serviços clínicos, passando o parceiro privado a assumir unicamente a gestão daqueles serviços infraestruturais e acessórios.

O Tribunal de Contas procedeu a uma avaliação muito crítica de todo o processo, conforme se infere da respetiva síntese de conclusões (Tribunal de Contas, 2009): no planeamento setorial, a falta de instrumentos estratégicos de planeamento setorial, nomeadamente ao nível das regiões de saúde; na avaliação prévia de capacidades, a inexistência de experiência em PPP no Ministério da Saúde, a falta de adequados padrões de referência e de sistematização de informação, nomeadamente da referente aos requisitos de serviço, a ausência de um prévio auto-diagnóstico de capacidades; ausência de planeamento e de controlo adequados no tocante à intervenção das entidades públicas competentes; na coerência pública, a ausência de uma estratégia coerente do Estado, a opção pelo experimentalismo para implementar o processo; no modelo, a opção por um modelo complexo e desconhecido, a não consideração de experiências internacionais comparáveis; no fluxo de projetos, a ausência de um projeto-piloto previamente testado, o lançamento de PPP em vaga sem conhecimento prévio dos resultados, o deficiente gestão do fluxo de projetos; nas peças concursais, a falta de clareza das peças concursais, a rigidez dos cadernos de encargos, a deficiente definição dos parâmetros de avaliação das propostas; no desenho dos procedimentos, a existência de procedimentos repetitivos e burocráticos, nomeadamente pela inexistência de uma pré--qualificação global dos concorrentes, a exigência de detalhe excessivo na fase de apresentação das propostas, a complexidade da fase de negociação final, nomeadamente, pela inclusão na mesma da aprovação dos projetos de execução; na avaliação de propostas, o deficiente controlo dos trabalhos das Comissões de Avaliação de Propostas, a atuação das Comissões de Avaliação de Propostas limitada à aprovação dos trabalhos desenvolvidos pelos consultores externos, a convergência, na avaliação de propostas, da maioria das fragilidades dos processos de concurso apontadas ao longo deste relatório; nos recursos, a desadequada gestão do recurso aos consultores, a desadequada afetação de recursos internos; na capacidade de resposta da gestão pública, a acumulação de transações e incapacidade de resposta por parte do Estado, a lentidão na assimilação e no aproveitamento da experiência obtida.

De uma forma geral, as críticas elencadas pela Auditoria do Tribunal de Contas eram, também, partilhadas pelos consórcios concorrentes aos diversos concursos. O dispêndio de recursos humanos e financeiros foi considerável. Em média, a preparação de uma proposta tinha um custo, de cerca de 2 a 2,5 milhões de euros. Também em termos do tempo consumido pelo processo se verificou um insuportável desperdício.

8. A regulação

Com a transformação (natural) das atividades do Estado, bem como da sua própria presença (e forma de presença) nos mercados, a ideia e método da regulação foi-se afirmando e estabelecendo como uma parte essencial da resposta necessária à prevenção dos potenciais efeitos indesejados da abertura de determinados setores de atividade.

Seja porque são reconhecidas falhas de mercado, que devem ser colmatadas pelo Estado através de uma função de regulamentação e de regulação, seja porque especificidades setoriais afastam determinados mercados do paradigma do funcionamento equilibrado, passou a entender-se, a partir dos finais dos anos noventa do século passado, que a intervenção pública se deveria fazer mais por instrumentos do que pela intervenção direta do Estado via participações empresariais ou detenções de interesses em setores económicos.

A regulação está, assim, orientada para a necessidade de colmatar falhas de funcionamento do mercado, para a promoção da concorrência em situações ou mercados onde a mesma não possui as bases para eficientemente produzir os efeitos de si esperados, e para a defesa dos interesses dos consumidores em tais mercados. Tais falhas de mercado podem derivar, por exemplo, do facto de não serem suficientemente produzidos bens públicos ou bens com externalidades positivas, pela existência de um elevado grau de assimetria de informação que não permite esperar um razoável equilíbrio entre oferta e procura, com prejuízo para esta última, pela existência de um incumbente anterior (e não raras vezes ainda atual) detentor de privilégios legais e cuja presença no mercado dificulta o desenvolvimento de um grau de concorrência "normal" (Silva, 2006). Ou seja, do ponto de vista económico, a regulação justifica-se naqueles setores em que, por razões económicas (p. ex., tecnologia ou procura) não há condições para a concorrência se materializar ou desenvolver como nos mercados "típicos".

Ora, após uma época em que a supervisão das atividades, designadamente setoriais, era exercida através dos órgãos típicos da administração pública, e mediante o exercício dos poderes tradicionais para conformação de comportamentos (leis, regulamentação e intervenção administrativa), e a que acrescia, não raras vezes, uma "regulação" decorrente da posição única do Estado em determinados setores económicos através de empresas ou entidades por si direta ou indirectamente tuteladas, iniciou--se um acentuado processo de liberalização e de abertura à concorrência de setores e de atividades económicas.

A abordagem tradicional na Europa aos problemas de falhas de mercado, que consistiu durante décadas na intervenção directa do Estados através de empresas públicas (Serviços de Interesse Económico Geral) começou assim, e à medida que empresas públicas foram sendo privatizadas ou permitida a assunção por privados de tarefas tradicionalmente cometidas a organismos públicas, a alterar-se com a criação de entidades independentes com a missão de regular os mercados setoriais em causa e, claro está, o comportamento de mercado de tais empresas quando não submetidas à pressão normal adveniente das situações concorrenciais.

É nesse contexto que foi criada a Entidade Reguladora da Saúde (ERS), enquanto organismo com natureza de autoridade administrativa independente que tem por missão a regulação e a supervisão da atividade e funcionamento dos estabelecimentos prestadores de cuidados de saúde.

O universo de regulação da ERS inclui todos os estabelecimentos prestadores de cuidados de saúde do território continental, do setor público, privado e social, independentemente da sua natureza jurídica, (excluindo a fileira do medicamento) e a sua criação foi, aliás, enquadrada num processo de reforma dos cuidados de saúde primários e hospitalares que previa uma cada vez maior empresarialização na gestão das unidades, bem como a possibilidade de as mesmas serem objeto de concessão a gestão por privados.

A ERS, criada pelo Decreto-Lei nº 309/2003, de 10 de dezembro, surge neste contexto lato de um sistema de regulação e supervisão, assente nos princípios da separação das funções do Estado como regulador e supervisor, em relação às suas funções de operador e de financiador e da independência do organismo regulador, tendo à mesma sido atribuídas as competências de "regulação e supervisão dos estabelecimentos, instituições e serviços prestadores de cuidados de saúde, no que respeita ao cumprimento das suas obrigações legais e contratuais relativas ao acesso dos utentes aos cuidados de saúde, à observância dos níveis de qualidade e à segurança e aos direitos dos utentes"[168], o que abrange também "assegurar os direitos e interesses legítimos dos utentes" e "garantir a concorrência entre os operadores, no quadro da prossecução dos direitos dos utentes"[169].

Entretanto, o Decreto-Lei nº 127/2009, de 27 de maio, aprovou a reestruturação da ERS, com redefinição das suas atribuições, organização e funcionamento. O novo Decreto-Lei estabeleceu novos aspetos institucionais, com especial importância para a criação de um conselho consultivo, e procedeu quer a um alargamento e aprofundamento de competências já existentes, quer a um aumento de competências resultante de novas atribuições.

---

[168] Cf. artigo 6º, nº 1 do Decreto-Lei nº 309/2003, de 10 de dezembro.

[169] Cf. alínea c) do art. 25º nº 1, alínea b) do nº 2 do artigo 6º e nº 1 do artigo 30º do Decreto-Lei nº 309/2003, de 10 de dezembro.

A ERS mantém a missão, no seu novo enquadramento legal, de regulação "da atividade dos estabelecimentos prestadores de cuidados de saúde" (nº 1 do artigo 3º do Decreto-Lei nº 127/2009), mas as suas atribuições abrangem agora "o cumprimento dos requisitos de exercício da atividade e de funcionamento, a garantia dos direitos relativos ao acesso aos cuidados de saúde e dos demais direitos dos utentes; a legalidade e transparência das relações económicas entre os diversos operadores, entidades financiadoras e utentes" (nº 2 do artigo 3º do Decreto-Lei nº 127/2009), sendo objetivos da atividade reguladora da ERS, em geral:

a) Velar pelo cumprimento dos requisitos do exercício da atividade dos estabelecimentos prestadores de cuidados de saúde, nos termos da lei;

b) Assegurar o cumprimento dos critérios de acesso aos cuidados de saúde, nos termos da Constituição e da lei;

c) Garantir os direitos e interesses legítimos dos utentes;

d) Velar pela legalidade e transparência das relações económicas entre todos os agentes do sistema;

e) Defender a concorrência nos segmentos abertos ao mercado e colaborar com a Autoridade da Concorrência na prossecução das suas atribuições relativas a este setor;

f) Desempenhar as demais tarefas previstas na lei (artigo 33º do DL nº 127/2009).

Por outro lado, e sendo que já constituíam objetivos da ERS "assegurar o direito de acesso universal e igual a todas as pessoas ao serviço público de saúde", bem como "assegurar os direitos e interesses legítimos dos utentes"[170], "zelar pelo respeito da liberdade de escolha nas unidades de saúde privadas", "promover a garantia do direito de acesso universal e equitativo aos serviços públicos de saúde"[171], e "promover o respeito pela livre concorrência nas actividades sujeitas à sua regulação"[172], passaram a constituir agora, à luz do novo quadro legal e enquanto concretização dos seus objetivos regulatórios redefinidos, competências da ERS:

---

[170] Cf. alíneas a) e c) do nº 1 do art. 25º do Decreto-Lei nº 309/2003, de 10 de dezembro.

[171] Cf. alíneas a) e b) do nº 2 do art. 25º do Decreto-Lei nº 309/2003, de 10 de dezembro.

[172] Cf. nº 1 do art. 30º do Decreto-Lei nº 309/2003, de 10 de dezembro.

Temas das políticas de saúde   219

"a) Assegurar o direito de acesso universal e equitativo aos serviços públicos de saúde ou publicamente financiados;

b) Prevenir e punir as práticas de rejeição discriminatória ou infundada de pacientes nos estabelecimentos públicos de saúde ou publicamente financiados;

c) Prevenir e punir as práticas de indução artificial da procura de cuidados de saúde;

d) Zelar pelo respeito da liberdade de escolha nos estabelecimentos de saúde privados." (artigo 35° do Decreto-Lei n° 127/2009).

Consequentemente, verificou-se uma extensão ou alargamento da incumbência da ERS de assegurar o acesso universal e equitativo aos cuidados de saúde, bem como prevenir e punir as práticas de rejeição discriminatória ou infundada, a todos os estabelecimentos "publicamente financiados" (por contraposição à anterior referência ao "serviço público de saúde"). Mas igualmente se atribuíram poderes regulamentares à ERS concretamente sobre a garantia de acesso universal e equitativo, a prevenção e punição de práticas de rejeição discriminatória ou infundada, bem como sobre a prevenção e punição da indução artificial da procura (al. a) do artigo 39° do Decreto-Lei n° 127/2009), com o consequente aumento da responsabilidade, a cargo da ERS, de prover uma intervenção regulatória genérica (ou geral e abstrata) sobre tais matérias. Por outro lado, erigiu-se a ilícito contra-ordenacional, punível com coima entre € 1.000 e € 3.740,98 ou entre € 1.500 e € 44.891,81, consoante o infrator seja pessoa singular ou pessoa coletiva, "a violação das regras relativas ao acesso aos cuidados de saúde, incluindo a violação da igualdade e universalidade no acesso ao SNS e a indução artificial da procura de cuidados de saúde" (al. b) do n° 2 do artigo 51° do Decreto-Lei n° 127/2009), pelo que se aumentaram os poderes sancionatórios da ERS.

Já no que respeita às funções de regulação económica do setor (artigo 37° do Decreto-Lei n° 127/2009), as incumbências redefinidas da ERS são latas e abrangem a capacidade de intervir "sobre as relações económicas nos vários segmentos da economia da saúde", com fundamento em interesses de "transparência, eficiência e equidade do setor", bem como com base na "defesa do interesse público e dos interesses dos utentes". A ERS pode, igualmente, intervir "sobre os acordos subjacentes ao regime das convenções", mediante a elaboração de estudos, pareceres e recomendações, a exemplo do que pode fazer relativamente a "contratos de concessão e de gestão e outros que envolvam atividades de conceção, construção, financiamento, conservação ou exploração de estabelecimentos ou serviços de saúde". Nesse âmbito, é também incumbência da ERS "proceder à recolha e atualização da lista de contratos de concessão, de parceria público-privada, de convenção e das relações contratuais afins no setor da saúde" de forma a disponibilizá-las publicamente (al. b) do nº 1 e nº 2 do artigo 46º do DL 127/2009).

O dever de "elaborar estudos e emitir recomendações sobre a organização e o desempenho dos serviços de saúde do SNS" constitui uma atribuição nova da ERS, tal como o constituem os seus deveres, agora estabelecidos, de "pronunciar-se e emitir recomendações sobre os requisitos e as regras relativos aos seguros de saúde e cooperar com a respetiva entidade reguladora na sua supervisão e de pronunciar-se sobre o montante das taxas e preços de cuidados de saúde administrativamente fixados, ou estabelecidos por convenção entre o SNS e entidades externas".

Já no que respeita ao campo da defesa da concorrência, constituía atribuição da ERS, nos termos do nº 2 do artigo 6º do DL 309/2003, "garantir a concorrência entre os operadores, no quadro da prossecução dos direitos dos utentes", o que era concretizado pelo dever de "promover o respeito pela livre concorrência nas atividades sujeitas à sua regulação" (nº 1 do artigo 30º do DL 309/2003). Porém, a ERS viu serem-lhe atribuídas novas atribuições e competências, competindo-lhe "identificar os mercados relevantes que apresentam características específicas setoriais, designadamente definir os mercados geográficos, em conformidade com os princípios do direito da concorrência, velar pelo respeito da concorrência nas atividades abertas ao mercado sujeitas à sua jurisdição e colaborar com a Autoridade da Concorrência no desempenho das suas atribuições, de harmonia com o disposto no artigo 15º da Lei nº 18/2003, de 11 de junho" (artigo 38º do Decreto-Lei 127/2009).

Sobre este último aspeto, e porque por vezes surgem dúvidas sobre a compatibilização, no campo da concorrência, entre as atividades das entidades reguladoras e aquela da Autoridade da Concorrência, é relevante referir que a Autoridade da Concorrência (AdC) dispõe de instrumentos para prosseguir as suas atribuições e proceder ao controlo comportamental das empresas através da aplicação de normas proibitivas de certas condutas lesivas, sendo os mesmos assegurados, com exceção do controlo das concentrações, numa vertente *ex post* visando punir os comportamentos ilícitos. Já às entidades reguladoras setoriais, cumpre acautelar e promover, numa perspetiva *ex ante*, o melhor funcionamento dos mercados sob sua regulação.

CAPÍTULO 6

Conclusões

Saúde e cidadania

A saúde é hoje uma peça essencial da cidadania. Como nunca o foi no passado, sobretudo quando, em países ainda relutantes à consagração dos direitos sociais, como era Portugal no final dos anos sessenta do século passado, o cidadão, ele próprio, era considerado o principal responsável pelos encargos com a saúde, cabendo ao Estado apenas o pagamento de bens e serviços que revelassem comprovadas externalidades positivas, como a luta contra as doenças transmissíveis e a prevenção da doença. O Estado estava bem longe de se considerar submetido a qualquer ideologia liberal, apenas se descartava do que lá fora, desde o fim da Segunda Guerra Mundial, eram consideradas obrigações coletivas.

De então para cá, muito depressa se avançou no reconhecimento dos direitos sociais da cidadania nomeadamente da saúde e na organização do seu cumprimento através dos fundos da previdência social de base ocupacional, ou através da cobertura universal financiada por impostos. Qualquer dos modelos era e foi possível em países europeus recém-libertados de regimes autoritários. No extremo oeste da Europa – em Portugal e na Espanha – e no Sul (Grécia) a saída de regimes musculados fez-se, na saúde, passando diretamente ao modelo universal *beveridgeano*. Nos países do leste europeu, após o fim da União Soviética, a transição fez-se para o modelo *bismarckiano* prevalente na Alemanha e Áustria. Razões de proximidade ideológica (os países mais industrializados do Leste antes da Segunda Guerra Mundial tinham esboços de soluções *bismarckianas*), ou de mera vizinhança geográfica, ou até de simples facilidade de apoio técnico, conduziram a transição para modelos de seguro-doença de base ocupacional. Todavia, o ponto comum aos dois modelos e respetivas transições é constituído pela universalidade no acesso, ou

222 *O Percurso da Saúde: Portugal na Europa*

seja, a garantia de que o recurso aos serviços de saúde seria baseado em razões de necessidade e não de capacidade financeira.

Harmonização na Europa Social

Poderemos falar de uma harmonização em princípios e valores comuns, como a universalidade ou sobre a generalidade, entendida como a cobertura de todos os riscos de saúde pelos meios disponíveis, podemos ainda falar do valor da equidade, tanto horizontal (cuidados iguais para iguais necessidades) como vertical, ou diferenciação positiva (cuidados diferentes para diferentes necessidades). Deveremos referir a qualidade dos serviços como um direito, considerando ainda a satisfação de assistidos e prestadores, esta já não como direito, mas como atributos ou valores adjetivos dos cuidados públicos de saúde.

Esta harmonização, executada ao longo dos últimos quarenta anos, aproximou Portugal, então na cauda do progresso social e de saúde, dos demais países industrializados da Europa. Processo acelerado que nos orgulha, não apenas por termos vencido a ladeira das diferenças, mas também por termos chegado a alguns picos de sucesso antes de outros mais afluentes e com um passado de melhor organização na prestação de cuidados de saúde. O que surpreende no percurso português é, não apenas a rapidez da transição, como também a sustentabilidade do progresso alcançado. Muitos se interrogavam se, a cada nova conquista de patamar de ganhos em saúde, não iríamos estabilizar ou até descer, ou seja, se estávamos perante uma exceção temporária, porventura um artifício estatístico ou se, pelo contrário, haveria sustentabilidade no progresso. Esta última foi sempre surpreendentemente comprovada.

Também surpreendeu que a harmonização dos ganhos tenha sido obtida com menor investimento tecnológico que em outros países, dado que o recurso a equipamento inovador e de maior qualidade esteve muito tempo dificultado no setor público por escassez de recursos. Terá valido aqui a iniciativa do setor privado convencionado o qual, com grande sentido de iniciativa, mas nem sempre garantindo eficiência e correção de processos, foi introduzindo as modernas tecnologias no ambulatório, provocando emulação no Estado. Esse processo, apesar do seu desfecho geralmente positivo, custou-nos caro. Pagávamos sem saber o que comprávamos, demorávamos a pagar, nem sempre comprando ao melhor preço e estivemos longe de respeitar a concorrência para obter ganhos de mercado, mesmo que ela fosse limitada ao setor privado.

Já não surpreende a rápida evolução demográfica e epidemiológica sentida por Portugal durante este tempo. De um país de fertilidade elevada, cinquenta anos atrás, passámos a um dos de menor capacidade reprodutiva na Europa e no mundo. De país de emigração, passámos a país que acolhe centenas de milhares de trabalhadores imigrantes. De país de jovens, passámos a país de idosos. O mesmo se verificou no perfil da saúde e da doença. Saímos da cauda da Europa com elevada prevalência de doenças infeciosas e transmissíveis e atingimos ou ultrapassámos os padrões da média europeia. Deixámos, em contrapartida, de estar imunes ou pouco atreitos a algumas doenças crónicas, como as cérebro e cardiovasculares, a diabetes e outras doenças do metabolismo, bem como às patologias oncológicas e aos acidentes de viação e de trabalho, para passarmos a alinhar com a Europa, embora ainda um pouco abaixo da média em muitas condições, mas infelizmente em pior posição nos novos flagelos como o HIV-SIDA e a obesidade juvenil e adolescente.

Valores e princípios comuns

O princípio da subsidiariedade reforça a história e a cultura do nosso SNS. Não apenas ele cumpre todas as recomendações da Declaração do Conselho de Ministros Europeus da Saúde, de 2006, sobre "Princípios e Valores Comuns da Saúde", como tem demonstrado ser instrumento eficaz, ao longo de mais de trinta anos de existência, da harmonização dos níveis de saúde alcançados entre todos os países europeus.

Instalados na Europa da saúde, temos vindo a beneficiar de muitos dos adquiridos comunitários: a cooperação na prevenção da doença (medidas gerais de saúde pública, de protecção dos trabalhadores, de defesa do ambiente e de segurança alimentar), na promoção da saúde (estratégia anti-tabaco), de defesa da qualidade e segurança dos produtos biológicos (sangue e derivados) e medicamentos (luta contra a contrafacção e direito dos cidadãos à informação medicamentosa completa e direta), da promoção do transplante como meio de sustentação, prolongamento e adição de qualidade à vida e beneficiámos sobretudo da defesa europeia e global contra os flagelos infeciosos de rápida disseminação (gripe aviária, H1N1). Estamos a preparar-nos para organizar cuidados de saúde individuais que extravasam as fronteiras de cada Estado-membro e fazemo-lo com o respeito pela natureza, história e cultura do nosso SNS. Iremos partilhar informação individual de saúde (*eHealth*) sem violação dos direitos de privacidade e quando a partilha trouxer valor acrescentado; iremos cooperar em redes de conhecimento e avaliação das novas tecnologias, para não sermos por elas surpreendidos e para beneficiarmos do seu conhecimento mútuo; e cooperaremos também no efetivo e eficiente tratamento das doenças raras em centros de excelência que previnam os efeitos das redundâncias e do alto custo médio devido ao reduzido casuísmo.

O corolário da livre circulação de bens, capitais e pessoas, é a circulação intra-europeia dos profissionais devidamente qualificados e dos doentes.

Cada cidadão tem o direito de exercer a sua atividade em condições semelhantes aos nacionais, como também deve ter o direito de circular para adquirir essas qualificações profissionais. Elas começam no período escolar e daí o esforço europeu de harmonização das formas, conteúdos e valor dos diplomas do ensino superior, conhecido por Processo de Bolonha, para permitir não apenas a fluidificação da circulação de estudantes, como sobretudo a circulação de profissionais. O campo da saúde é lento no acolhimento da diretiva das qualificações profissionais. Não só por os conteúdos funcionais de cada profissão poderem variar de país para país, bem como por o planeamento estratégico de recursos humanos ter exigências associadas à natureza do sistema nacional de cuidados de saúde, como ainda pelo peso da defesa corporativa dos já instalados dentro de cada classe se tornar opressor, quando receiam que a oferta de mão de obra qualificada lhes possa fazer perigar as trincheiras do protecionismo profissional que lentamente construíram.

Os doentes, na União Europeia, viram, pela primeira vez, reconhecidos, pela Diretiva 2011/24/UE do Parlamento Europeu e do Conselho, direitos em matéria de cuidados de saúde transfronteiriços. A Diretiva assegura a mobilidade dos doentes e promove a cooperação em matéria de cuidados de saúde entre os diferentes Estados-membros. Ao prever obrigações essenciais a cumprir pelos Estados-membros, no âmbito da prestação dos cuidados e da informação a facultar aos doentes, vai criar uma nova dinâmica nos sistemas de saúde, que deve ser vista como indutora de qualidade e de eficiência na saúde. Portugal deve aproveitar e desenvolver a qualidade dos seus serviços, para além dos custos mais baixos do que os praticados em outros países da UE, para poder beneficiar deste novo enquadramento da saúde.

Recorreremos à Europa para um mais rápido avanço do conhecimento e da inovação. Portugal coopera já com outros países num elevado número de projetos de investigação em ciências da saúde. O isolamento científico internacional terminou de há muito e não serão as atuais dificuldades financeiras que afrouxarão essa tendência.

Finalmente, não poderemos escapar a uma questão de enorme atualidade: é o SNS português mais ou menos sustentável que outros sistemas universais, tanto *beveridgeanos* como *bismarckianos*? A resposta não é europeia, é retintamente nacional. Se nos convém aprender com todos, trocando informação e experiências, a escolha do sistema, se é que ela é possível nesta fase do percurso, já só a nós respeita. E se dúvidas havia, elas foram desfeitas pelo *Memorando de Entendimento* recentemente celebrado para beneficiarmos de ajuda financeira internacional e atrás detalhadamente descrito. Em parte alguma do *Memorando* se refere e muito menos se recomenda qualquer mudança do nosso paradigma de organização do sistema de saúde, baseado em um SNS.

Onde estaremos daqui a vinte anos?

Não existirá melhor forma de antever o futuro do que analisar o período passado correspondente. Há vinte anos atrás, estávamos a tentar libertar o nosso SNS do peso obsessivo dos encargos com medicamentos e do peso financeiro das convenções celebradas com o setor privado prestador de meios de diagnóstico e terapêutica. A primeira preocupação manteve-se sem alteração nos quase 20% de importância relativa da fatura dos medicamentos no total dos encargos do SNS. A segunda preocupação esbateu-se pelo controlo férreo da oferta, obtido através do chamado "fecho das convenções", como atrás se descreveu em pormenor. E foi largamente compensada pelo acolhimento da moderna tecnologia analítica e semiótica na mais de dezena e meia de hospitais distritais e centrais e centenas de centros de saúde, construídos durante as últimas duas décadas. Admitíamos então, tal como se fazia um pouco por toda a Europa, que o setor segurador pudesse vir a ter um papel importante no financiamento da saúde, o que afinal se não verificou, mantendo-se o seu papel como marginal, suplementar.

Estávamos a ensaiar métodos de gestão hospitalar baseada na "moderna gestão pública", iniciando experiências de hospitais-empresa, bem como de concessão da sua gestão a empresas privadas especializadas. Estávamos a lutar contra os flagelos do HIV-SIDA e das tóxico-dependências, males de que não conhecíamos as etiologias e hesitávamos nas terapêuticas. Fomos confrontados com a infeção do sangue importado e nela gastámos energia, fazenda e vidas. Aceitámos acriticamente a

226 *O Percurso da Saúde: Portugal na Europa*

constante admissão de profissionais recém-diplomados, com a permanente má consciência de tentar resolver, de uma assentada, os problemas de falta de mão de obra e de emprego de cada nova categoria profissional. E pior que tudo, deixámos que o SNS fosse sendo predado pelos interesses instalados à sua sombra e que a política da saúde fosse tão condicionada pelos prestadores que conflituava com o interesse público. Nestas condições não admirava que o ritmo de crescimento anual dos encargos fosse regularmente quase o dobro do crescimento da economia.

Ao longo destes últimos vinte anos tivemos, porém, a recompensa dos enormes ganhos em saúde materna e infantil, fruto de um planeamento sábia e proficuamente lançado no final dos anos oitenta. Ascendemos a patamares de excelência nunca antes esperados nestas matérias. E aperfeiçoámos a nossa capacidade de tratamento de doenças crónicas de alta letalidade, como os acidentes vasculares cerebrais e cardíacos e até o próprio cancro, graças ao mais precoce diagnóstico e tratamento, através de prevenção secundária. Lutámos ativamente contra os efeitos do tabaco e do álcool na saúde. Contivemos a "guerra civil" dos acidentes de trânsito dentro das médias europeias, graças, não só a melhor assistência nos momentos após o acidente e melhor coordenação entre meios móveis e fixos, como pela redução da sua incidência com a modernização das infraestruturas viárias, conseguida durante este período. Melhorámos o tratamento de muitas doenças crónicas, das doenças mentais e das tóxico-dependências. Investimos pesadamente em terapêutica medicamentosa na luta contra o VIH-SIDA e doenças hematológicas.

Os próximos vinte anos reservam-nos um exigente caderno de encargos a executar em condições financeiras de extremo rigor. Teremos que concentrar hospitais em centros de tratamentos bem distribuídos e geridos com economia de meios. Teremos que identificar centros de excelência e neles concentrar a qualidade, abandonando aqueles que não têm volume, nem casuística diferenciada, nem recursos humanos para satisfazer padrões internacionais de eficiência e qualidade. Teremos que completar a malha das unidades de saúde familiar, ordenando-a de forma racional nas administrações respetivas. Teremos que prosseguir o esforço de vencer os desafios da transição demográfica completando a rede de cuidados continuados integrados para cidadãos idosos e com dependência. Teremos que alargar o acesso aos cuidados de saúde oral a sucessivos grupos de risco, vencendo o longo atraso que nessa matéria deixámos acumular. Teremos que reforçar as linhas de orientação na luta contra as

Conclusões

doenças crónicas, entre elas a doença mental e manter alto o nível alcançado na saúde da mãe e da criança, alargando-a aos adolescentes.

Em matéria de equipamentos de saúde, pouco falta para completar a rede hospitalar e de centros de saúde, mas não podemos deixar Lisboa entregue à vetustez crónica das suas atuais instalações, pelo simples argumento de a construção do Hospital de Todos os Santos ser altamente dispendiosa. E urge retomar o esforço de instalar decentemente o IPO de Lisboa, onde tanto sofrimento anda associado à inadequação crescente das atuais instalações. Haverá alguns hospitais de médio porte ainda a renovar ou construir, como o central do Algarve e o de Évora. Teremos que dar desfecho útil à dispersão dos excessivos recursos instalados em Coimbra.

Os medicamentos não podem ser apenas o filão inesgotável das poupanças de circunstância. Se é certo que o desperdício é ainda grande, ele tende a ser controlado e o País não pode autoexcluir-se da modernização terapêutica. Haverá que escrutinar melhor os medicamentos atualmente comparticipados, por análise custo-benefício e conseguir espaço para as reais inovações terapêuticas. Será também urgente prosseguir o esforço iniciado de articular a grande indústria farmacêutica com os poucos centros de excelência em investigação biomédica de que o País já hoje se orgulha, através de contratos entre grandes produtores e as pequenas unidades inovadoras.

No contexto económico e financeiro de grande exigência, atenta a pressão demográfica e o legítimo desejo de os cuidados de saúde chegarem a todos com qualidade, é imperativo reforçar a eficiência do sistema de saúde. A investigação sobre o funcionamento dos serviços pode aperfeiçoar e ampliar o seu desempenho, sem grandes meios adicionais. A investigação tecnológica será um elemento essencial para melhorar a qualidade e também a eficiência das unidades prestadoras de cuidados. O reforço da investigação na saúde tem efeitos colaterais importantes. Se ele envolver os profissionais da prática clínica valoriza-os pela aquisição de melhores práticas, aumenta os ganhos em saúde, permite a modernização cultural dos modelos de prestação e ajuda a resolver uma das maiores lacunas do tecido científico nacional, a escassa produção científica da nossa investigação clínica, de resto num problema comum à Europa.

Tendo em conta a enorme dimensão financeira da saúde e a sua capacidade de geração de emprego, o aperfeiçoamento do sistema pode ser um forte contributo para o crescimento económico, incluindo a dinamização da sua componente exportadora, tanto de medicamentos como de bens e equipamentos médicos, como ainda de serviços hoteleiros e de saúde destinados às clientelas mais afluentes da Europa. Mas para que os gastos em saúde sejam um investimento e não um mero consumo, eles terão que ser escrutinados pelo seu valor acrescentado, as suas tecnologias terão que ser devidamente avaliadas, o seu pessoal terá que ser constantemente atualizado, os resultados terão que ser comparados com os meios, para se melhorar a combinação produtiva. Só assim a comunidade se assegurará da qualidade e reprodutividade do investimento.

O sistema de saúde dos próximos vinte anos terá por base um SNS renovado e sustentado, complementado por um setor privado corretamente regulado. Reforçando os valores sufragados de universalidade, generalidade e quase gratuitidade no ponto de acesso aos cuidados. Um SNS de qualidade, que garanta elevada satisfação aos cidadãos utilizadores e aos profissionais.

BIBLIOGRAFIA

ABEL-SMITH, Brian. "The control of health care costs and health reform in the European Community", In *As Reformas dos Sistemas de Saúde*. Associação Portuguesa de Economia da Saúde, Lisboa, 1996, pp. 267-290.

ALLSOP, Judith. *Health Policy and the NHS – Towards 2000*. Longman, London, 1995.

ARNAUT, A., M. Mendes e M. Guerra. *SNS, uma aposta no futuro*. Perspectivas & realidades, Coimbra, 1979.

BARU, R. e A. Jessani. "The role of the World Bank in internacional health: renewed commitment and partnership", Social Science & Medicine, 2000, 183-184.

BARR, N. *Economic Theory and the Welfare State: A Survey and Reinterpretation, Welfare State Programme*, nº 54, London School of Economics and Political Science, London, 1990.

BARROS P. P. "As parcerias público-privadas na saúde em Portugal", In *30 Anos do Serviço Nacional de Saúde*, Associação Portuguesa de Economia da Saúde (coordenação de Jorge Simões). Almedina, Lisboa, 2010.

BRANCO, A. e V. Ramos. "Cuidados de saúde primários em Portugal". *Revista Portuguesa de Saúde Pública*, vol. temático 2, 2001, pp. 5-12.

BUCHAN, James e Fiona O'May. "The Changing Hospital Workforce in Europe". In *Hospital in a Changing Europe*. European Observatory on Health Care Systems, WHO Regional Office for Europe, Copenhagen, 2002.

BUSSE, R., e R. Saltman. "Balancing regulation and entrepreneurialism in Europe's health sector: theory and practice". In *Regulating entrepreneurial behaviour in European health care systems*. Open University Press, Buckingham, 2002, pp. 3-52.

CAMPOS, A. C. *Saúde o custo de um valor sem preço*. Editora Portuguesa de Livros Técnicos e Científicos, Lisboa, 1983.

CAMPOS, A. C. "Um Serviço Nacional de Saúde em Portugal: Aparência e Realidade". *Revista Crítica de Ciências Sociais*, nº 18/19/20, fevereiro 1986, pp. 601-618.

CAMPOS, A. C. *et al. A Combinação Público-Privada em Saúde: Privilégios, estigmas e ineficiências*. Escola Nacional de Saúde Pública, Lisboa, 1987.

230   *O Percurso da Saúde: Portugal na Europa*

CAMPOS, A. C. "Erros e Promessas", *Expresso*, (fevereiro de 1992).

CAMPOS, A. C. "Competição gerida: contributos para o debate indispensável". *Gestão Hospitalar*, Lisboa, nº 29, Set. 1994, 33-39.

CAMPOS, A. C. *Solidariedade Sustentada – Reformar a Segurança Social.* Gradiva, Lisboa, 2000.

CAMPOS, A. C. *Novas oportunidades organizativas no sector da Saúde. Consensos e bloqueios.* Mimeo. 2001.

CAMPOS, A. C. "Despesa e défice na saúde: o percurso financeiro de uma política pública". *Análise Social*, 2002; XXXVI (161), pp. 1079-1104.

CAMPOS, A.C. *Reformas da Saúde – O Fio Condutor*, Almedina, Coimbra, 2008.

CAMPOS, A.C. "A Europeização da Saúde". *Europa: Novas Fronteiras*. Portugal – 25 Anos de Integração Europeia. Número 26/27, 2010. Lisboa, Portugal.

CAMPOS, A. e Ramos, F. "Contas e Ganhos na Saúde em Portugal, Dez anos de Percurso", *Desafios para Portugal*, Seminários da Presidência da República, Casa das Letras, (159-223), 2005.

CANOTILHO, J.J. Gomes e Moreira, V.. *Constituição da República Portuguesa.* – 4 ed., revista. Coimbra: Coimbra Editora, 2007.

CAPUCHA, Luís. "Introdução". In *Portugal 1995-2000, Perspectivas da Evolução Social*. Departamento de Estudos, Prospectiva e Planeamento do Ministério do Trabalho e da Solidariedade, Lisboa, 2002.

CARAPINHEIRO, Graça. "A Globalização do Risco Social". In *Globalização – Fatalidade ou Utopia?* Edições Afrontamento, Porto, 2001, pp. 197-229.

CARREIRA, H. Medina. "As Políticas Sociais em Portugal". In *A Situação Social em Portugal, 1960-1995*. Instituto de Ciências Sociais da Universidade de Lisboa, Lisboa, 1996.

CHINITZ, D. "Good and bad health sector regulation: an overview of the public policy dilemmas". In *Regulating entrepreneurial behaviour in European health care systems*. Open University Press, Buckingham, 2002, pp. 56-72.

III CONGRESSO DA OPOSIÇÃO DEMOCRÁTICA DE AVEIRO. *Conclusões.* Seara Nova, 1973.

COMISSÃO EUROPEIA. Livro Branco "Juntos para a saúde: uma abordagem estratégica para a UE (2008-2013)", 2007.

CONSELHO DA UNIÃO EUROPEIA. "Conclusões do Conselho sobre valores e princípios comuns aos sistemas de saúde da União (2006/C 146/01)". Jornal Oficial da União Europeia, 22.6.2006.

CONSELHO DE REFLEXÃO SOBRE A SAÚDE. *Recomendações para uma reforma estrutural*, 1998.

DAVIES, H., S. Nutley e P. Smith (ed). *What works? Evidence-based policy and pratice in public services.* The Policy Press, Bristol, 2000.

DUSSAULT, G. e I. Fronteira. *Recursos Humanos para a Saúde. Plano Nacional de Saúde 2011-2016.* 2010.

ENTIDADE REGULADORA DA SAÚDE. *Estudo e Avaliação do Sector do Transporte Terrestre de Doentes,* 2006.

Bibliografia

ENTIDADE REGULADORA DA SAÚDE. *Avaliação do Modelo de Celebração de Convenções pelo SNS,* 2006.

ENTIDADE REGULADORA DA SAÚDE. *Caracterização do acesso dos utentes a consultas de Medicina Geral e Familiar,* 2010.

ENTIDADE REGULADORA DA SAÚDE. *Estudo sobre a organização e desempenho das Unidades Locais de Saúde,* 2011.

ENTIDADE REGULADORA DA SAÚDE. *Estudo do Acesso dos Utentes Aos Cuidados Continuados de Saúde,* 2011.

ENTIDADE REGULADORA DA SAÚDE. *Análise do Impacto da Directiva 2011/24/UE do Parlamento Europeu e do Conselho, de 9 de Março de 2011, relativa ao Exercício dos Direitos dos Doentes em Matéria de Cuidados de Saúde Transfronteiriços sobre o Sistema de Saúde Português,* 2011.

EUROPEAN COMMISSION. "Final Report of the Review Panel", *ERA-NET Plus Review,* 2010.

EUROPEAN COMMISSION. "Orientation Paper: Proposed priorities for innovative health research 2012-Draft version", 2012.

FERREIRA, Coriolano. "Administração da saúde em Portugal. Apontamentos para análise". *Revista Portuguesa de Saúde Pública,* vol. 4, nºs 1/2, janeiro/ /junho, 1986, 135-158.

FERREIRA, F. A. Gonçalves. *História da Saúde e dos Serviços de Saúde em Portugal.* Fundação Calouste Gulbenkian, Lisboa, 1990.

FOLLAND, S., A. Goodman e M. Stano. *The Economics of Health and Health Care.* Prentice Hall, 2003.

GIRALDES, M. R. – *Desigualdades Socioeconómicas e seu Impacte na Saúde.* Editorial Estampa, Lisboa, 1996.

GIRALDES, M. R. *Economia da Saúde.* Editorial Estampa, Lisboa, 1997.

GREENER, Ian. "Understanding NHS Reform: The Policy-Transfer, Social Learning, and Path-Dependency Perspectives". *Governance: An International Journal of Policy, Administration, and Institutions.* Oxford, vol. 15, nº 2, April 2002, 161-183.

GRUPO DE MISSÃO CRIADO PELA RESOLUÇÃO DO CONSELHO DE MINISTROS Nº 140/98, DE 4 DE DEZEMBRO. *Plano estratégico para a formação nas áreas da saúde.* Ministério da Educação, Lisboa, 2001.

GRUPO TÉCNICO PARA A REFORMA DA ORGANIZAÇÃO INTERNA DOS HOSPITAIS (coordenação de Alcindo Maciel Barbosa). *A Organização Interna e a Governação dos Hospitais,* Ministério da Saúde, 2011.

GRUPO DE TRABALHO SOBRE O ESTATUTO JURÍDICO DO HOSPITAL, 1997.

LE GRAND, J. "Desigualdades em Saúde: Uma Perspectiva Económica". In *Sociedade, Saúde e Economia.* Escola Nacional de Saúde Pública, Lisboa, 1987, pp. 225-238.

LUCAS, J. Santos. "Inequidade Social Perante a Doença e a Morte em Portugal". In *Sociedade, Saúde e Economia,* ENSP, Lisboa, 1987, pp. 283-294.

232   O Percurso da Saúde: Portugal na Europa

MANTAS, Augusto. "Serviço Nacional de Saúde (Quanto custa? Como se gasta?)". *Revista Portuguesa de Saúde Pública*, Lisboa, vol. 2, nº 3, julho/setembro, 1984, 7-14.

MARMOT, M. "Introduction". In M. Marmot & R. Wilkinson (Eds.), *Social determinants of Health* (2nd ed.). Oxford: Oxford University Press, 2007.

MARQUES, M. M. L. e V. Moreira. *A Mão Visível – Mercado e Regulação*. Almedina, Coimbra, 2003.

MARQUES, M.M.L. et. al.. *Concorrência e Regulação – A Relação entre a Autoridade da Concorrência e as Autoridades de Regulação Sectorial*, Vol. 6, *Direito Público e Regulação*, Coimbra: Coimbra Editora, 2005.

MAYNARD, Alan. "A Economia das Toxicodependências". In *Sociedade, Saúde e Economia*. Escola Nacional de Saúde Pública, Lisboa, 1987, pp. 351-364.

MATEUS, Céu. "Sistemas de classificação de doentes como instrumento de gestão", In *30 Anos do Serviço Nacional de Saúde*, Associação Portuguesa de Economia da Saúde (coordenação de Jorge Simões). Almedina, Lisboa, 2010.

MINISTÉRIO DA SAÚDE. *Proposta de Financiamento*. 1992.

MINISTÉRIO DA SAÚDE. *Financiamento do Sistema de Saúde em Portugal*. Departamento de Estudos e Planeamento da Saúde, 1995.

MINISTÉRIO DA SAÚDE. *A Saúde dos Portugueses*. Direcção-Geral da Saúde, Lisboa, 1997.

MINISTÉRIO DA SAÚDE. *Saúde um Compromisso. A Estratégia de Saúde para o virar do Século (1998-2002)*. Ministério da Saúde, Lisboa, 1999.

MINISTÉRIO DA SAÚDE. *PNS 2004-2010*. Volume 2 – Orientações estratégicas, 2004.

MISHRA, Ramesh. *O Estado-Providência na Sociedade Capitalista*. Celta, Lisboa, 1995.

MOSSIALOS, E. e J. Le Grand. (Editores) *Health Care and Cost Containment in the European Union*. Ashgate Publishing Limited, Aldershot, 1999

MOSSIALOS, E., A. Dixon, J. Figueras e J. Kutzin (ed.) *Funding health care: options for Europe*. Open University Press, Buckingham, 2002.

NAVARRO, V. "Assessment of the World Health Report 2000". *Lancet* (356, 2000) 1598-1601.

NEWHOUSE, J. P. "Medical care costs: how much welfare loss?". *The Journal of Economic Perspectives,* vol. 6, nº 3, 1992, 3-22.

OBSERVATÓRIO PORTUGUÊS DOS SISTEMAS DE SAÚDE. *Conhecer os caminhos da Saúde – Relatório de Primavera 2001, Síntese*.

OBSERVATÓRIO PORTUGUÊS DOS SISTEMAS DE SAÚDE. *O estado da Saúde e a saúde do Estado – Relatório de Primavera 2002*. Escola Nacional de Saúde Pública, Lisboa, 2002.

OCDE. "The Reform of Health Care – A Comparative Analysis of Seven OECD Countries", In *Health Policy Studies*, nº 2, OECD, Paris, 1992.

Bibliografia

OCDE. "Nouvelles Orientations dans la Politique de Santé", In *Études de Politique de Santé* n° 7, OCDE, Paris 1995.

OCDE. *OECD Economic Surveys – 1997-1998 – Portugal*. OECD, Paris, 1998.

OCDE. *Health-Care Systems: Lessons from the Reform Experience*, OECD, Paris, 2003.

OCDE. *OECD Reviews of Health Systems, Finland*, OECD, Paris, 2005.

OCDE. *Tertiary Education in Portugal – reviews of National Policies for Education, OECD* 2007.

OCDE. *Measuring Innovation – a new perspective*, OECD, 2010.

OCDE. *OCDE Health Data*, 2011.

OMS. *As Metas da Saúde para Todos*, Departamento de Estudos e Planeamento do Ministério da Saúde, Lisboa, 1987.

PAGE, M. Paula. *Políticas de Saúde Portuguesas 1940 – 1990: Consolidação de um Novo Regime de Poder entre a Intenção da Mudança e os Limites da Continuidade*. Tese de Mestrado em Sociologia da Faculdade de Economia da Universidade de Coimbra, 1998.

PEREIRA, João et al. "Equidade Geográfica no Sistema de Saúde Português". In *Sociedade, Saúde e Economia*, ENSP, Lisboa, 1987, pp. 239-265.

PEREIRA, João. "Inequity in Infant Mortality in Portugal". *Associação Portuguesa de Economia da Saúde*, Lisboa, Documento de Trabalho n° 4/95.

PEREIRA, João. "Um novo índice de inequidade horizontal na prestação de cuidados de saúde". In *Livro de Homenagem a Augusto Man*tas. Associação Portuguesa de Economia da Saúde, Lisboa, 1999, pp. 143-165.

PEREIRA, Luís Filipe. *A Reforma Estrutural da Saúde e a visão estratégica para o futuro*, 2005.

ROSAS, F. e J. M. Brito. *Dicionário de História do Estado Novo, Volumes I e II*. Círculo de Leitores, Lisboa, 1996.

SALTMAN, R. B. "A conceptual overview of recent health care reforms", *European Journal of Public Health*, 4, 1994, 287-293.

SAMPAIO, Arnaldo. "Evolução da política de Saúde em Portugal depois da guerra de 1939-45 e suas consequências". In *IV Congresso Nacional de Medicina*, 1980. Arquivos do Instituto Nacional de Saúde, V, 1981.

SANTANA, Paula. "Os ganhos em saúde e no acesso aos serviços de saúde", In *30 Anos do Serviço Nacional de Saúde*, Associação Portuguesa de Economia da Saúde (coordenação de Jorge Simões). Almedina, Lisboa, 2010.

SANTOS, B. S. "O Estado, a Sociedade e as Políticas Sociais: o caso das políticas de saúde". *Revista Crítica de Ciências Sociais*, 23, setembro de 1987, 13-74.

SANTOS, B. S. "O Estado, as Relações Salariais e o Bem-estar Social na Semiperiferia". In *Portugal: Um Retrato Singular*. Afrontamento, Porto, 1993, pp. 17-56.

SARTWELL e Maxcy-Rosenau. *Medicina Preventiva e Saúde Pública*, Fundação Calouste Gulbenkian, 1971.

SAKELLARIDES, C. "De Alma-Ata a Harry Potter: um testemunho pessoal". *Revista Portuguesa de Saúde Pública*, vol. temático 2, 2001, 101-108.

SECRETARIA DE ESTADO DA SAÚDE. *Subsídios para o lançamento das bases do Serviço Nacional de Saúde*, 1974.

SILVA CORREIA, Fernando. *Esboço da História da Medicina Social em Portugal*, 1951.

SILVA, M. C. Gomes. "Um sistema misto de financiamento dos cuidados de saúde em Portugal? A pertinência da experiência dos Países Baixos". In *As Reformas dos Sistemas de Saúde*. Associação Portuguesa de Economia da Saúde, Lisboa, 1996, pp. 157-182.

SILVA, Paula Costa "As autoridades independentes. Alguns aspectos da regulação económica numa perspectiva jurídica", in *O Direito*, 138°, III, 2006, pp. 541-569.

SIMÕES, Jorge. *Retrato Político da Saúde. Dependência de percurso e inovação em Saúde: da ideologia ao desempenho*. Almedina, Coimbra, 2004.

SIMÕES, Jorge "A avaliação do desempenho de hospitais" *Revista Portuguesa de Saúde Pública*. Lisboa, vol. temático 4, 2004.

SIMÕES, J., Pedro Barros e João Pereira (Coord.), *A Sustentabilidade Financeira do Serviço Nacional de Saúde*, Ministério da Saúde, 2008.

SIMÕES, J., Pedro Barros e Marta Temido. "Public-Private Partnerships in the Portuguese health sector", *World Hospitals and Health Services*. London, vol. 46, n° 1, 2010.

SIMÕES, J. e Ana Dias. "Políticas e governação em saúde", In *30 Anos do Serviço Nacional de Saúde*, Associação Portuguesa de Economia da Saúde (coordenação de Jorge Simões). Almedina, Lisboa, 2010.

S. V. SUBRAMANIAN, Paolo Belli, and Ichiro Kawachi. The Macroeconomic Determinants of Health, Annu. *Rev. Public Health*. 23:287–302, 2002.

THANE, P. *The Foundations of the Welfare State*. Longman, London, 1995.

THOMSON, Sarah, Thomas Foubister e Elias Mossialos. Financing Heath Care in the European Union – Chalenges and policy responses. *European Observatory on Health Systems and Policies*, Observatory Studies Series, n° 17, 2009.

TRIBUNAL DE CONTAS. *Relatório n° 15/09 do Tribunal de Contas – Auditoria ao Programa de Parcerias Público Privadas da Saúde – Primeira vaga de Hospitais,* 2009.

VAZ, Artur. "Hospitais públicos portugueses", In *30 Anos do Serviço Nacional de Saúde*, Associação Portuguesa de Economia da Saúde (coordenação de Jorge Simões). Almedina, Lisboa, 2010

VERA JARDIM, Sara. "Saúde Pública *Made In* União Europeia", *Lex Medicinae*, Ano 6, n° 11 (2009), 67-93.

WILLIAMS, A. "Science or Marketing at WHO? A Commentary on World Health 2000". *Centre for Health Economics*, York, 2001.

WORLD BANK. *Health Financing Revisited.* World Bank, Washington, 2006.

WORLD HEALTH ORGANIZATION. *European Health Care Reforms – Analysis of Current Strategies.* World Health Organization – Regional Office for Europe, Copenhagen, 1996.

WORLD HEALTH ORGANIZATION. *The World Health Report 2000 – Health Systems: Improving Performance.* World Health Organization, Geneva, 2000.

WORLD HEALTH ORGANIZATION. *Evaluation of the National Health Plan of Portugal 2004-2010.* 2010.

WORLD HEALTH ORGANIZATION. *The world health report: health systems financing: the path to universal coverage.* World Health Organization, Geneva, 2010.

ZARKOVIC, G., W. Satzinger, A. Mielck e J. John. *Health Policies and the Management of National Health Care Systems in Former Socialist Countries.* GSF – National Research Center for Environment and Health Institute of Medical Informatics and Health Services Research, Neuherberg, 1998.

ZURN, P., Dal Poz, M., Stilwell, B., Adams, O. *Imbalances in the health workforce. Briefing paper.* WHO, March 2002.

António Correia de Campos é professor catedrático da ENSP/UNL, na situação de reforma. Estudou em Lisboa, Coimbra, França, Estados Unidos e Reino Unido. Ensinou e escreveu sobre Economia e Administração de Saúde, Gestão Pública e Políticas Públicas. Presidiu ao INA, à Comissão do Livro Branco da Segurança Social, ao Conselho Científico do Instituto Europeu de Administração Pública (Maastricht), e ao Conselho Científico da ENSP/UNL. Trabalhou no Ministério da Saúde, na FLAD, no Banco Mundial, e foi consultor de diversas organizações internacionais. Foi duas vezes secretário de estado e duas vezes ministro (Saúde). Foi deputado à Assembleia da República e é atualmente deputado ao Parlamento Europeu.

Jorge Simões é doutorado em Ciências da Saúde pela Universidade de Aveiro, onde é professor catedrático convidado, com agregação. É docente, também, em cursos de pós-graduação na Universidade de Coimbra, na Universidade Católica de Lisboa e do Porto e na Universidade do Minho. No Instituto de Higiene e Medicina Tropical da UNL é professor catedrático convidado. Foi administrador hospitalar, presidente da Comissão para a Sustentabilidade do Financiamento do SNS, um dos dois coordenadores nacionais do PNS 2011/2016, coordenador da equipa de análise das parcerias público-privadas nos hospitais, consultor do Presidente da República Dr. Jorge Sampaio, para os assuntos da Saúde e é actualmente presidente do conselho diretivo da Entidade Reguladora da Saúde.